著 / 查攸吟

关注海域局势·了解海战历史·传承海洋文化

海战事典

MOOK
▸005

←⚓ 二战德国的巡洋作战 ⚓→

吉林文史出版社
JILIN WENSHI CHUBANSHE

图书在版编目（CIP）数据

海战事典.005,二战德国的巡洋作战 / 查攸吟著
. -- 长春：吉林文史出版社，2016.9
  ISBN 978-7-5472-3560-7

Ⅰ.①海… Ⅱ.①查… Ⅲ.①海战－战争史－世界－
通俗读物 Ⅳ.①E19-49

中国版本图书馆CIP数据核字(2016)第245266号

HAIZHAN SHIDIAN ERZHAN DEGUO DE XUNYANG ZUOZHAN

海战事典005：二战德国的巡洋作战

作者 / 查攸吟
责任编辑 / 吴枫　特约编辑 / 曾巧
装帧设计 / 周杰
策划制作 / 指文图书　出版发行 / 吉林文史出版社
出版社地址 / 长春市福祉大路 5788 号　邮编 / 130117
印刷 / 重庆长虹印务有限公司
版次 / 2016 年 11 月第 1 版　2024 年 5 月第 2 次印刷
开本 / 787mm×1092mm　1/16
印张 / 14　字数 /214 千
书号 / 978-7-5472-3560-7
定价 / 79.80 元

海洋，人类光荣与梦想的战场。从不列颠到美利坚，一个个大国一次次不停验证着"谁拥有海洋，谁就拥有整个世界"这个亘古不变的真理。21 世纪是海洋的世纪，我们正在积极发展海上贸易、维护海上权益。因此，了解海上战争的历史，洞悉海上博弈的玄机变得十分必要。《海战事典》是军迷们了解海战及海洋军事文化的宝典，希望该系列读物能够刊载更多精彩文章展现海洋文化的魅力。

——军事科普作家，江泓

作为新中国第一代人民海军军官后代的我，从小生活在著名的军港小城——旅顺口。这里的每一处遗迹都是海上战争为这座小城铭刻的深深印记，它们牵动着人们对这个国家、这个民族关于海洋意识与海洋权益的深刻思考。前事不忘，后事之师，每一个中国人都不会，也不该再次忽视海洋。但如何才能真正汲取历史的教训，又如何才能探寻到一条正确的深蓝之路？我相信，《海战事典》这本看上去很普通的书，一定会成为一扇打开历史记忆的窗，一座连通过去与未来的桥梁，人们可以通过它，找寻到自己的答案。

——中国海军史研究者，张义军

一个拥有漫长海岸线的国家必须要对海洋投以足够的关注，曾在海洋上发生的交流、冲突和战斗恰恰是对历史经验的一次次总结，它们从未随涛浪平息，而是形成并发展成为中华民族海洋意识觉醒的基石。《海战事典》正是一本海洋历史的索引，是一个了解海上往事的渠道。

——海军史、海军舰船研究者，顾伟欣

"无海权如人无手足"。古往今来，为了将主权延伸至海洋，以获得更多的控制力，很多国家都建立了强大的海军，他们既谱写过壮丽的海战诗篇，也创造过传奇的海洋故事。《海战事典》正如沧海拾珠，将这一段段精彩的历史串联、汇集至一处，相信每一位读者在阅读后，都会大呼精彩过瘾。

——资深军事编辑，刘晓

即使 21 世纪已被广泛称为"信息的时代"，人类最普遍选择定居、发展生产的地域仍然是各大洲的沿海地带，联结其间的繁忙海上航线仍然需要强大海军的护卫。《海战事典》为广大海军爱好者精彩描绘历史中发生于海洋上之激烈搏杀，希望启发更多国人关心我国海洋权益之保护。

——指文《军鉴》工作室主编，潘越

目录

前言：野心

　　"海上交通线是英国的生命线，不仅军事与海军力量，甚至经济命脉与整个国家的存亡，均与海上交通线的安全和巩固休戚相关。因此，德国海军的基本兵力，应用于破坏这些交通线，即击沉、击伤或者瘫痪英国及其盟国的商船……"

　　这是德国在第二次世界大战中的首任海军司令埃里希·约翰·阿尔伯特·雷德尔（Erich Johann Albert Raeder）于 1927 年至 1928 年所著《外海巡洋战争》一书中阐述的海上战略，即下一场战争中德国海军应当采取的基本战略。而就如何贯彻这一战略，雷德尔接着写道："实现这一任务的决定性手段之一，是以巡洋舰和辅助巡洋舰进行大胆而坚决的作战行动。"

　　在当时，持有类似观点的人在德国海军内不在少数。"今后，具有强大巡航能力的现代巡洋舰所起的作用，可能将大大超过潜艇，巡洋战役的规模和它对整个战争的战略意义，将比第一次世界大战期间更为广泛和重要"，这是雷德尔的同僚格劳斯在他的著作《根据世界战争经验论海战》中阐述的观点。

雷德尔的观点在德国海军内引起了广泛的共鸣。格劳斯在他的著作《根据世界战争经验论海战》中这样写道："……唯有'巡洋战争'才能使海战区域扩大到整个海洋，以突击敌人海上交通线的手段，来动摇敌人的军事和经济力量。"而发起这种"巡洋战争"的武器，并不是在第一次世界大战中发挥过重要作用的潜水艇，因为在今后，现代巡洋舰可能会比潜水艇起到更大的作用。

根据马汉式的经典海军战略思想，海军的价值在于控制海洋、夺取并保障制海权。强大的海军力量将有助于其所属国家对于海洋的有效支配，并在有效支配的前提下充分利用其带来的利益。在这一思想中，夺取制海权才是海军战略的根本目的。马汉的理论只是近代海军思想中的一家之言，虽然在诸多场合内被奉为金科玉律，但却是一个执行起来代价高昂的战略原则。事实上，德国海军在战前（也是在之后的战争中）采取的海上战略，与19世纪末曾一度盛行的海军"新学派"思想颇有几分相似。"新学派"思想主张以大量轻型雷击舰担任海上力量的中坚，鱼雷艇在负责海岸防御的同时，还承担着突破敌方海上力量近程封锁、协助己方巡洋舰突破封锁执行破交作战、掩护主力舰队和敌小规模舰队交战的任务。当然，大量集中使用轻型雷击舰艇亦能起到封锁特定海域的效果，进而掌控局部海域的制海权。

"新学派"出台自有其特定的历史背景，当时正值法国在普法战争中惨败于德国，对外肩负巨额战争赔款、对内承担各种社会重建重任。法国方面对继续投入巨资到海军建设上已经心有余而力不足，加之这一时期新式武器鱼雷问世，使小型舰艇也具备了可以和大型主力舰一搏的能耐，进而使力不从心的法国人看到了独辟蹊径的可能。当然，我们需要知道的是，如果有可能的话，法国海军还是愿意建造以主力舰为核心的常规海军舰队，至少在普法战争之前的十数年内，法国海军一直致力于和英国进行主力舰竞赛。德国的情况也一样，《凡尔赛和约》对德国海军的规模进行了严格的限制，并做出了不允许配备航空母舰、主力舰排水量低于10000吨、主炮口径不得超过11英寸等硬性规定。种种限制之下，德国无法通过走马汉理论这种"正道"来发展他们的海上力量。虽然表面上，魏玛共和国并不与任何欧洲邻居为敌，但是潜在的战争风险依然存在，而制定各种可能性高和可能性低的作战计划及战略准则，

■ 第一次世界大战停战后，德国海军的未成战列巡洋舰"腓特烈亲王"号的船壳（靠码头一侧）。外侧是未完工的巴伐利亚级战列舰"符腾堡"号的船体。图片摄于汉堡，1921年，解体之前。

■ 凡尔赛和谈期间，拘押在斯卡帕湾内的公海舰队74艘各类舰艇的大合影。这些船在不久之后尽数自沉于湾内，从而宣告了德国大海军战略的破产。

以应对国家安全受到威胁的情况，这也是国家武装力量存在的根本价值。

　　这个世界上总有一些野心和实力不相称，或者有着远大志向却力不从心的角色存在，马汉的战略对于第二帝国时代的法国、魏玛时代的德国而言未免太过不切实际。正如古代智者所说，"伟大的帝国不是用谦和来维系的"，追求国防安全亦是每一个国家的基本权利。基于这种意愿，魏玛共和国及它的海军选择了同半个世纪前法国人相似的海军发展道路，而不是去构筑一支专守防御，以保卫德国港口为目的的舰队。在 20 世纪 20 年代末，根据《凡尔赛和约》的规定，德国海军可以逐步汰换舰队中最老式的几艘战列舰①。《外海巡洋战争》的作者雷德尔从 1928 年开始担任德国海军司令一职，他上任之初带给海军的礼物便是德国下一代战列舰的设计草案。草案一共 4 个，其中 3 个设计是拥有 250 毫米装甲、18 节航速、航程不超过 1800 海里的近海防御战

---

① 一些前无畏舰时代的老舰。

列舰。这些设计的区别只是主炮的联装模式，而最后一个版本，是一种只具备80毫米装甲，但航速超过26节，续航力更是可达12000海里的小型远洋战列舰。结果是毋庸置疑的，德国海军将领们几乎一致选择了最后一种方案，因为没有人愿意德国海军的舰队，以一种可笑的"北海铁皮鸭子"形象展示

■ 1925年1月7日，魏玛共和国新建的第一艘用于汰换老舰的新船——轻巡洋舰"埃姆登"号。严格的和约限制使这艘船的武备和设计只能沿用第一次世界大战时的模式，即便在当时已经落后。

于世人面前。而这份远洋方案，将在下一年化作德意志级袖珍战列舰的设计蓝图。

尽管得到了海军的一致拥护，但是更替旧式主力舰的希望在议会里遭到了一定的阻碍。当时正值1929年~1931年期间世界范围的经济危机，议会里充满了"要袖珍战列舰，还是要孩子的奶粉"之类的质问声，然而魏玛国会最后还是以255票对203票的优势通过了建造议案。对于这个结果，德国海军感到欢欣鼓舞，他们认为这是一次重要的胜利。依照雷德尔的战略，袖珍远洋战列舰已经成为德国海军未来战略中关键的一环。海军坚信，传统海战过于注重战舰编队，但是随着技术的进步，舰队作战已经成了昔日之影——大型舰队非常容易被侦察到，在海战中也缺乏灵活性。而即将建造的袖珍战列舰航速超过26节，除了英国海军的3艘老式战列巡洋舰"无敌"号、"声望"号、"胡德"号之外，快过其他所有海军国家的全数主力舰[1]。比德意志级航速更快的巡洋舰和驱逐舰，都难以和其配备的280毫米舰炮一较高下。袖珍战列舰灵活而快速，数艘这类战舰可以随时在海上组成小型舰队执行特殊任务，解编后又能凭借高航速、大航程的特性迅速撤退，实在是契合"外海巡洋战略"

---

[1] 显然，德国人没有把日本海军的4艘金刚级战列巡洋舰计算进去。

的不二选择。

袖珍战列舰的第 1 艘，即德国海军建造序列中的"战舰 A"——"德意志"号的船体，于 1931 年 5 月 19 日建成，而当时的德国还在继续承受经济不景气的痛苦。在下水典礼上，当时的德国总理海因里希·布吕宁说道："在这次典礼上，德国人民用实际行动向世界证明，尽管我们身上还套着和约的枷锁，经济也很不景气，但是我们有能力保卫自己和平的家园，更有能力捍卫我们的荣誉！"德国海军要更替被《凡尔赛和约》许可保留的全部 6 艘老式前无畏舰，通过一揽子的 5 年拨款计划，这些拨款将用于建造 6 艘类似的袖珍战列舰，6 艘新的巡洋舰，以及几个驱逐舰编队。就在"德意志"号下水的那会儿，袖珍战列舰的第 2 号舰和第 3 号舰，也就是后来的"战舰 B"①与"战舰 C"②已经开始建造。

各国舆论对德国的袖珍战列舰讨论激烈，无知而又喜欢炒作的军事记者纷纷对德意志级大加吹捧，英国和法国甚至掀起了要求建造类似舰艇的舆论风潮。而英国海军并不为之所动，皇家海军虽然已经衰落，但还不至于沦落到靠破坏别人的制海权来定义海军战略的地步。至于法国海军，由于法国在第一次世界大战结束之后，陷入了长期的政治混乱，政府更是跌进了

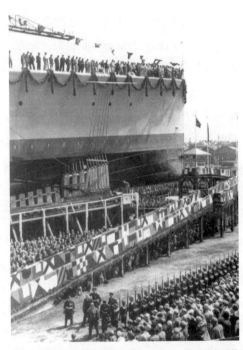

■ 装甲舰"德意志"号盛大的下水仪式，魏玛共和国的首脑尽数出席。总理布吕宁将这次下水仪式看成了振奋德国国民、摆脱经济危机的一次契机，故对其大加宣传。

① 后来的"舍尔海军上将"号。
② "施佩伯爵"号。

■ 吊装火炮、安装炮塔的"德意志"号。由于其种种特性，外电称之为"袖珍战列舰"并予以热炒。

10个月一届的怪圈，所以对新式主力舰的建造和海军计划颇为懈怠。不过在袖珍战列舰和当时意大利法西斯政府扩充海军的刺激之下，法国海军决定建造新的小型战列舰，也就是未来的敦刻尔克级。敦刻尔克级技术指标的拟定，充分考虑了抗衡意大利海军重建的老式战列舰和德国袖珍战列舰的要求。

上面已经说过，雷德尔是德国海军在第二次世界大战中基本战略的缔造者，他的"巡洋战争"理论指导了德国海军水面舰队，甚至是潜艇部队在二战期间的作战活动。但是必须看到的事实是，当一个因为现状而被迫另辟蹊径发展海上力量的势力重新站稳脚跟之后，必然会回归到马汉的老路上来。依然是那个法兰西的例子，在20世纪初，随着法兰西第三共和国经济的日益繁荣以及政局的渐渐稳定，法国海军逐步从"新学派"过渡回传统海军的模式，法国海军拟定新的海上战术条例，并于第一次世界大战前在海军的预算内再次排入了成批的战列舰计划。而巡洋战争概念出台的背景，也是德国受到《凡尔赛和约》强力束缚，微弱的海军力量只能在缝隙中求生存的年代。

1929年，世界性的金融危机席卷欧洲，刚刚凭借着大量贷款复苏起来的德国在金融危机中损失惨重，失业和破产的人遍布德国各地。经历过战败的耻辱，刚刚看到生活希望的德国人从心理上需要一个宣泄点。人们不由自主地想起了上一次世界大战战败时的情形，混乱的金融秩序和遍地的投机商……此情此景，使德国国内的复仇主义和排犹声势逐步壮大，灰色的德国纳粹党崛起了。1933年，随着纳粹党在大选中的胜利，阿道夫·希特勒被越来越出现老年痴呆症状的兴登堡总统任命为魏玛共和国的总理，纳粹登上了德国的政治舞台。

希特勒早年曾学习美术，贫困潦倒期间一度靠担任画匠谋生，和课堂里

■ 希特勒接受德意志联邦大总统兴登堡的任命、担任德国总理时的照片。灾难就此开始了。

不用功的学童类似，闲来无事的时候也喜欢在纸上绘制一些他心目中的军舰设计和构想，所以他也算是半个"海军爱好者"。1933 年的 2 月，雷德尔首次和国家新的元首希特勒举行了会晤，并以一番"我们的海军扩充能力无限"的保证，使这个留着小胡子的"海军爱好者"非常满意。

当乌云笼罩着德国政治舞台的时候，德国海军的战舰更替计划仍在有条不紊地推进着。"战舰 D"和"战舰 E"①也被列入建造计划之中，但在此时，有关这两艘船的战术定位，海军认为有必要进行适度的调整。经过了充分而细致考虑，海军对德意志级的性能和作战方式可以说是"比较满意"。然而正如上文所述，这种满意是建立在相对的基础之上，是基于《凡尔赛和约》的层层限制下迫不得已的"相对满意"。根本就不用怀疑的是，只要有机会让德国海军去建造正常的战列舰，难道他们会拒绝？海军一直希望能进一步提升德意志级的航速和装甲，使之具备除英国海军战列巡洋舰队以外舰艇中的

---

① 第二次世界大战时期，德国海军使用字母来代表他们的主力舰。德意志级首舰"德意志"号的代号为"A"，海军也将其称为"战舰 A"。同理，"舍尔海军上将"号被称作"战舰 B"，"施佩伯爵"号是"战舰 C"。

■ 幼年的希特勒，照片上这个看似无邪的孩子，却在后来将世界带入了可怕的混乱中。

■ 德国海军司令、海军上将埃里希·雷德尔，"巡洋战争"的倡导者。他算不上是一个纳粹分子，但也希望扩充德国海军，恢复第二帝国时的荣光。

绝对战术优势，同时应当考虑"给德意志级装甲舰①增加一个炮塔"，以确保其对巡洋舰类舰艇和在战术任务中的绝对火力优势。历来对大型战舰心怀好感的小胡子元首自然不会反对，有利可图的承建商更是不会拒绝，因为更大的目标意味着更多的利润。甚至海军还一度计划，干脆一不做，二不休地将3座三联装280毫米主炮都换成研发中的双联装380毫米主炮——当时克虏伯的主炮车间已经在进行新式的38厘米口径SK-C/34型重型舰炮的镗制加工，试制工作非常顺利。这样一来，新建的战舰将摇身一变成为一种具备战列舰火力、战列巡洋舰航速，以及出色装甲保护②的"准"快速战列舰。海军不清楚这样做会遭到外界什么程度的反应，更不清楚英国会对德国如此大规模的"僭越"作何态度。出于风险规避的考虑，这个念头在当时并未被付诸实施，沙恩霍斯特级依然按照先前的设计加以建造。

---

① 德国海军内部的定义，德意志级和以后的沙恩霍斯特战舰最初均被称为"装甲舰"（Panzerschiff），1941年以后，前者被划为重巡洋舰，后者被归为战列舰。

② 沙恩霍斯特级的装甲系统存在缺陷，在防护方面并不能和后来真正的俾斯麦级战列舰比肩。

　　尽管德国有所顾虑，也没把事情做彻底，但这种新式战舰毕竟严重违反了《凡尔赛和约》中有关主力舰单舰最大吨位的规定，很可能会遭到来自英国方面的强大压力。不过，希特勒和他的政府并非毫无准备，他们决定先发制人……

　　欧洲的舆论并没有因德国海军的僭越而哗然多久，很快他们就被更火的热点所吸引。1935 年，也就是两艘严重违反和约内容的战舰开始建造，随即被欧洲各国报纸猛烈抨击（其猛烈程度可以用现在的日本海军宣布建造航母来类比）的时候，希特勒的政府主动对英国做出了某种示好的表示：德国政府提议与英国订立单方面的协议，申明未来德国海军的登记总吨位将不超过英国海军的 35%。

　　英国对此表示欣然，各方赞美之辞溢于言表。第一次世界大战的海军英雄大卫・贝蒂在英国议院内称赞道："我要对德国人民致以衷心的感谢。他们向我们伸出了友好之手，自愿提出德英海军吨位之比为 35：100……这个协议将使我们避免与世界上其中一个国家展开军备竞赛，对此我们十分感激。"

■ 编队航行中的英国战列舰舰队。第一次世界大战以后，盛极一时的英国海军虽已逐渐走向衰落，但仍有着规模世界第一的庞大舰队。当时德国海军全数舰艇的总吨位不足皇家海军的10%，因此所谓的"自愿限制在35%"的保证，从另一个角度来理解只是大量建造新舰的幌子。

然而，这只是英国人的看法。也许英国暂时限制并消除了德国过度海上扩张的威胁，但就当时的德国而言，其海军舰艇的总吨位不及英国海军的 12%，这纸协议变相允许了德国可以将舰队规模扩张到英国的 35%——这意味着一次大规模的海军扩建。从另一方面来看，《英德海军协定》等于是给了德国一个堂而皇之突破《凡尔赛和约》限制的契机——既然已经和《凡尔赛和约》的主要缔约国家另外达成了妥协，那么德国还有什么理由继续单方面遵守这一本来就颇不公平的和约呢？

有关《英德海军协定》的事情，这里必须再啰唆几句。通常来说，我们总喜欢将英国归纳为"目光短浅的绥靖主义者被野心家所愚弄"。隔断历史去看待问题，当然是可以得出这么轻巧的结论，但全面分析当时的历史背景后，不能不说这种观点是浅薄的。《英德海军协定》签署的年代，适逢第一次世界大战以后一系列限制海军军备的国际公约即将失效，当时英国海军的主要竞争对手日本，已经明确表露出不再续约的意愿。对于英国来说，这就意味着必须从日渐萎缩的国库中挖出巨资去应付海军无条约时代的军备竞赛。因此，英国有充足的理由去担心已经成为独裁政体的德国，会选择彻底抛开《凡尔赛和约》的束缚，像第一次世界大战前那样去大造军舰，同英国海军一争长短。如果德国选择步日本的后尘，那么这个近在咫尺的欧洲强国，对英国制海权的威胁将远胜于地球另一端的日本。在这儿，政治上的需要是一回事情，单就情理而言，英方亦清楚《凡尔赛和约》是个极其苛刻而且不够公平的和约，况且这个不公平的和约已经限制了德国超过 15 年之久，即便德国选择直接背弃这一和约，虽然违背了法理，但却未必是违背"公理"的。而现在，既然德国在占据一定道义的基础上，又愿意主动和英国签署这样一份能保障英国海上优势的条约，显然表述出他们依然尊重国际秩序，并愿意做出一定妥协的事实。既然这样，以英国的立场，又有什么理由去拒绝呢？

1935 年 6 月 18 日，《英德海军协定》被正式签署。随之而来的是希特勒、雷德尔以及整个德国海军梦寐以求的"大扩张的机会"。雷德尔后来在他的日记中写道："现在回想此事，那时是我们扩军的顶点，也是我个人抱负的顶点。我想我有充分的理由坚定地走下去。有了这份协定，就不单是建造中的那两艘违规舰得到合法性方面的保证了。"

■ 1936年10月8日，"战舰D"，即"沙恩霍斯特"号的下水仪式，希特勒和雷德尔皆出席了典礼。庆典上，元首和海军司令迥异的敬礼动作似乎很能说明问题。

标准排水量 33000 吨、试航最高航速超过 30 节、侧装甲带 320 毫米、安装有三联装 280 毫米主炮 3 座，这是沙恩霍斯特级装甲舰建成时的数据，亦是雷德尔和纳粹德国海军扩展过程中留下的第一个脚印。《英德海军协定》赋予了德国海军一项他们梦寐以求的权利——建造战列舰。

马汉的理论在于夺取制海权和控制制海权，进而充分利用制海权带来的优势和便利，夺取制海权和利用制海权两者是相辅相成的。"新学派"和《外海巡洋战争》中所阐述的思想，则是建立在破坏敌人对制海权的控制上。这两种理论都不要求夺取制海权，而是单纯以破坏敌方对制海权的利用来实现其战略目的——即便突破封锁的巡洋舰依然无力抗衡敌方强大的主力舰队，但却能对没有武装的商船大开杀戒，亦可以伺机攻击防御薄弱的敌港口，对敌人的航运体系和对外贸易施以强大的破坏力。雷德尔在《外海巡洋战争》

中阐述的交战模式和海军战略虽然与之有所区别，但主导思想却是一脉相承的，即在己方无法掌控制海权的时候，利用远洋单舰突袭打击敌海上航运线，使敌方无法有效地利用所掌握的制海权。说简单点就是：我没得混，你也别想混好。然而毫不例外的是，这种带有应急性质的海军战略，会在国家状态转向正常之后遭到背弃。一如上文所述法国在第一次世界大战前的海军建设，以及这里即将提到的德国海军大扩军计划。而在此之前，德国将预先享用他们得来不易的战列舰建造权利——"战舰 F"和"战舰 G"，即后来的俾斯麦级战列舰。

英德再度交恶是在 1938 年，在此之前，纳粹掌权的德国已经成功越过了和约的藩篱，完成了重建空军、进驻莱茵兰地区等等冒险举动，而英国甚至是德国的老对头法国都对此听之任之。直到 1938 年策动的德奥合并事件，英法终于无法坐视不理。虽然此次德国没有受到什么实质性的威胁，充其量不过是一些来自国外的媒体口水和外交抗议。但之前进行得太顺利，导致这次遇到的"热烈反响"使这个国家又有了被四周敌人环顾的感觉。威廉·夏伊勒在他的著作中提到了这样一个细节——从年中开始，希特勒在和他的助手谈话时，开始用"那两个讨厌的敌人"来代替英国和法国。

英德交恶对德国海军来说是一个很不好的消息，因为在这个时候海军已将 2 艘建成时排水量超过 42000 吨、装备有 8 门 380 毫米舰炮的俾斯麦级战列舰投入建造。其他的诸多配属舰艇也正在建造之中，用于加强巡洋舰队的希佩尔海军上将级重巡洋舰早在 1935 年就已经开工。8 月，已经对事情有变多少有点心理准备的雷德尔得到了最高统帅部的直接命令，要求他将英国列为未来的作战对手之一，这使雷德尔觉悟到战争已经迫在眉睫。而此时，德国海军内部正在为进一步的扩军进行讨论。

德国海军作战参谋赫尔默斯·海耶受雷德尔的直接命令，负责拟定一份所需舰艇的建造计划。海耶时年 43 岁，是计划决策层中最年轻的一位军官，亦是海军扩军委员会的负责人。由于从雷德尔那里得到了有关战争危险的讯息，因此海耶的计划明显更像是一份临战前的准备方案。在他的计划里，几乎没有为大型军舰的建造安排下任何空间，充斥着当前保持一支舰队所急需的驱逐舰、护卫舰、辅助船，以及可以在短期内建成的潜艇。海耶的方案非常务实地建立在德国舰队无法从正面抗衡皇家海军这一点之上，他在方案的备忘录中写道："皇家海军的弱点在于英国的海上交通体系。而针对这一弱点，德国可以对公海上频繁往来的英国商船施展无情的打击。执行这一计划的将会是那些相对较小，却有足够续航力的船只，必须建造这一类的船只——而非在舰队中增添那有限的几艘'巨无霸'。"海耶在代号为"X 计划"的方案中，说的句句都是"人话"，但是却不招人待见。在专门召开的有关海耶方案的研讨会上，德国海军副司令当面斥责道："先生们，摆在我们面前的这个方案其实是在说——我们不能以战列舰去击败英国！"他的潜台词显然是指海耶方案等于承认了德国海军的失败。"只有最重型的战列舰才能让我们战胜大西洋上最可怕的力量，"另一位当初以极坚定的立场倡导"巡洋战争"理论的海军将领附和道。

　　在研讨会上，海耶的方案毫无悬念地遭到了一致批驳。随后，有关德国海军扩军的立项委员会向海军司令提交了一个为期 10 年，以建设大型战舰为主的修正案——"Y 方案"。在这个修正案中，海军专家组提议建造至少 6 艘

■ 舾装中的重巡洋舰"希佩尔海军上将"号，德国不属于《华盛顿海军条约》和《伦敦海军条约》的缔约国，故德国海军在建造重巡洋舰时没有严格的吨位限制。

排水量高达 56000 吨的大型战列舰，其首舰将以"战舰 H"为建造代号。清楚利害关系并享有足够多信息以便做出正确判断的雷德尔，更偏向于海耶的原方案，但他不得不考虑同僚们的心情和诸位对第二帝国时代庞大公海舰队的缅怀，所以他做出了妥协。雷德尔将修正案中大型舰艇的优先程度适当降低，同时提高了大部分轻型舰艇和辅助船的建造优先级，然后将两份方案一起呈交给了希特勒。

其实，就我们对小胡子爱好的了解，这只不过是拿了一个答案去给他选择而已。次日，当希特勒通知雷德尔依照修正案实施海军扩张计划的时候，雷德尔感到有必要再警告一下他的元首。他说："若战事在一两年内就爆发，大型主力舰是没有办法即时备战的。"对于下属的这种忧心，希特勒回答道：在我的政治蓝图中，1946 年以前不需要动用海军。

1939 年 1 月下旬代号为"Z 计划"的庞大造舰计划正式启动，此时德国正和波兰就但泽走廊问题闹得沸沸扬扬。经过海军总司令的润色，从海军将领和元首的"大玩具"，到即将爆发的战争所必需的驱逐舰、潜艇、补给船和油船，这项计划似乎各方面都已涵盖到了。无所不能就是无能，无所不包的计划同样也意味着什么都没包括到。大型主力舰需要数年的建造周期，而德国本土的船台数量也非常有限，大量钢铁需要提供给同样在极速扩张的空军和陆军，海军实际上等于是靠边站了。在此后的数个月内，雷德尔一直处于焦虑状态，为一旦战争爆发德国海军的命运感到忧心忡忡。

4 月 28 日，希特勒出人意料地宣布取消英德海军协定，此时距雷德尔晋升海军元帅还不到一周时间。小胡子在宣布此事的同时，还发表了措辞激烈的演说，严厉指责英国在德波领土争端中偏袒波兰的非义行为。由于希特勒在做出这一决定之前并未和海军有过任何沟通，此事在措手不及的德国海军内掀起了轩然大波。面对雷德尔等海军将领的质疑，这一次希特勒非常强硬地回答说：我们迟早都是要和英国作战的！

欧洲上空阴霾密布，英法无视了奥地利被吞并，出卖了捷克斯洛伐克的利益以换取备战的时间，但是这一次决定不再做出妥协。而波兰，不知道是因为夜郎自大到了极点，还是抱着抗击条顿骑士团时的那种觉悟，竟然绝不退让。从 1939 年年中以后看，战争显然是无法避免的了，目前的问题只是具体何时以何种方式爆发而已。启动不足半年的"Z 计划"显然也即将流产。而此时被海军将领寄予厚望，能够"战胜大西洋上最可怕的敌人"建造代号战舰 H 的战列舰，仅有 2 艘刚铺下龙骨。

"Z 计划"中准备建造的 6 艘大型战列舰、2 艘战列舰、2 艘航空母舰、2 艘战列舰[1]、3 艘 P 级远洋袭击舰[2]、5 艘重巡洋舰，似乎没有一艘能够赶上战争的爆发。其中有希望建成的唯有俾斯麦级、沙恩霍斯特级和希佩尔海军上将级重巡洋舰而已，海耶被斥责为"自动承认失败"的叙述很不幸即将成为事实。

1939 年 7 月末，无力挽回局面的德国海军部，开始仓促地制定临战计划。基于最高统帅部透露的战争计划，海军准备将目前可以投入战斗的 2 艘装甲舰——"德意志"号和"施佩伯爵"号[3]于战争爆发前遣入大西洋，以避免在

■ 1936年，访问期间在英属直布罗陀暂泊的德意志级装甲舰"舍尔海军上将"号。

① 沙恩霍斯特级的具体类型显然并不容易确定，姑且按照德国海军的战时习惯将其称为战列舰，这样既便于叙述，又方便区分与德意志级之间的差异。
② 原定用于取代德意志级装甲舰，可视为德意志级的放大完善版。
③ "舍尔海军上将"号此时正在接受改装。

战争爆发后被占有绝对优势的英国海军封锁在德国近海。8月末，"德意志"号和"施佩伯爵"号先后起航，前者的作战区域在北大西洋，后者则被委派驶往南大西洋执行破交任务。

8月25日，德国海军训练舰"石勒苏益格－荷尔斯泰因"号老式战列舰受海军司令部的命令，以"纪念一战阵亡将士"为名对但泽自由市进行"友好访问"。舰长克雷坎普上校心里很明白此行的真正使命，发自海军总司令雷德尔海军上将的指示："在白色方案开始后，摧毁波兰海军；封锁波兰海岸，堵塞其港口，破坏波兰的海上航运；确保德国的海上安全。"德国海军东部战区司令、海军作战部长阿尔布雷赫特海军上将指示克雷坎普将其军舰停泊在但泽市北边郊区，威斯特普拉特要塞附近的有利位置，等待Y时，即开战时刻的到来。1939年9月1日4时17分，即德国入侵波兰的"白色方案"开始之前28分钟，"石勒苏益格－荷尔斯泰因"号战列舰转动其老朽的前后炮塔，用4门280毫米主炮向威斯特普拉特要塞开火，600米之外的波兰兵营和阵地也随即遭到轰击。第二次世界大战的第一枪由这艘早就该进拆船厂的老舰打响……

和英国海军正面抗衡的念头，德国海军根本没有动过，就如时任德国海军潜艇部队司令的卡尔·邓尼茨上将所述：我们的海军就好像没有手也没有脚的残疾人……世界上找不出第二个国家会像我们的海军这么凄惨。

和上一次大战相比，也许德国的陆军已经在"闪电战"、"空地支援"等理论和装甲兵的辅助下变得空前强大，但是它的海军却是不值一提。在战争开始的时候，海军可以立即投入战斗的大型水面舰艇，仅"德意志"号和"施佩伯爵"号而已。庞大的"Z计划"和那些使德国海军可以战胜"大西洋上最可怕的敌人"的巨舰，对他们来说好似镜花水月一般虚幻。

■ 协约国方面准许德国海军保留的老式战列舰"石勒苏益格－荷尔斯泰因"号，属德意志级前无畏舰。即便在20世纪20年代，这也是一艘可以直接收入博物馆的老古董。

"北方出巡"作战及"柏林"作战：
海上大绞杀

1939 年 9 月 3 日早晨，德国海军的装甲舰"施佩伯爵"号正缓慢航行在佛得角以西 560 海里外，补给船"阿尔特马克"号尾随其后。热带海域毒辣的阳光照射在水波不兴的海面上，也炙烤着这艘孤单的战舰。水兵们提着水桶和拖把在甲板上列队，准备开始例行的洗刷工作，舰长汉斯·朗斯多夫则叼着雪茄同往常一样倚靠在舰桥一侧的游廊边。

杀机被掩饰在了这片看似祥和的景象之下。就在两天前，德国的武装力量越过了波德边境线，德国海军炮击了自由港但泽，英国和法国已经对德宣战。此时此刻在数千海里外，"施佩伯爵"号的姐妹舰"德意志"号正游弋在格陵兰岛南边，而一道由 22 艘德国潜艇构成的巡逻线，已经在不列颠岛以西 1000 多海里的大西洋上展开。

"施佩伯爵"号是当时德国海军中最好的远洋舰艇，配备着 6 门 280 毫米口径主炮，能够以 26 节速度连续航行超过 5000 海里。现在，它正整装待发。

无线电室一直在监听英国人的通讯，窥探着伴随战争爆发而暴增的电讯。"自 11 时起，开始向所有遭遇的德国船只发起攻击……"，一条不曾加密的讯息从纷乱的电讯中浮起，紧张的电讯兵不顾一切地跑向舰桥，将这则讯息通告上级。39 分钟以后，位于柏林的德国海军最高指挥部发来命令，其内容简短而明确：立即反击英国人。

"'施佩伯爵'号前进三！"伴随朗斯多夫的命令，车钟连续发出三次清脆的鸣响。甲板下，MAN 公司生产的柴油机组的轰鸣声和全舰集合的哨声一起响起，令人振奋。

"阿尔特马克"号开始转向，"施佩伯爵"号正在加速。战争，开始了！

⇀ "施佩伯爵"号的荣耀与毁灭 ↽

德国大型水面舰艇的隐蔽出航进行得非常顺利，当两艘装甲舰进入各自预定的待命海域时，英国的情报还显示两舰尚在波罗的海。

"克莱门特"号是被"施佩伯爵"号携带的 Ar-196 水上侦察机发现的，这艘不幸的商船没有即时认出德国袭击舰携带的水上侦察机，反而误判为英国巡洋舰"阿贾克斯"的舰载机。随后，这艘倒霉的蒸汽船遭到了德国舰载水上侦察机的俯冲扫射，被迫停船。不过，在德舰赶来将其击沉之前，这艘大意的蒸汽船还是即时发出了专用求救信号"RRRRR……"，这份求救电讯，也使英国终于察觉到公海上有德国袭击舰活动。

灾难还在扩大，10 月至 11 月初，又有 4 艘商船在南大西洋遭到德国袭击舰攻击而沉没。英国海军部通过遇难船只最后断断续续发出的电讯，逐渐搞清楚了德舰的全貌。情报显示，袭击舰是德国的"袖珍战列舰"，很可能是"施佩伯爵"号，而非"德意志"号或者"舍尔海军上将"号。11 月中旬，"施佩伯爵"号转战印度洋，于 11 月 15 日在莫桑比克海峡击沉了"非洲"号油轮，并于 16 日逼近了丹麦籍货轮"玛利尔"号。不过，这艘当时还属中立国的商船没有遭到德舰攻击。

"非洲"号和"玛利尔"号的情报一度使英国海军困惑不已，他们担心不仅是南大西洋，连印度洋都可能有德国袭击舰在活动。为了剿灭这些可能

■ 舰载水上飞机 Ar-196，这是德国大型水面舰艇的"标配"，轻巡洋舰以上的舰只都携带至少 1 架。它是德国远洋舰艇的"眼睛"。

呈复数存在的"流寇"，英法联手采取行动。10月5日，英国海军部发布命令，联合法国舰队组建了8支搜索猎杀群，皇家海军出动了在役的足以歼灭德国袖珍战列舰的全部3艘战列巡洋舰，法国海军则动员了性能足以克制德舰的2艘敦刻尔克级小型快速战列舰，并于月底在南大西洋撒开大网。可是，这种精心布置的围剿计划却因为德舰暂时转向印度洋而毫无成效。"施佩伯爵"号的舰长朗斯多夫上校精通业务，也深刻领会了雷德尔"外海巡洋战争"的精髓，这一时机恰到的转进（这可是真正的"转进"，而非对屁滚尿流般溃退的委婉称呼）使他和他的船逃过了搜捕的第一道网。

构成同盟国搜索舰队主力的是巡洋舰，配有8英寸主炮的重巡洋舰和6英寸主炮的轻巡洋舰。在单舰火力上超越德舰的唯有英国的战列巡洋舰"反击"号、"声望"号、"胡德"号，以及法国的小型快速战列舰"敦刻尔克"号和"斯特拉斯堡"号。除此5艘舰外，任何其他的巡洋舰单独遇上"施佩伯爵"号都只有任其宰割的命运。搜索队的指挥官当然清楚利害关系，所以搜索队不会轻易分散兵力。小心谨慎意味着自保无虞，却也同样意味着搜索能力会大打折扣。

"施佩伯爵"号并非单独行动，德国海军的远洋补给船"阿尔特马克"号负责对其全程支援。11月27日，"施佩伯爵"号第5次与该舰会合，在补充燃料的同时转移俘虏的水手，使这艘补给船成了事实上的流动监狱。朗斯多夫指挥手下利用这段时间，对装甲舰的柴油主机进行了翻修。在此之前，由于长时间不停歇的航行，"施佩伯爵"号的主机零件已经产生了严重的损耗，输出功率持续下降，一度只能维持23节半的速率，这次维修使其主机恢复到

■ 10月17日被"施佩伯爵"号俘获的英国货船"猎人"号（右），"施佩伯爵"号的专用辅助船"阿尔特马克"号正航行在左侧远一些的地方。

极速可超过 25 节、长时间航行能维持 24 节的状况。因为缺少部分零件，所以暂时也只能将就着。在和僚舰约定了下一个会合地点后，朗斯多夫指挥军舰继续独自航行。

12 月初，朗斯多夫舰长指挥战舰回到了南大西洋，于 12 月 2 日、3 日分别在骷髅海岸以西击沉了货船"多利克之星"号和"泰勒"号，随即转向西行。7 日在南大西洋中部靠近南美的海域摧毁了另一艘名为"斯特里奥萨拉"的货轮。

朗斯多夫舰长和"施佩伯爵"号的好运在 1940 年 12 月 5 日宣告终结。当天，德国的"乌萨库玛"号维修船在向蒙得维的亚航行途中遭遇了英国巡洋舰"阿贾克斯"号。虽然该舰悬挂着中立国旗帜并伪装成了一艘普通货船，但已经获悉此地有德国辅助舰活动的英国巡洋舰还是对其进行了严格的临检。"施佩伯爵"号主机换修所需的零件不幸被英国人搜出，随后，英国水兵又缴获了部分来不及销毁的文件和密码本。研判这些情报后，最终暴露了"施佩伯爵"号行踪的秘密，由于需要零件修缮主机，那艘困扰了同盟国海军两个多月的军舰将会驶往拉普拉塔河口附近与"乌萨库玛"号会合。

大约在 1940 年的 12 月 8 日，"施佩伯爵"号正在作横越南大西洋的航行。它将驶往拉普拉塔河口地带，这里是航运的密集区，从"斯特里奥萨拉"号上缴获的文件显示英国商船队在此地的航运异常繁忙。同时，德舰亦可在此与维修船"乌萨库玛"号会合，获取翻修主机所需的配件。

在同盟国搜索舰队方面，可以拦截"施佩伯爵"号的舰队正位于福克兰群岛一线。时逢第一次世界大战施佩舰队突袭福克兰群岛的纪念日，故英国海军特别将一些巡洋舰派往该岛，以防备这艘以海军上将施佩命名的军舰会特地赶来搞点 26 周年纪念活动。

亨利·哈伍德准将是 8 个搜索群中"G 群"的指挥官，正是他的舰队负责着拉普拉塔河口至麦哲伦海峡一线的搜索任务，而他本人更是自 1936 年起就担任皇家海军南美分舰队的指挥官，对于南美大西洋沿岸的航运非常之熟悉。12 月 7 日，当"斯特里奥萨拉"号的损失报告被发送给 G 群的时候，哈伍德即对照 2 日至 3 日中"多利克之星"号和"泰勒"号的损失报告察觉到了朗斯多夫的企图——"施佩伯爵"号正在航向南美海岸，目的地很可能就在拉普拉塔河口。

哈伍德收拢了他的舰队。12月12日7时，2艘利安德级轻巡洋舰"阿贾克斯"号和"阿基里斯"号，以及约克级重巡洋舰"埃克塞特"号在河口外海会合。哈伍德麾下还有1艘巡洋舰，肯特级重巡洋舰"坎伯兰"号，但是此时该舰正在福克兰群岛的基地进行整补，赶来需要一些时间。和"阿贾克斯"号同来的还有1艘法国运输船"福摩萨"号，这艘船的外貌酷似前几天被击沉的"乌萨库玛"号，是英国人用来引诱"施佩伯爵"号上钩的诱饵。

和德舰接触是在当地时间12月13日6时14分。最初哈伍德的人只是看到了天际飘起的烟迹，两分钟后，"埃克塞特"号舰长报告说，确认发现的就是"施佩伯爵"号。

"施佩伯爵"号发现英国巡洋舰队比英国人发现自己要晚1分钟。原本，德舰柴油主机排放的烟迹远小于英国巡洋舰的蒸汽涡轮机，但是长期运转使机件磨损，主机汽缸内雾化的柴油燃烧不够充分后排放出浓烈的黑烟。

在英国海军的记录中，"施佩伯爵"号目击到英国巡洋舰后，即在100链~110链距离外以舰炮射击"埃克塞特"号，表现出了坚决的进攻意图。显然，这艘德国袭击舰是如此的信心满满，企图一举摧毁胆敢挡道的英国巡洋舰。但是，朗斯多夫的良好感觉没有持续太久时间，3分钟之后，他就看到了"阿贾克斯"号和"阿基里斯"号。"施佩伯爵"号遇到了一个英国海军严阵以待的猎歼群。

哈伍德准将的舰队依照事先的战术安排被分成了两个群：重巡洋舰"埃

■ 亨利·哈伍德当时搭乘的利安德级轻巡洋舰"阿贾克斯"号。

■ "G群"指挥官亨利·哈伍德准将，击败"施佩伯爵"号的战功使其官运亨通，最后以海军上将军衔退役。图为1942年9月其在亚历山大港视察时的照片。

■ 只配备6门8英寸炮的约克级"小型"重巡洋舰"埃克塞特"号,河口之战中一个无奈的英雄。

■ 轻巡洋舰"阿基里斯"号,和"阿贾克斯"号同级。照片拍摄于1943年,此时该舰已经进行了全面改装,拆除了1座舰炮塔以改善稳定性,同时安装了更多的小口径高射炮。

克塞特"号单独行动,另两艘轻巡洋舰一起行动。英国舰队的这个战术令"施佩伯爵"号难以应付,这艘船的射控装置并不适合对付多个目标,朗斯多夫数次切换轰击目标也导致了船上火控组捉襟见肘,无法有效发挥火力。

"埃克塞特"号于6时20分开始射击,此时距离德舰约95链。"施佩伯爵"号对这艘英国巡洋舰的攻击比较顺利,第3次齐射时即命中了目标,第5次和第7次齐射时各命中1弹,摧毁了英舰的B炮塔。"埃克塞特"号是一种顺应"伦敦海军条约"内容的小型化条约式重巡洋舰,只有3座双联装8英寸舰炮,装甲防护也很差,根本无力抵御德舰威力巨大的280毫米炮弹。如果双方以一对一的方式继续进行这场战斗,德舰摧毁"埃克塞特"号只不过是个时间问题。虽然"阿贾克斯"号和"阿基里斯"号只是2艘安装6英寸炮的轻巡洋舰,却也不能忽视。

6时21分,2艘英国轻巡洋舰开始炮击,并于23分命中了德舰1弹,摧毁了"施佩伯爵"号的舰载水上侦察机。英国轻巡洋舰的持续炮击分散了德舰的火力。6时30分,在轻巡洋舰弹如雨下的炮击中,朗斯多夫被迫下令以1个主炮塔向2艘轻巡洋舰的队列进行牵制射击,由于火控设备的局限,这种牵制性炮击毫无准头可言。

这场战斗持续到了7时40分,在哈伍德的命令下,"阿贾克斯"号和"阿基里斯"号释放烟雾向东撤退。而"埃克塞特"号已在7时30分因为炮塔全毁,外加水密性损伤被迫向着福克兰群岛方向退却。"施佩伯爵"号无意追击,顺势徐徐向东航行。在之前1个多小时的战斗中,这艘德国袭击舰的前火控站被英国巡洋舰击毁,船体侧舷也被打出了数个大洞,厨房和淡水储存柜被毁坏。尽管从战术角度而言，它是胜利的一方，但是其状况可谓损失惨重。脱离战斗接触后，朗斯多夫指挥他的船直航乌拉圭首都蒙得维的亚。

"施佩伯爵"号受到的全是"内伤"，虽然不影响短距离航行，却严重削弱了它的作战能力。况且这 1 个多小时的战斗，也耗去了舰上弹药储备的大半，而未能击沉或者摧毁任何 1 艘英舰亦使这艘德国袭击舰对战斗的困难程度有了一个理性的认识。在德舰入港后，当地的德国外交机构便全力活动，设法给"施佩伯爵"号寻找维修设施。然而高效运作的德国外交人员却在蒙得维的亚四处碰壁，这座城市在 1939 年年末远不及今日那么繁荣。当地可以用来修缮"施佩伯爵"号这种大型军舰的船厂只有两

■ 从"施佩伯爵"号船尾拍摄的照片，可以清楚地看到舰炮塔、后部火控站以及安装在上甲板的两具四联装533毫米鱼雷发射管。这张照片拍摄于1938年年末。

家，一家为英国控股，而另一家修船厂的老板则是直截了当地拒绝了德国外交代表的要求，这位老板的父亲是个法国人，第一次世界大战中更是有亲戚死于德国之手。而国际法亦制约着德国人的活动，1907 年所制定的《海牙公约》（Hague Convention）规定，交战国的战斗船舰如无受损状况，只能于中立国港口停留 24 小时。若舰只受损则可在中立国进行必要修护，但此修护只局限于恢复船舰之适航性（seaworthy），而且严禁"以任何方法"增加船舰之战斗能力。找几块铁板焊上侧舷的大窟窿是很容易的，但是要修缮被毁

的前火控站、受损的机组甚至补充弹药，根本是不可能的。

　　德国积极筹划在尽可能短的时间内维修受损的装甲舰"施佩伯爵"号，同时向乌拉圭政府施压，试图让乌拉圭方面准许这艘船在港内逗留更多的时间，以便修缮损伤。英国依仗强大的海上优势，将分散在南大西洋的围剿舰队调向拉普拉塔河口地区，同时要求乌拉圭政府严格遵守战时国际法。与此同时，英国驻乌拉圭的大使馆还放出风声，宣称"声望"号战列巡洋舰和"皇家方舟"号舰队航空母舰正在附近海域，随时可以赶来支援。这种种的一切，都使朗斯多夫和他的船员们感到了绝望。至 12 月 16 日，"施佩伯爵"号上已经表现出了明显的厌战和抗命迹象，水兵们拒绝出战，不愿意去"毫无意义地送死"，甚至军官的纪律约束和严厉的军法都不能将其弹压。

　　德舰的情况正趋于混乱，不过哈伍德那边的状况也好不到哪儿去。最初，他只有 2 艘轻巡洋舰可以用来监视宽达 100 多公里的河口，如果此时德舰试图强行突围，那么哈伍德的下场恐怕不是战死就是因为放走敌舰被送上军事法庭。一天以后"坎伯兰"号赶来支援，这艘巡洋舰是第一批建造的郡级重巡洋舰，配备有 8 门 8 英寸舰炮，装甲也略好于已经因伤返航的"埃克塞特"号，这一增援使哈伍德舰队的士气有所恢复。即便如此，若是德舰拼死一战，已经在之前战斗中领教过厉害的哈伍德自问也毫无胜算。

■ 由英国外交人员蓄意发出的所谓"'声望'号即将抵达"的谣言使朗斯多夫及其部下惶惶不已。原本德意志级在设计时，即被定义为"除了'胡德'号、'反击'号、'声望'号3舰以外"包打天下的战舰，故"声望"号无疑是其克星。图为"声望"号接受现代化改装前的状态。

■ 肯特级重巡洋舰"坎伯兰"号，哈伍德舰队的生力军。该舰的到来确保了哈伍德分队监视拉普拉塔河河口成为可能。

英国巡洋舰队在拉普拉塔河口下了锚，3艘船分别监视着河口通向大西洋的3条水道。"坎伯兰"号居中、"阿基里斯"号监视北航道、"阿贾克斯"号蹲守南航道。双方就一直这样僵持着，直到17日傍晚。

12月19日17时30分，"阿基里斯"号的瞭望哨报告说，"施佩伯爵"号正在进行起锚作业，此时这艘船正在拉普拉塔河口的英吉利浅滩以东5海里处巡航。与此同时，来自英国大使馆的紧急电报也传达了同样的讯息。哈伍德做好了"受难"的准备，他将南方不远处巡航的2艘僚舰召唤过来，收拢他那实力有限的舰队，准备决一死战。柴油机船舶在启动速度上比传统的蒸汽动力船舶快上数倍，18时15分的时候，瞭望哨报告了一个"噩耗"：敌舰出港了！此时，英国海军足以歼灭德国袭击舰的增援舰艇还远在数百海里之外，接近两天的航程。这也就意味着，哈伍德此刻什么都指望不上。

"阿贾克斯"号在13日的战斗中未受到什么损伤，其携带的舰载机也完好无损。此时这艘船授命侦察德舰的具体情况，为此，它弹射出了唯一的舰载机。很快，侦察机发来报告："施佩伯爵"号出港后驶入了蒙得维的亚西南约6海里的浅水中，然后一直停在了那里。德舰的行为令英国人大惑不解，不过随着爆炸的火光闪现在天际，哈伍德终于放下了心——德国人炸毁了他们的船，英国舰队不战而胜了！

朗斯多夫曾试图奋力一战，但顾及他那帮已毫无战心的下属，这位军官放弃了这一念头。在被许可逗留的72小时内，他安葬了战死的水兵与军官，安排好了全员去阿根廷避难的事宜，炸毁"施佩伯爵"号。在将这些事情都

■ 哈伍德的座舰"阿贾克斯"号，战斗中此舰受伤颇重，前部的两个主炮塔均被击毁，船身亦有多处中弹。不过这艘船坚持到了最后，将消灭"施佩伯爵"号的荣誉收入了囊中。

■ 朗斯多夫上校（中央着白色制服敬礼者）安顿好一切之后举枪自尽。船员们则搭乘德国大使馆联系到的船舶溯拉普拉塔河而上，前往阿根廷避难，多数人后来一直留在了那里。

■ 悬于"施佩伯爵"号后火控站上的战旗，在炸船之前已经被朗斯多夫下令取下，完好地交给了德国驻乌拉圭大使馆。

处理好以后，他写了一封将要带给德国驻阿根廷大使的长信，然后在寓所里举枪自尽，以表示他并非怯战怕死才选择炸船的"清白"……

"几天前，你们悲伤地向阵亡的同伴作了最后的告别。也许将来，这一幕还会再次出现。"12月19日傍晚，在"施佩伯爵"号即将起航出海自沉前，朗斯多夫在码头上这样对部下们致辞。随后，蒙得维的亚当地记者涌了上来，纷纷询问他将会采取何种行动，朗斯多夫以隐晦的话回答道："今天晚上没什么好说的，不过可能明天一早就有大事等着你们去报道。"

朗斯多夫给德国驻阿根廷大使的信中这样写道："从一开始，我就决心独立承担炸船带来的一切后果……作为荣誉感强烈的海军军官，我与我的船有着密不可分的命运。如今我只能以死来证明，第三帝国的战斗觉醒将支配着它的海军随时为捍卫军旗的荣誉而牺牲！"写完这封信以后，他拿出了一面珍藏的德意志第二帝国时期的海军军旗披在肩上，接着拔出了手枪，顶着自己的太阳穴扣下扳机……

在"施佩伯爵"号被毁后不久，希特勒在公开场所内维护了舰长做出的这个决定，但这种表态只限于在公开场合。很快，希特勒专门召见了雷德尔，阴沉着脸的元首在会谈中要表达的意思只有一个：今后任何一艘德国战舰，都不允许不战而沉。

雷德尔表示，只要德国海军的船只和敌人作战，它必定会战斗到最后一刻，"要么全体官兵众志成城夺取胜利，要么携带着高扬的战旗沉入海底。"

→ 大型水面舰艇的试探性出击 ←

"沙恩霍斯特"号和"格奈森瑙"号是德国海军的最新锐舰艇，亦是作为德意志级装甲舰的后续舰而建造。尽管这一级战舰只配备了280毫米主炮，但德国海军对其的分类是Schlachtschiffe，即德语中的"战列舰"。在1938年年底和1939年年初，两舰先后完工。但意外的是，"沙恩霍斯特"号在首轮试航中即时发现船体吃水深度超过预期，导致在高速航行时其平直的船艏上浪非常严重，由于干舷高度已经低于预期，因此不得不返回船台加高船头，并

■"格奈森瑙"号，该舰存在与"沙恩霍斯特"号类似的问题，船艏是平直造型，船艏外飘也相对较小。由于吃水超过预计，船艏很容易上浪，于是不得不"回炉"重修舰艏。

将船艏改装成"飞剪"式。"格奈森瑙"号也存在类似的问题，"沙恩霍斯特"号试航时，这艘军舰还在进行最后的舾装，于是这艘船被直接送入了船坞进行船艏改造。

由于改装问题，两艘船都错过了在第二次世界大战爆发之前加入海军作战序列的机会。从改装到二度海试，然后是武器系统的调试、人员训练、舰队编组等工作。等到这些以战时的紧急速度完成之后，时间已经指向了1939年年底，德国海军这支弱冠之师已被迫毁弃了战争前的所有期待，以"海上游击队"的姿态和世界上最老牌的海上强国开始这场毫无胜算的较量。

被海军重新定义为战列舰的"沙恩霍斯特"号、"格奈森瑙"号与此前的德意志级装甲舰是有区别的。沙恩霍斯特级战列舰的设计航速为29节，在试航中曾跑出过30节以上的速率，这意味着这艘大型军舰几乎和英国海军的大多数巡洋舰一样快，而且这种快速军舰同时具备凌驾于巡洋舰的280毫米主炮和相对良好的装甲保护——尽管其装甲系统存在一个致命缺陷，但侧舷装甲毕竟厚达320毫米，炮塔正面更是厚达360毫米，英国海军的条约式巡洋舰根本无法与其比拟。反观之前被界定为"巡洋战争利器"的德意志级装

■ 船艚重造中的"沙恩霍斯特"号。

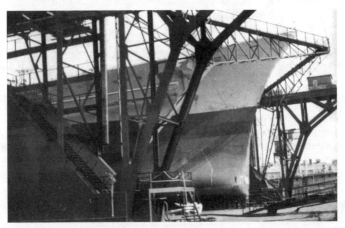

■ "沙恩霍斯特"号改造后的"大西洋艏"特写。

甲舰，柴油动力主机只能使其保持 26 节的最高速度[1]，但这并不足以摆脱巡洋舰的追踪。由于吨位的限制，这种小船扛大炮的设计只具备基本的装甲保护，侧舷装甲带为 80 毫米，炮塔正面也仅 125 毫米[2]，重巡洋舰的 8 英寸主炮对其还是具有相当威胁的。甚至在较近的距离上，轻巡洋舰的 6 英寸主炮也能

[1] 试航中，"施佩伯爵"号曾在轻载状态下跑出过 28.5 节的速度，但 MAN 公司提供的柴油主机并不适合长时间维持这个速度。
[2] "舍尔海军上将"号与"施佩伯爵"号的数据，首舰"德意志"号的数据更为不堪。

对其构成一定的威胁。此外，沙恩霍斯特级的火控系统比德意志级要完善，并安装着更成熟的雷达，这对其火力的增强效果并不仅仅"比德意志级多一个炮塔"那么简单。

随着这两艘大舰的服役，开战以来只能靠布雷、潜艇战，以及使用装甲舰单舰执行巡洋作战来搞些"零敲碎打"的德国海军，具备了可主动发起进

■ 1938年8月22日，参加海军阅舰式的"格奈森瑙"号，该舰此时已经服役。不过，所谓的正式服役和处于战备状态可是两个概念。服役之初，舰上配备的船员并未接受训练，尚不能有效操作这艘军舰。

■ 被英国人称为"战列巡洋舰"的德国战列舰"格奈森瑙"号，这张照片反映出它与姐妹舰"沙恩霍斯特"号的最大差异——主桅杆位置不同。"沙恩霍斯特"号也曾将主桅安装于烟囱后部，但在改建舰艏的过程中将其挪到了后舰桥上。

攻的力量。1939 年年底，正是"德意志"号因为主机问题已经返航德国本土，而"施佩伯爵"号在南大西洋搅弄风云的时候，海军部打算活用刚刚形成战斗力的两艘战列舰，对封锁德国水面舰队突入大西洋的"北方海域"发起试探性攻击。作战代号——北方出巡。

所谓"北方出巡"作战，就和其字面意思一样的简单："沙恩霍斯特"号和"格奈森瑙"号两舰将一起行动，对英国皇家海军部署有重兵的冰岛—法罗群岛之间的封锁线进行试探性出击，如果有可能则摧毁一切成为阻挡的英国皇家海军舰艇。不过，上述任务的先决条件也是非常坚决的：行动均以保证己方安全为优先。这次行动的指挥官是德国海军少将威廉·马歇尔（Wilhelm Marschall）。

"沙恩霍斯特"号和"格奈森瑙"号是在 1939 年 11 月 21 日 14 时离港起航的，这一次，从严格意义上来说，是两舰的第二次战斗出航。11 月初的首次出航因为气候异变而半道折返，行动被迫推迟。汽笛长鸣三声之后，战舰收起了锚链，解开缆绳，在拖轮的协助下缓缓掉头。船艉甲板上的海军军乐队演奏着德国海军水面舰艇远航前的例行保留节目《木偶之心》，来自港内僚舰的数百名水兵在码头上列队敬礼。不同于在开战前就驶往公海的"施佩伯爵"号和"德意志"号，这一次，"沙恩霍斯特"号和"格奈森瑙"号两舰必须完全依靠自身力量来突破英国皇家海军的海上封锁。

22 日凌晨 1 时，在斯卡拉斯格海峡的入口处，伴航的德国驱逐舰掉头向威廉港返航。掩护没有了，英国人的潜艇、飞机、鱼雷艇都有可能突然出现在水天线上，向着这支只有两艘船的舰队发起攻击……然而，空洞的危机感是没有意义的，该来的总会来，"沙恩霍斯特"号和"格奈森瑙"号必须依靠自己了。穿越斯卡拉斯格海峡之后，宽阔的北海展现在眼前，舰队将航速提高到 27 节，朝着西北方向前进。

最初的航行很顺利，置身于一艘 32000 吨排水量，配备 9 门 280 毫米主炮和 320 毫米侧装甲的战列舰上，人所能得到的安全感和置身装甲舰上独闯大西洋所具有的感觉是不一样的。马歇尔将军很满意他的舰队，水兵们的士气也非常高昂，完全没有表现出新手上路时那种不必要的恐惧。在 22 日午间，德国舰队曾遭遇一次短暂的风暴，由于设计上的问题，沙恩霍斯特级在高海

■ 引导护航驱逐舰航行的"沙恩霍斯特"号，右侧为1架护航的He-115水上飞机。

■ 在中等海况下高速航行的"沙恩霍斯特"号，船艏激起了大片海浪，此时船艏的"安东"炮塔会因为严重的浸水而无法射击。

况下很容易变成"湿甲板"，编队被迫将航速降到 20 节以下。不过风暴也很好地掩护了舰队，没有任何一艘不相干的船出现在视野里，戳破笼罩在舰队外的黑幕。风暴在 22 日晚间结束，马歇尔立即下令编队航速恢复到 27 节，向着西北方向继续前进。

23 日清晨，德国舰队已经向西越过了法罗群岛，但是，他们的好运气也到头了。当天中午的时候一艘小船出现在了水天线上，这是一艘属于冰岛的渔船。意外的遭遇让舰队中引起了一阵骚动，新手毕竟是新手，就好像葡萄汁要变成葡萄酒，需要在合适的环境中假以时日酝酿。当然，要做到在战斗任务中遭遇任何状况都泰然处之，对第三帝国海军而言还需要更多的时间和足够的锻炼。马歇尔少将并不打算去理会这艘小船，而是下令将航向改为正北略偏西方向，直到这个不速之客消失在水天线以下，又折回到原来的航线上。能做的只有这些，至于其他的，只能祈祷这艘渔船并没有发现德舰或是没有无线电设备了。这一天的下午，德国舰队已经接近了冬季北半球时常会有流冰的海域，海面上已经可以看见冰山在这水温接近零度的海面上诡异地飘荡着。海面上弥漫着薄雾，能见度不佳。而且在这个季节的高纬度地区，天黑得非常早。15时刚过的时候，暮色便已经浮现在空中。几个小时前遭遇不明船只时的紧张感已被抛诸脑后，"沙恩霍斯特"号和"格奈森瑙"号上已经恢复了平静，它们继续结伴向着西北方向犁浪而行。

"沙恩霍斯特"号和"格奈森瑙"号的第一次实战，就是在这平静中悄悄拉开帷幕的。

23日15时30分，"沙恩霍斯特"号的瞭望哨发现在右舷方向的水天线上出现了一个小黑点。起初由于能见度的关系还不能确定那是什么，后来伴随着夕阳所散播出来的光辉，隐约可以看出这是一艘船。

那是英国皇家海军的"拉瓦尔品第"号（HMS Rawalpindi）辅助巡洋舰，通过"沙恩霍斯特"号发出的提示，"格奈森瑙"号很快也发现了那艘孤单的英国军舰。几乎在同一时间，英舰上的指挥官也发现了航行在左舷远方水天线上的德国军舰，那正是"沙恩霍斯特"号。由于目视接触的时候彼此都是侧舷相对，这也给双方的敌我识别带来了方便。英舰舰长通过他的筒望远镜，毛骨悚然地确认了德国海军大型舰艇那独特的上层建筑物结构。由于掌握的情报并不充分，"拉瓦尔品第"号并没有有关德国海军沙恩霍斯特级战列舰的资讯，所以舰长的第一反应是认为遭遇了最近海军部下令搜捕的"德意志"号装甲舰①。

即使是这样的发现，对于一艘辅助巡洋舰来说依然是令人震惊的。"拉

---

① 此时"德意志"号已经按照希特勒的命令更名为"吕佐夫"号，不过要让敌人也更新舰名信息显然是需要时间的。

瓦尔品第"号辅助巡洋舰是一艘建造于 1925 年的客轮，在战前隶属于大英轮船公司（Peninsular and Orient Steam），掌控着经地中海、苏伊士运河往返于不列颠与印度之间的航线。由于战时需要，这艘原本作为邮船使用的客轮于1939 年 8 月 24 日被英国皇家海军征用，并改造成了辅助巡洋舰，拆除掉所有不必要的装饰和设施后，安装上了海军部库存的武器。该舰以内燃机为动力，排水量 16600 吨，航速在 18 节左右，被海军方面按照第一次世界大战时沿用的传统加以改装，配备的是英国皇家海军的储备品——8 门制造于第一次世界大战期间，已被封存了近 15 年的 6 英寸舰炮。此时担任该舰舰长的是前预备役人员爱德华·柯弗利·肯尼迪中校（Edward Coverley Kennedy），他指挥着总计 276 名船员。该舰接受的命令只是巡视法罗群岛一带的水域，随时通报敌情而已。此时此刻，尽管拥有轻巡洋舰级别口径的舰炮，但作为辅助巡洋舰，这艘船没有像样的火控设备，更没有任何舰装。和那两个即将发生冲突的对手比起来，"拉瓦尔品第"号更像是一件玩具。当然，即便是真的同德意志级装甲舰遭遇，处境也是一样的。

心知不敌的肯尼迪舰长下令左舵，并全速航行，同时释放烟雾干扰敌舰的视线。不巧得很，北方水道那变幻莫测的天气此时也来落井下石，天空中开始飘起丝丝点点的小雨，非但不能阻绝视线，还将"拉瓦尔品第"号释放出去的烟幕屏障冲刷一空，使之成了无用功。

马歇尔少将起初也不怎么确定，他的观察哨报告说那是艘"客轮"，虽然辅助巡洋舰也是改自客轮，不过两者毕竟长相一样。由于开战之初，海军曾错误地击沉了"雅典娜"号客轮，造成平民大量死亡的悲剧，所以来自最高统帅部的命令严禁攻击一切客轮。虽然，在这种纬度的海域是不可能遭遇"客轮"的，不过有所顾虑的德国人反应还是迟了一拍。替他们解围的是英国人自己，"拉瓦尔品第"号释放烟雾的行为很好地表露了自己的身份，使马歇尔少

■ 定期班轮"拉瓦尔品第"号，开战后被改装成辅助巡洋舰。

将可以放胆攻击。

针对英舰的行动，德舰开始作出反应。"沙恩霍斯特"号和"格奈森瑙"号跟随其朝左转向，并加速至 29 节的战斗航速，高速逼近。两艘德舰利用航速上的优势向着英舰的撤退路线切去，同时两次用光信号向"拉瓦尔品第"号打出"停船"（Heave to）命令。几分钟后，还威胁性的用主炮向这艘英国船的船艏前方海域进行了一次警告性射击。

最初还心存侥幸的英国人，很快又在右舷方向发现了新的情况。起初，包括肯尼迪在内的所有人还以为是同他们一起巡视这一海域的英国巡洋舰赶来增援，不免为此种雪中送炭的援助庆幸不已，但这不切实际的希望很快被事实无情地冲刷掉了。因为从外形上来看这显然也是一艘德国战舰，和最初发现的那艘几乎一模一样。舰上的首席工程师最后得出结论：我舰遭遇的是两艘德国战列巡洋舰[①]！既然是"战列巡洋舰"，那么敌舰的身份也就不言而喻了，只能是此前风传已久的沙恩霍斯特级，此时德国海军最强大的作战舰艇。由于面对的是德国海军最强大的两艘战舰，"拉瓦尔品第"号无论是航速还是战斗力与之相比都有这天壤之别，逃不掉更打不过。肯尼迪中校觉悟到，他和他的船已经是在劫难逃。

德国人还在逼近中，当双方的距离不足 4 海里时，从德舰的前桅楼上再次打出发光信号，命令英国人"弃船！"（Abandon your ship）。

对于舰长肯尼迪来说这是一个痛苦的选择，此时敌人与自己相距已经不足 4 海里，这种距离上舰炮甚至可以进行直描射击，他的船完全没有装甲防护，手头唯一的武器也仅仅是 8 门第一次世界大战时期使用的 6 英寸炮。当然，面临抉择的不只是肯尼迪，"沙恩霍斯特"号的舰长霍夫曼（Hoffmann）也同样的迷惑不解，因为任何一个人都知道势力如此悬殊的战斗将是什么结果，英舰上的人却迟迟不予理会，难道都发疯了吗？困惑之下他命令再次发送信号，但是这一次英国人依旧置若罔闻。失去耐心的马歇尔刚想下达开火命令，然而，此时让所有德国人感到意外的事情发生了。

[①] 英国人如此定义沙恩霍斯特级。

"拉瓦尔品第"号利用安装在左舷的 4 门 6 英寸炮对靠得最近的"沙恩霍斯特"号进行了齐射。一发炮弹命中了德舰的船艉,在打凹了装甲之后被弹了出去,这一击的损害对于德舰来说无关痛痒。不过,居于如此劣势的敌人居然还敢主动攻击,这一点也着实令德国人吃惊不已。于是,他们也不再犹豫,立刻调动所有可以射击的火炮进行还击。此时,距离双方从一开始遭遇为止,仅过了 15 分钟。

接下来的事情与其说是战斗还不如称为屠杀,虽然这也怪不得马歇尔少将和他的舰队。来自德舰的 280 毫米炮弹和 150 毫米炮弹毫不费力地钻进英舰上各个部位,爆炸,然后就是死伤和破坏。"拉瓦尔品第"号很快就燃烧了起来。

大约在 16 时,英舰上发生了一次剧烈的爆炸,显然是舰上的某个弹药库爆炸了。德国海军向来是颇为清高的,在目击到英舰已经完全丧失了作战能力后,马歇尔下令停止射击,静静地在一旁观看着这艘英国军舰的燃烧和毁灭。

交战双方海军的水面舰队,在战争中一直保持并发扬着骑士道精神这一传统。因此,在英舰趋于毁灭之后,两艘环绕着"拉瓦尔品第"号航行的德国战列舰都降低航速,去设法收容这些在炮火下九死一生的英国水兵。

在英国人成功放下的三只救生艇中,"沙恩霍斯特"号救援了第一只,上面有 6 个人;"格奈森瑙"号则打捞起了第二只上的 21 人。当德国人打算开始救援第三只救生艇上的幸存者时,"格奈森瑙"号的瞭望哨报告说,在昏暗中发现了自西方而来的舰影……

■ 讴歌"拉瓦尔品第"号最后奋战的油画,很明显画家是个英国人。

■ 城级轻巡洋舰"纽卡斯尔"号是第二次世界大战前超级轻巡洋舰竞赛的产物,安装有 12 门 6 英寸主炮。这艘船事发前负责巡视"拉瓦尔品第"号以西的海域,接警后遂火速赶来。

差不多在德国人下令"拉瓦尔品第"号停船的时候，收到僚舰警讯的皇家海军"纽卡斯尔"号轻巡洋舰正全速驶向交战海域。在航行途中，英国轻巡洋舰隐约观察到来自于"拉瓦尔品第"号方向的炮口焰。因为此时海面上的能见度已经进一步降低，目视距离尚不足 9 海里。转向炮口焰方向航行的"纽卡斯尔"号，直到 17 时 30 分左右才发现一点钟方向上有一个舰影，两分钟后又有一艘军舰的侧影进入英舰视线。而德国人也几乎同时发现了这艘英国巡洋舰，但同样由于能见度的关系双方都无法搞明白对方的真正实力。

由于距离过近，英舰为了自身安全而转舵以保持距离，但是这也给德国人摆脱英国军舰的追踪创造了条件。根据"纽卡斯尔"号事后的报告，两艘德舰利用闪光信号交换了意见后，同时转舵朝着 90 度航向航行[①]。察觉到德舰转向的"纽卡斯尔"号也曾试图继续追踪，遗憾的是没有装备雷达而且能见度实在糟糕，两艘德舰很快就消失在了一片昏暗之中。

凭借着不输给巡洋舰的高航速，"沙恩霍斯特"号和"格奈森瑙"号顺利地遁入挪威海深处，消失得无影无踪。"纽卡斯尔"号从"拉瓦尔品第"号发来的讯息得知，这一次将会面对的是德国海军的战列巡洋舰。情知不敌的"纽卡斯尔"号没有选择无谓的追击，而是全力搜索"拉瓦尔品第"号上的幸存者。于是第三只救生艇被捞了起来，只是由于水温和伤势恶化等缘故，艇上所载的近 30 人中只活下了 11 个。在接下来的搜索中，又发现了两名攀附在一只已翻覆救生艇上的水兵。此时的水温刺骨寒冷，两人的身上都已经结了冰，生死悬于一线。所幸，这两人因为救援及时而幸免于难。"拉瓦尔品第"号上的 276 名船员中，总共存活的有 40 人，舰长爱德华·柯弗利·肯尼迪不在生还者名单中。

1939 年 11 月 23 日，皇家海军辅助巡洋舰"拉瓦尔品第"号成为德国水面舰队在公海上击沉的第 1 艘英国军舰，其勇敢的肯尼迪舰长随舰而亡。但是，肯尼迪舰长同德国海军的帐并没有因为他的死而了结。他的儿子鲁德维克·肯尼迪（Ludovic Kennedy）在一年半后参加了击沉德国海军的象征——"俾斯麦"

---

① 正东方向。

号战列舰的战斗，为他父亲报了仇。战后他还撰写了和那次战斗有关的书籍，并最终成为英国议会的议员之一。

对于已经被水雷、海上袭击舰和潜水艇搞得焦头烂额的英国皇家海军来说，尽管德舰在这一次袭击中的只击沉了1艘英国辅助巡洋舰，但是德国大型水面舰艇出现了通向大西洋的水道门口，这点已经足够引起他们警觉了。因为自从德国最高统帅部的袭击禁令于9月底被解除以后，德国海军用来执行巡洋作战的2艘装甲舰——"德意志"号和"施佩伯爵"号在各自负责海域的一系列活动，已经使英国皇家海军伤透了脑筋。如今，传闻中的2艘德国战列巡洋舰居然出现了大西洋的入口处，其对英国海上航运的严重威胁是不言而喻的。

在收到"拉瓦尔品第"号遭德国战列巡洋舰袭击而沉没的讯息后，英国海军部发出紧急协防指令，从各个海域内抽调军舰前去北方水域实施围剿。

23日午夜，伊丽莎白女王级战列舰"厌战"号正护送着一支从加拿大驶来的商船队向东航行，它的任务是保护船队使之免遭活动在北大西洋的"德意志"号袭击。但是在海军部的命令下它抛开了商船队，转向丹麦海峡方向，那里是北方海域自挪威海通向大西洋的4个水道之一，也是最靠北的一个。英国海军部希望能即时封锁丹麦海峡，以此来防止德舰通过这一水道杀入大西洋。战列巡洋舰"胡德"号在法国快速战列舰"敦刻尔克"号的伴随下从普利茅兹起航，驶向位于北纬60度、西经20度的大西洋海域，以迎击极有可能直接通过冰岛—法罗水道突入大西洋的2艘德国战列巡洋舰。最后，同样

■ 放弃护航任务全速东进的"厌战"号，随同保护的只有1艘驱逐舰，1艘战列舰敢在U艇肆虐的大西洋上这般"裸奔"，也是一种勇气。

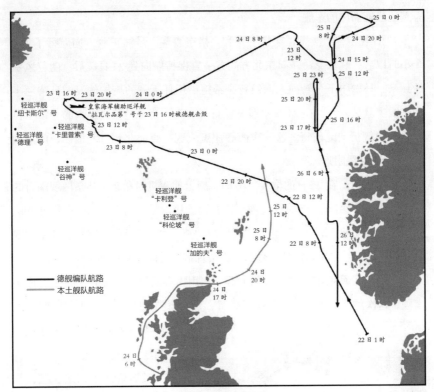

■ "北方出巡"作战，1939年11月21日~26日。（制图：徐晓东、查攸吟）

　　为了以防万一，现驻留在加拿大的皇家海军"反击"号战列巡洋舰和"暴怒"号舰队航空母舰匆匆做好出航准备，将组成第 2 道大西洋防线。以战列舰"罗德尼"号及其姐妹舰"纳尔逊"号为核心的皇家海军本土舰队也被紧急动员起来，在警报到达几个小时后改变航向，不再驶向原定目的地斯卡帕湾，而是继续北上进入挪威海，试图以此来包抄德舰的后路。

　　"拉瓦尔品第"号沉没 8 个小时以后，皇家海军已经将围捕的大网撒开。

　　就在英国人全力调度军舰布网的时候，威廉·马歇尔将军也指挥着他的舰队在挪威海上开始了一场老鼠戏猫似的逃亡行动。

　　由于已经被英国人所察觉，加之这次行动本来就是试探性的，因此马歇尔少将决定放弃继续深入大西洋的企图，向德国本土返航。不过这一行动本身已经触动了英国佬的神经，所以必须小心谨慎地避开从不列颠岛上各个海军基地蜂拥而出的军舰。

23 日晚上，"沙恩霍斯特"号和"格奈森瑙"号往正西方向航行了近 6 个小时以后，舰队受命转向东北方向并一直保持航向到 24 日凌晨。随着风暴的到来，马歇尔下令转向东南航行，希望借用坏天气的掩护偷渡回日德兰半岛一线。但是，天气在 24 日早晨开始好转，为了避免危险，谨慎的马歇尔再次命令两舰折向北航行。这一次两艘德国战舰一直向北越过北极圈，深入到了北纬 68 度线附近。

再度折返是在 25 日的早晨。16 时，舰上侦察机奉命起飞侦察两舰南行的预定航线，侦察机于 17 时许发现了正在两艘德国战舰南方约 150 海里处挪威海岸线上游弋的"纳尔逊"号和"罗德尼"号，大惊失色的马歇尔立即率领舰队航向正北。"沙恩霍斯特"号和"格奈森瑙"号向北航行到了当天午夜，海上终于涌来了马歇尔盼望已久的大雾。利用大雾的掩护，两艘德舰再次掉头南驶，这次的浓雾天气一直持续了数日，直到德国舰队于 26 日上午陆续突破本土舰队的海上巡逻警戒线，顺利地返回了威廉港。

■ 返航德国途中的"沙恩霍斯特"号，飞溅的海水已经在船舷结起了一层冰壳。这是所有航行在北方海域的舰船都要见识的情景，有时候一层又一层的海浪会攀附在舰桥上，最后"滚"成一个大冰坨。

英国舰队不知道这些，不过突然降临的雾天使他们有了很糟的感觉。天晴后，本土舰队继续在北海上搜索了 3 天，最后不得不撤回斯卡帕湾。福无双至，祸不单行，在进入斯卡帕湾的时候，"罗德尼"号不慎触发了德国布雷潜艇偷偷敷设的磁性水雷。所幸爆炸的位置距离舰身较远，因此损伤并不严重，经验丰富的英国船厂工人应该能很快修复。不过，接连的失利严重影响了英国水兵的士气。

德国海军部为两舰平安归来而欣喜，不过雷德尔似乎并不满意，他本来还指望能有更进一步的战果来坚定他的"巡洋战争"理论。但这位老绅士把不满憋在了肚子里，对于马歇尔和出战水兵，他给予了极高的评价和褒奖。另一位被水兵们戏称为"办公室里的专家"的海军高级军官崔特·弗利克中将不满的评价道："军舰是用来进攻奸敌的，放烟雾不是它们的职责所在！"

当此公看了威廉·马歇尔将军递交的行动报告后显然更为不满："为什么当时要撤走？既然单舰赶来那么肯定是英国人用来巡视那一海域的巡洋舰。任何一艘英国巡洋舰都不是'沙恩霍斯特'号和'格奈森瑙'号的对手，我们完全可以拿它来开刀！"

德国海军部的其他一些官僚也附和这种调子，但是弥漫于德国海军部内这种微微不爽的心情很快就因德国海军中另一艘战舰的活跃而转为振奋。此时，英国人不断接到来自于南大西洋和印度洋上的损失报告，数艘商船往往在发出了"RRRR……"的电文后即销声匿迹，而这一切战果大多是来自于"施佩伯爵"号袖珍战列舰。德国海军确实有理由欢欣鼓舞，尽管"施佩伯爵"号已经蹦跶不了多久了……

⟶ 迫在眉睫的危机 ⟵

在欧洲大战的第二年里，英国和它在大陆上的盟友正经历着史上最严重的失败。法国战败了，东欧已经被瓜分。号称是"自由"的欧洲，如今只剩下了孤立的英伦，悬于北海岌岌可危的孤岛。

针对英国本土的空中袭击在 1940 年最后 3 个月达到了高潮。德国空军的轰炸机放弃了此前数周内集中轰炸英国机场，消灭英国空军有生力量的策略，改为轮番对英伦的各大城市发起无差别轰炸。伦敦、考文垂、格拉斯哥，英伦列岛上的各大城市都笼罩在彻夜不息的火海之中。

不列颠防空战的胜利减轻了英伦遭到纳粹德国跨海登陆的威胁，海峡保卫着英格兰，使强大的德国陆军不敢贸然尝试风险不测的两栖作战。但德国对"海狮"作战的"再议"态度只是宣告了直接威胁的过去，这并不意味着英国不会遭到来自于海上的绞杀。特别是自"威希堡"作战（Operation Weserübung）以后，德国占领了整个挪威，从而德国海军可以利用挪威海岸各个港口。同时德国大型水面舰艇可以利用此地进行出发突入大西洋之前的加油作业，这样就大大缩短了从德国本土港口进入大西洋的航行距离。

对于英国而言，灾难已经降临，大不列颠王国即将面临自"无敌舰队"入侵以来最大的威胁。

1940年12月25日，在南大西洋深处，装甲舰"舍尔海军上将"号（Admiral Scheer）、辅助巡洋舰"雷神"号（Thor），以及3艘德国军用补给船正在编队航行。在这5艘德国军舰之后，尾随着2艘被降下国旗抹去标志的商船，这显示了它们的俘虏身份。

同大西洋上的阴冷相映衬，此刻德国人的军舰上充满了欢声笑语。今天是所有信仰基督教国家的传统节日——圣诞节。被俘虏的英国船员正身着厨师袍被德国水兵监督着在厨房中忙碌，他们在为德国人烹饪丰盛的圣诞大餐。

尽管这几艘德国军舰都已经远离本土达数月之久，而且旅途中也未在任何港口停泊过，但德国人完全不虞食物会有匮乏。因为在那些被俘虏的英国船中有1艘装载了1500万枚鸡蛋和超过3500吨冻肉，各种蔬菜水果更是不计其数的冷藏船。在从北美洲驶向不列颠的旅途中，该船不幸被德国海军的海上袭击舰"舍尔海军上将"号所俘获。"舍尔海军上将"号的这一意外收获，使所有在南大西洋活动的德国船舶获益匪浅。

"感谢丘吉尔的圣诞大餐！"，德国水兵们满怀欣喜地享用着丰盛而美味的圣诞佳肴，而英国俘虏们的脸上却写满了失望与无奈。在他们看来，大西洋已经不再是皇家海军所掌控的世界。此刻，日不落帝国的光辉仿佛即将随着这一艘接一艘商船的沉没，覆入大西洋的碧波之中。

在不列颠岛上，面对即将到来的圣诞节以及随之而来的1941年，英国人已不可能再有闲心去搞什么节日庆贺。因为在就要逝去的那一年里，往返大西洋上为大英帝国输送物资的英国商船队遭到了沉重打击。1939年年底于南大西洋摧毁著名德国装甲舰"施佩伯爵"号所获得的战术胜利，并没能动摇德国人继续进行"巡洋作战"的决心。

雷德尔派出了他的秘密武器——伪装巡洋舰队，先是"企鹅"号等辅助巡洋舰，然后是重巡洋舰"舍尔海军上将"号，紧接着是重巡洋舰"希佩尔海军上将"号（Admiral Hipper）。德国海军的大型水面舰艇一艘接一艘的突破格陵兰与不列颠岛之间的封锁海域，出现在大西洋上。

为了抵御德国大型水面舰艇的威胁，皇家海军被迫将主力舰使用于护航任务中，本来这些宝贵的军舰是要投入到地中海战场的。意大利海军此时已经从塔兰托夜袭中缓过气来，正重整战力，时刻威胁着地中海战场上盟军部队的生死存亡。

即便是将主力舰投入到护航任务中，有限的大型水面舰艇所提供的保护也不能完全解决问题。从海面上到水底下，大西洋上的双重绞杀战正不断地上演着。突入大西洋的各艘德国战舰，正对着往来于数十条航线上的英国商船展开无情的屠戮。在整个 1940 年里总吨位近 300 万，数以百计的英国商船已经沉入大海，无数宝贵的战略物资以及人民生活必需品被无情地葬入海底。

现在，日不落帝国自"无敌舰队"入侵以来的最大危机业已降临。

时间缓缓流逝着，伴随着 1941 年的到来，德国海军在上一年第三季度陆续派往大西洋上的军舰，因为各种问题准备相继向德国本土归航。

对德国人来说，此刻的形势可谓既好又坏。无疑的是，已经取得的战果令他们感到满意，但是被这些海上杀手砍疼的英国人正不断加强着几条关键水道的封锁，本土舰队主力正屯驻在斯卡帕湾内，准备随时围剿返航的德国战舰。为了在英国人的软肋上再插一刀，也为了能策应大西洋上的军舰顺利归航，此刻在德国首都柏林的海军司令部大楼内，更大规模的海上作战计划

■ 从布勒斯特出港，逃向摩洛哥的"黎塞留"号快速战列舰，当时该舰已经基本完成，但一些关键工程尚未施工，故几乎不具备战斗力。

已被拟订出来。

这次，德国人打算动用手头上最强大的 2 艘军舰——战列巡洋舰"沙恩霍斯特"号（Scharnhorst）以及它的姐妹舰"格奈森瑙"号（Gneisenau）。1940 年年底，上半年两舰在"威希演习"行动中遭受的损伤已被修复，出航前的一切必要准备也全部完成。碧玉锚地内，海军最精锐的作战舰艇正整装待发。

德国海军司令部授权指挥这最新一轮海上打击的，是雷德尔元帅最信任的助手冈瑟·吕特晏斯（Günther Lütjens）二级海军上将。舰队旗舰为德国水面舰队的旗舰"格奈森瑙"号，行动代号"柏林"（Berlin，河流名称）。

海军司令部赋予此次行动的目的有两个：

首先，水面舰队应当以更大规模的巡洋作战来进一步破坏英国人的海上航运。

其次，策应去年 8 月出航前往大西洋执行海上破袭战的重巡洋舰"希佩尔海军上将"号，以及装甲舰"舍尔海军上将"号向德国本土的归航，使之能够顺利通过皇家海军重兵封锁的格陵兰与不列颠岛之间的海域。

为了达到上述战术目的，海军司令部事先进行了充分的准备和调度。12 月初，参加行动的两位主角按照海军司令部的命令，从威廉港的碧玉锚地经过基尔运河转移到了基尔港内，这一调度也是出于使两舰能更为安全和隐秘地突入大西洋的考虑。

"柏林"作战的原定启动日期为 1940 年 12 月 28 日，由于暴风雪等恶劣气候的影响被迫推迟，不过这也给了德国海军更充分的时间去做好万全准备。从 1940 年 12 月末到 1941 年 1 月初，海军利用行动延缓的这段时间先后将 5 艘军用油水补给船派往大西洋和挪威海预定区域内待命，随时准备为突入大西洋的德国作战舰艇提供燃料保障。

1941 年 1 月 22 日午后，基尔港海军基地锅炉已经在当天早晨点燃，此刻压力表读数上升到了航行所需位置。14 时整，舰队司令官吕特晏斯下达了起航命令。随即 2 艘德国战列巡洋舰升起锚链，缓缓离开泊位，在数艘轻型舰艇的护卫下驶入港外的基尔湾内。然后它们继续向北航行穿过大贝克尔海峡，沿着著名的斯卡拉斯格海峡向北海方向驶去。吕特晏斯即将攀上他个人事业的顶峰，德国海军的水面舰队也将迎来其在第二次世界大战中的巅峰时刻。

1月23日，2艘德国战舰在通过卡特加特海峡时被驻守哥德堡的英国海岸观察哨发现，随即发出警讯。在收到警讯后，英国本土舰队司令约翰·托维海军上将立即下达了本土舰队主力在24小时内备航的命令。

其实英国人早就从德国方面短时间内激增的电讯看出了端倪，尽管目前还无法破译德国人的密码，但是对于德国战列巡洋舰队试图突入大西洋的企图并不惊讶。

作为应对措施，托维打算将本土舰队主力布置到冰岛西南约110海里的位置上。如此一来，不论德国人是走南面的设德兰—法罗水道、冰岛—法罗水道还是企图从北面的丹麦海峡突入大西洋，英国舰队都能对其实施迎击。

尽管已经被英国方面查知意图，但是两舰在接下来的航行中却颇为顺利，没有遇到任何的麻烦。在穿过斯卡拉斯格海峡后，两舰将航向改为正北，靠着挪威海岸向北疾驰，这样一直航行到26日凌晨。

26日凌晨，吕特晏斯下令将航向改为略微偏西北方向，然后继续向着北方航行。预定的计划是当"沙恩霍斯特"号和"格奈森瑙"号航行到北纬69度线再折向西南，舰队将取道冰岛—法罗水道进入大西洋。

与此同时，皇家海军本土舰队驻地斯卡帕湾（Scapa Flow）内正灯火通明。在动员令发布后，经过一天的筹划，本土舰队已经做好了出航的准备。各舰的

■ 吕特晏斯（左）和托维（右），这一场战役的双方指挥官。他们的缘分还将延续下去，3个月后的"莱茵"作战才会有一个了结。

■ 结伴驶过挪威海岸的两艘德国战列舰，"格奈森瑙"号在前引导，"沙恩霍斯特"号殿后，前者担任本次行动的旗舰。

锅炉已经点燃，此刻压力正在逐渐上升之中。

　　这次行动的核心为皇家海军的 3 艘主力舰：战列舰"纳尔逊"号、"罗德尼"号，战列巡洋舰"反击"号。另有轻型巡洋舰、重型巡洋舰共 8 艘作为主力舰交战时的补充及舰队斥候，为它们提供保护的是 11 艘舰队驱逐舰。而早在 23 日晚间，基地内的备航舰①——黛朵级（Dido Class）轻巡洋舰"纳伊阿德"号②，已经作为先遣舰先行出海驶向冰岛以南海域。该舰将会合另一艘英国巡洋舰，一同加强那片海域的巡逻。

　　26 日凌晨刚过，在汽笛的长鸣声中，以战列巡洋舰"反击"号为先导舰，本土舰队的大小 22 艘战舰鱼贯驶出霍克沙海峡。岸上的水兵和岸勤人员不顾连日忙碌的疲倦，向着出征的舰队挥舞水兵帽以祝福他们能胜利归来。

――――――――

　　① 所谓"备航舰"是指在海港或者海军基地内，某艘或者某几艘锅炉与机组保持随时可启动状态的应急船只，通常由巡洋舰、通报舰、拖轮等担任。

　　② Naiad，希腊及罗马神话中守护泉水与河水的女神。黛朵级各舰均以希腊或罗马神话中的小神仙命名。

在 27 日的清晨，德国战列巡洋舰队到达了北纬 69 度线，随即按照预定计划折向西南，以 27 节的航速朝着冰岛—法罗水道驶去。德国人打算贴着冰岛南岸航行，又必须保持在同盟国海岸人员的目视范围之外。按照先前的情报，这一海域中应该只有一艘英国巡洋舰戒备，这样也许还能躲过在水道中部巡逻的英国军舰的视线。不过这一次吕特晏斯却失算了。

1 月 28 日 8 时，吕特角①以南约 50 海里。23 日从斯卡帕湾出航的英国轻巡洋舰"纳伊阿德"号此刻正由北向南行驶，舰上的瞭望哨与其说在搜寻敌舰，还不

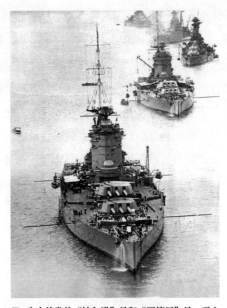

■ 生火待发的"纳尔逊"号和"罗德尼"号。平心而论，这两艘战列舰的最高航速只有22节，即便是近距离相遇，想要拦截"沙恩霍斯特"号和"格奈森瑙"号也有点力不从心。当然，狼已经出洞，本土舰队总不能什么都不做……

如说是在观赏北方海域太阳升起时的壮丽景色。一会儿过后，东方水天线上晨雾尚未散尽，折射着朝阳的光辉显得朦胧一片。海上日出这种景象对于水兵来说早就司空见惯，但是每每看见依旧会令人赞叹不已。鲜红的太阳从水天线下升起，将四周的海面渲染成一片橙红色，然而舰上的一位瞭望哨却在朝阳中发现了一丝异样。

此时阳光虽然不能说刺眼，却也在相当程度上干扰了目视时的识别能力，不过在太阳底下似乎有些奇怪的阴影晃动着。由于背景就是初升的太阳，而此时瞭望的水兵并没有戴上望远镜配用的滤光镜，所以无法直接使用望远镜来迎着阳光仔细分辨，但他本能的感觉出这是一艘船的轮廓！

不到一分钟，阴影即被若有若无的晨雾所笼罩，消失在了东方的水天线上。

---

① 位于冰岛最南端。

该水兵终于醒悟，遂将这一重要情报报告给舰桥。

尽管不能确定那是什么东西，甚至不能确定是不是瞭望哨的"幻觉"，然而"纳伊阿德"号的舰长却没有将此忽视，该舰朝着疑似敌舰阴影出现的方向航行，并提速到30节，向着那虚无缥缈的敌人追击而去。

英国人并没有看花眼，那确实就是德国战列巡洋舰队。

在经过27日一昼夜的高速航行后，"沙恩霍斯特"号和"格奈森瑙"号已经朝西南方向驶出了近600海里，浩瀚的大西洋即将在眼前浮现。

可是这次他们的运气并不好，在晨曦之中，皇家海军那预示不祥的舰影出现在了德国人眼前。所幸由于背着阳光，弥漫着晨雾，他们发现英国人比英国人发现他们要早6分钟。

察觉到敌情的吕特晏斯立即下令转向180度，加速到编队最大航速30.5节，顺着来路全速脱离。

于是，两艘德舰掉头东北航向，朝着它们昨夜驶来的方向疾驰而去。

托维在接到有关"纳伊阿德"号"可能与敌舰"发生接触的报告时，就

■ 防空巡洋舰"纳伊阿德"号，时任斯卡帕湾"备航舰"。

已经毫不怀疑地认为那是德舰"沙恩霍斯特"号与"格奈森瑙"号。

"这次决不能再让德国人跑掉！"他忘不了1939年年底时由于浓雾与恶劣气候的影响，使这2艘德国战舰从皇家海军口袋中溜走的耻辱。在他的命令下本土舰队离开预定海域折向东方，战列巡洋舰"反击"号带领4艘巡洋舰先行一步赶去支援势单力薄的"纳伊阿德"号和另一艘轻巡洋舰。托维也没有忘记1939年年底在被德国人称为"北方巡弋"的作战中，孤立无援的辅助巡洋舰"拉瓦尔品第"号力战至最终沉没的悲剧。

同吕特晏斯一样，托维也犯了一个错误，而且远比他对手犯的错误要严重得多！从而伴随着本土舰队主力的东进，通向大西洋的另一扇大门——丹麦海峡，已经对德国人敞开了……

⤙ 突破！⤚

1月30日早晨，向北方疾驰两昼夜后，德国舰队已经深入到了北极圈内。这个季节的北极圈尚处于极夜，对于海上作战多有妨碍，但夜幕也给了德国舰队最好的掩护和伪装。吕特晏斯下令前往这个海域并非单单为了躲避英国人，更为重要的是有德国海军的油船在此等待。毕竟航行了那么长的距离后，德舰的燃料已经消耗掉不少，是该补充一下了。

30日中午，先期被派往海上的5艘补给船之一——油水补给船"阿德拉"号（Adria）赶来会合，该舰奉命于1月初出航后就一直潜伏在这一海域。德国人的运气很不好，糟糕的气候以及恶劣的能见度使燃料补充工作整整折腾了3天才完成。"沙恩霍斯特"号与"格奈森瑙"号的油舱一共被灌进3400吨重油。2月2日，德国舰队总算可以继续上路了。

德国人在冰岛以南遭遇了英国皇家海军的斥候舰，虽然无法确定对方是否发现了自己，但吕特晏斯仍然决定赌一下运气。他假定在冰岛西南待命的皇家海军本土舰队主力（英国人的老招数了）因为友舰发现了位于冰岛—法罗水道的敌情而东驶，那么此刻丹麦海峡应该已经门户洞开。若是果真如此，那可谓天赐良机了。吕特晏斯决定让他的舰队改走丹麦海峡，哪怕这依旧要冒些风险。

2月2日下午，德舰转向西南，朝着丹麦海峡全速驶去。

2月5日凌晨，法韦尔角以南约300海里，德国舰队经过14天的艰苦航行终于冲破了英国人的重重封锁，成功突入大西洋！德国人十分兴奋，不过这还只是向成功迈出的第一步，吕特晏斯在对舰上水兵的演说中称"德国正期待着我们所有人的战绩！"

此刻，已在这一海域等候多时的军用油轮"施勒特施塔特"号正缓缓地靠向"沙恩霍斯特"号，又一次把乌黑的重油注入它的油舱里。为了突破丹麦海峡，3天时间内两艘战列巡洋舰几乎都是用最高速度向南行驶。

再次补充燃料是必须的，因为接下来的旅途中，他们将长时间孤独地在茫茫大西洋上驰骋，多一滴燃料就多了一分成功的可能。

有两个选择摆在吕特晏斯面前。一是，往返在加拿大和不列颠岛之间，横跨大西洋的商业航线；二是，连接不列颠、直布罗陀和弗里敦（或者叫"自由城"）之间的航线。往来于这两条主要航线上的商船队都由皇家海军的水面舰

■ 护航船队一景，一个船队通常由至少10艘，至多50艘商船组成。每天都有十数个类似规模的船队横跨大西洋执行运输任务，为不列颠的战争机器供应血液。

艇提供护航。

距离德舰目前位置最近的是加拿大—不列颠航线，英国人将从加拿大驶来的满载船队以"HX"命名，从英国起航的空载船队则以"SC"命名。自1940年下半年起，由于大西洋上的商船屡屡遭到德国海军大型水面舰艇的袭击，因此，皇家海军开始启用主力舰为此航线上的商船队护航。但对于德国人来说也不是没有机会。商船队一般在驶近目的地之后便解散，护航军舰返航，商船将只身驶向各自目的港。如果时机把握得好，那么德舰可以趁着这个短暂的空隙获得巨大战果。

2月6日凌晨，油舱第二次被灌满，现在该是2艘德国战列巡洋舰大显身手的时候了！按照吕特晏斯的命令，两舰向着东南方向驶去。因为就在当天早晨，1艘德国潜艇通报说"发现了一支从加拿大哈利法克斯港开出的船队，以10节航速向英国驶去"。如果情报准确，那么最多3天"沙恩霍斯特"号与"格奈森瑙"号就能遭遇英国人。

德国特遣舰队首次发现英国商船是在2月6日早晨8时30分，当时海面上能见度很高。几乎在一瞬间，瞭望哨便发现有许多桅杆出现在东南方向的水天线上，很快就识别出这是一支大约由40艘商船所组成的船队。吕特晏斯当即决定2艘德国战舰分头实施包抄，"沙恩霍斯特"号将绕向船队南面，"格奈森瑙"号则继续从北面接近。如果德国人的意图得逞，那么整个船队将在劫难逃。这种机会对刚刚成功突破封锁线，正渴望一战的德水兵来说实在太难得了！

在8时40分的时候，"沙恩霍斯特"号同僚舰各奔南北，从两个不同的方向朝着这支商船队压过去。

随着距离逐渐接近，英国船队的全貌显现在德国人眼前，全部40余艘商船排列成十路纵队整齐的向东驶去，蔚为壮观。

战列舰"拉米利斯"号是1艘建造于第一次世界大战中的老舰，属于R级。

由于航速太低，以至于无法跟上舰队航空母舰，所以"拉米利斯"号和它的3艘姐妹舰（"皇家橡树"号已经于1939年年底，在斯卡帕湾基地内被潜入的德国海军潜艇U-47击沉）对皇家海军来说价值有限，在整个二战期间都没有被使用到第一线。

■ 老舰"拉米利斯"号，著名的伊丽莎白女王级快速战列舰的简化版。由于航速过低，在第二次世界大战期间已经退出作战第一线。

不过该级战舰拥有强大的火力和厚重的装甲，用来抵御普遍火力贫弱但高速敏捷的德国袭击舰，还是能起到一定的作用。尽管因为航速的问题，德国人能轻易将英舰甩开，但是"拉米利斯"号的重炮厚甲也使德舰不敢轻易接近，所以给商船队提供护航这种任务它是完全能够胜任的。此刻它正护卫着1月31日从加拿大哈利法克斯港起航 HX–106 船队，向不列颠开去。

大约在9时40分，舰上的瞭望哨传来了紧急报告，有艘身份不明的船从船队后方出现。战斗警报随即拉响，舰上人员各就各位，不过英国人并没有想到这会是一艘德国战列巡洋舰。由于根本不知道"沙恩霍斯特"号和"格奈森瑙"号已经成功地突入了大西洋，加上距离遥远以及德舰千篇一律的外形，所以英国人将"沙恩霍斯特"号误认作了试图在返航途中再捞上一票的"希佩尔海军上将"号重巡洋舰。至于从北面逼近的"格奈森瑙"号，压根就没有被发现。

德国人很快也察觉到了异样。

9时47分左右，作为英国战列舰"特色"的高大三角桅几乎同时被两艘德舰观测到。由于此时距离船队尚有28公里并且被商船妨碍了视线，所以德国人并不能准确地判断出敌舰的型号。但是有一点是可以肯定的——在 HX–106 这块肥肉中，还有一根难以下咽的硬骨头。而这两艘名为"战列舰"的德国军舰，它们既没有足够的装甲保护以便在远距离上抵御英国战列舰的炮火，又缺乏能有效贯穿对方装甲的手段。即使对手是一艘比它早下水20年的老舰，于是德舰所能做的只有暂时回避。

吕特晏斯并没有花太多的时间来考虑对策，行动前海军司令部所下达的指示要求他"尽量避免和哪怕是势均力敌的敌人交火"。而他也不清楚敌舰的详情，更不知道附近海域是否还有其他的英国战列舰。鉴于已经被英国人所发现，他决定"走为上"。

紧急向僚舰下达撤退命令后，"格奈森瑙"号调头向北开去。

到 9 时 50 分的时候，英国人正"欣慰地"看到"希佩尔海军上将"号开始转向，然后以极高的航速向着北方驶去，很快就从护航船队的视野里消失得无影无踪。

两个小时后，远离英舰视线的德舰，在北方的海面上重新会合，然后重整编队向西北方驶去。

这时，在北海和挪威海转了整整 14 天的本土舰队早已精疲力竭。一无所获之下，托维下达了归航的命令。因为按照英国人的推断，德舰此刻应该返回了德国本土港口，就像 1939 年年底那次出击一样虚晃一枪就撤。不过这也不算太坏，至少大西洋上暂时保住了太平。就英国人看来，大西洋已经被德国人的重巡洋舰及辅助巡洋舰搅得鸡飞狗跳，如果不能将这两个瘟神"就地正法"，那么暂时先把它们轰回家也是不错的选择。反正来日方长，有的是机会算总账。

■ 驶向戴维斯海峡的过程并不顺利，北大西洋上经常会突然生成一股风暴，肆虐一两天或者几个小时之后又悄然散去。可谓"来也匆匆，去也匆匆"。这种天气对适航性不佳的船舶的乘员来说简直是一场灾难，"交公粮"是例行的，颠簸的时候撞上舱内的硬物挂点彩更是家常便饭。对抗风暴的同时，"沙恩霍斯特"号上的水兵还要和问题频出的主机做斗争，真是倒霉至极。

2月9日中午，当托维收到HX-106船队接触了"德国重巡洋舰"的报告后，并没有引起他太大的反应。仅按照对付一般袭击舰的方式加强了不列颠北部几个水道的巡逻，同时下令斯卡帕湾内的另两艘巡洋舰做好随时行动的准备。既然需要猎杀的大家伙已经"回家"，那么手头从护航线上抽调的战舰也得尽快返回基地补给，然后重新上路。大量新组建的商船队还等候着这些重型军舰的保护呢！

2月15日，在格陵兰岛与加拿大之间宽阔的戴维斯海峡，德国海军的军用油轮"艾索·汉堡"号（Esso·Hamburg），以及10天前就为两艘战列巡洋舰补充过燃料的"施勒特施塔特"号正在这里等待。

当天晚上，在两艘战列巡洋舰第三次将油舱加满后，吕特晏斯下令朝着东南方向航行。因为从潜艇的报告中提到有一个新的护航船队正在东行，事实上刚从哈利法克斯起航的HX-111船队确实是在东行途中，几天前在附近海域发现的德国"重巡洋舰"，对整个船队没有造成丝毫的影响。

大约36个小时后，两舰到达了潜艇报告的位置上，但是没有发现任何船队的踪迹，沿着船队可能行进的海域搜索了两天后德国人放弃了。显然对于人类来说，大西洋实在太大了一些。德国人和他们的猎物失之交臂，HX-111船队福星高照地逃过了一场劫难。

由于没能找到HX-111船队，吕特晏斯决定转向东面搜索，希望能遇上适合攻击的船只。德国人在2月22日上午，于大西洋中部的加拿大—不列颠航线上如愿以偿。

➜ 海上绞杀战 ⬅

"格奈森瑙"号的瞭望哨发现了从东方水天线上升起的烟柱，如获至宝的吕特晏斯立即下令两舰做好战斗准备，同时下达提高战斗航速的命令，向着目标方向急速靠拢。

不料在驶近目标后，结果却让人大失所望，因为这些是向不列颠岛运送货物后回航美国的空船，当靠近北美大陆时护航舰艇便离开了，它们将独自驶向各自的目的地港。一般来说，德国人都懒得浪费鱼雷和炮弹去击沉这种空船。然而此刻吕特晏斯别无选择，因为两舰自 1 月 22 日出航以来已经在海上游荡了整整一个月，期间毫无斩获，若是再放弃这次攻击机会的话，恐怕将对舰上水兵的士气造成不利影响。况且，对于海上破袭战来说，商船本身也是一种有价值的袭击目标。

第一个牺牲品是排水量 3237 吨的客货两用船"康塔拉"号（Kantara），10 时 55 分，这艘不走运的商船被"沙恩霍斯特"号和"格奈森瑙"号两舰一次准确的齐射彻底摧毁。这艘船沉没之前将警讯拍发了出去，结果附近海域里尚未驶远的商船纷纷开足马力夺路而逃。

这些商船由于空载的缘故，都能达到较高的航速，不过要想从最高航速超过 30 节的战列巡洋舰炮口下逃脱，却只能仰赖"圣母保佑"了。在 13 时 12 分，排水量 4689 吨同样是客货两用的"特里洛尼"号（Trelawny，牙买加地名）不幸被"格奈森瑙"号追上并击沉；与此同时"沙恩霍斯特"号追上了 1 艘名为"光泽"号（Lustrous）的油轮，该舰排水量 6156 吨，同样被德国人轻易干掉；16 时 23 分的时候，"格奈森瑙"号又追上了"A.D. 哈夫"号（A.D.Huff）的货船，将其击沉后为白天的战斗画上了句号。

当天晚上，德舰利用自身装备的雷达搜索到了在白天逃脱的商船"哈勒斯腾"号（Harlesden），该舰标准排水量为 5483 吨，德国人当然不会放过它。23 时 8 分，"沙恩霍斯特"号打开了探照灯后，以两次副炮齐射宣告了该舰的毁灭。至此，在历时 12 个小时的攻击行动中，2 艘德舰取得了击沉 5 艘商船，共计 25431 吨的战绩。虽然只是对着一些无武装的空船倾泻炮火，但是出海后一个月来的首次战斗还是令水兵们士气大振。

吕特晏斯是个明白人，他知道随着 22 日的大开杀戒，英国皇家海军的舰艇一定会向着这一海域蜂拥而来。所以战斗结束后的当天午夜，他即下达了改变活动海域的命令。同时，吕特晏斯还下令打开无线电通知为这次行动提供后勤保障的德国补给船会合，地点选在亚速尔群岛附近。

2 月 26 日中午，大西洋中部的亚速尔群岛西面海域。2 艘德国战舰及补给船"厄恩朗特"号（Ermland）、"弗里德里希·布莱梅"号（Friedrich Breme）在此相会，补给船上的德国水兵们为"沙恩霍斯特"号和"格奈森瑙"

号首开纪录表示祝贺，士气也随之高涨。此刻他们需要做的不外乎以下两件事：转移俘虏及补给燃料。在22日一天的战斗中，吕特晏斯的舰队摧毁了5艘英国船，德国人在海面上总共捞起了大约180名俘虏。在战斗中，仅有11名英国水手伤亡。

在进行补给的同时，吕特晏斯向两舰上的德国水兵发表了讲话。他称赞了水兵们在这一个多月里的优异表现和顽强作风，在先前的旅途中，舰队航行路程超过了10000海里，这已经差不多是绕地球五分之二圈的距离。

吕特晏斯着重夸奖了那些在"沙恩霍斯特"号轮机舱内工作的人。由于该级战列巡洋舰的主机功率输出远比设计时的要求高了许多，因此锅炉输出的蒸汽压力和温度超过了原先预想承受能力，导致管线经常出现问题。这种麻烦在输出功率能达到160000马力的"沙恩霍斯特"号上更为明显。也正是轮机兵们夜以继日的忙碌，以及随时对故障进行维护，才使该舰在轮机有故障的前提下依旧能够运转至今。

2月27日7时，所有的补给和整备工作已经完成，现在"沙恩霍斯特"号和"格奈森瑙"号又可以上路了。水兵们互相挥手致意，祝对方一路平安。

德国人的下一个目的地是非洲沿岸的弗里敦一带，那里是大英帝国货物输入的另一个主要起点站，商船云集，航运繁忙，是海上袭击舰的理想狩猎场。

在与补给船分手后，吕特晏斯命令两舰转舵东南方向，向着大西洋的另一边驶去。

3月7日9时，佛得角以西约150海里。为了节省宝贵的燃料，9天以来2艘德国战列巡洋舰都是以12节的经济航速搜索航行。它们在4天前到达了这一海域，不过几天来都没有发现什么值得攻击的目标。

9时22分，"沙恩霍斯特"号的瞭望哨发现右舷前方的水天线上升起了一座三角桅。进一步接近后识别出那是1艘伊丽莎白女王级战列舰，同时还发现有至少12艘商船伴随在军舰一旁，这显然又是一个由战列舰担任护航的英国商船队。

德国人没有认错，那就是伊丽莎白女王级战列舰"马来亚"号，此刻它正保护着装载有重要战略物资的SL-64船队从弗里敦出发，向着不列颠方向开去。

　　经过反复斟酌，吕特晏斯最终决定不去攻击这支有战列舰护航的船队。因为和战列舰交火自己的军舰难免会遭受损伤，况且根本就无法收拾掉拥有15英寸主炮和13英寸装甲的"马来亚"号。毕竟目前还要在大西洋上活动一阵儿，所以还是小心为上。结果，德舰只好再次远遁。

　　当然，撤退的同时吕特晏斯下令使用德国潜艇的频率将该船队的位置、航向、航速通报了出去，让U艇去收拾它们吧！

■ 战列舰"马来亚"号，伊丽莎白女王级快速战列舰，由英属马来西亚殖民地捐款建造，故以此命名表示纪念。

■ "海象"式舰载水上侦察机，第二次世界大战期间英国水面舰艇配备的众多水上侦察机中的一种。

随即两舰掉头向南，很快和英舰脱离目视接触。

由于途中没有截收到英舰拍发的电报，显然"马来亚"号并未发现德舰，所以吕特晏斯现在并不急于离开这一海域，德国人希望再在这一带转上几天碰碰运气。不过太平日子忽然之间就结束了。

3月8日上午，不知道从哪里突然冒出来的1架水上飞机掠过德舰，瞭望哨远远地看见它在头顶飞过……从外形上很容易就能识别出这是英国皇家海军装备的"海象"式（Supermarine Walrus）舰载侦察机。

那么现在摆在面前的应该只有两个可能：要么附近海域有英国皇家海军的其他大型军舰，要么这架飞机来自于昨天发现的"马来亚"号。无论是何种可能，总之一点——这回德舰的位置或许已经暴露了。

吕特晏斯仍然按照老规矩来处置，德国舰队先是折向北面，然后右舵，在海上兜了一个大圈子后改朝西北偏西方向航行。他打算让舰队杀一个回马枪，继续去加拿大—不列颠航线上"狩猎"。不过在这之前得先去亚速尔群岛以东海域，补给舰"乌克马克"号（Uckermark，这是柏林东北一个自然公园的名称）和"厄恩朗特"号（Ermland）正如约等在那里同他会合。

3月9日，德国舰队在前往会合点的路上巧遇了满载着原煤的希腊商船"马拉松"号（Marathon）。这艘排水量6352吨的倒霉商船，此刻正驶往地中海，目的地是亚历山大港。

德舰很轻松地将这个送上门的猎物收拾掉，并且俘虏了船上的水手，然后继续向亚速尔群岛驶去。3月11日19时，亚速尔群岛以东约300海里处，"乌克马克"号和"厄恩朗特"号终于前来会合，照例要做的第一件事是补充燃料。在已经过去的一个半月里，海上破袭行动进行得并不顺利。虽然到目前为止已击沉了6艘商船，共计31783吨，但总的说来，战绩实在不能令人满意，现在吕特晏斯打算让2艘补给船留下来协助搜索海面。就在11日21时，吕特晏斯收到一份来自西部海军司令部的电报，该电报命令他：

自3月18日起，终止对自哈利法克斯起航的盟军船舶实施攻击，此次海上破袭行动将暂告一段落。

根据可靠情报，一支由战列巡洋舰"声望"号，航空母舰"皇家方舟"号，以及两艘驱逐舰组成的H舰队已经离开直布罗陀基地，向西行驶。据信该舰队可能被用来拦截即将返航的"舍尔海军上将"号和"希佩尔海军上将"号重巡洋舰，"格奈森瑙"号和"沙恩霍斯特"号将掩护上述军舰通过冰岛一带海域，归航德国。

在完成掩护任务后，命令你二舰驶往法国的布勒斯特港（Brest）。注意，这不等于这一阶段海上行动的结束，我军新型战列舰"俾斯麦"号以及重巡洋舰"欧根亲王"号接近完工，"格奈森瑙"号和"沙恩霍斯特"号即将被投入到新一轮更大规模的行动中……

3月12日，自出航以来2艘战舰的油舱第四次被灌满。不过这次补给船并没有着急离去，当天晚上2艘油船分别驶向了战列巡洋舰编队的两侧，"乌克马克"号位于舰队左侧，挨着"格奈森瑙"号；"厄恩朗特"号则位于舰队的右侧，靠着"沙恩霍斯特"号。4艘船之间各自间隔30海里，整个队列横跨120海里向着西北偏北方向驶去。

现在侦察范围大为开阔。此刻，距离行动结束还有6天，吕特晏斯决定在这6天里做出些像样的成绩来，于是他驱舰驶向了大西洋上的另一处"狩猎场"。

3月15日9时40分，德国舰队到达了纽芬兰以东450海里的洋面上，这里是一个护航船队解散点，从英国驶来的武装护航船队在距离北美洲海岸不远处解散，随后回航以尽快护送新的一批船队出航。这一次德国人遇到的是一批英国油船，这些船准备在加拿大或者美国装载石油运回不列颠，这对维系英国的战争机器有很大的作用。

最初的攻击是在10时20分发起的，排水量5688吨的挪威油轮"比安卡"号（Bianca）被"格奈森瑙"号俘获；然后在13时40分不列颠油轮"圣·卡西米洛"号被德舰俘虏，该舰排水量8046吨；日落前又有1艘排水量6405吨的挪威油轮"伯雷卡夫"号（Polykarb）遭殃。德国水兵登上这3艘被俘油轮，监督着被俘的英国水手，朝德国占领下的法国港口波尔多（Bordeaux）航行。但是事实上仅有"伯雷卡夫"号抵达目的地，另外2艘幸运地遇上了皇家海军的"声望"号战列巡洋舰。结果被俘的英国水手得到解救，登舰的德国水兵反而成了英国人的阶下囚，不过这些德国人在离开油轮前设法将之凿沉了。

除了被俘虏的那3艘船以外，"格奈森瑙"号还击沉了油轮"萨姆尼尔"

号（Simnia），"沙恩霍斯特"号则干掉了油轮"阿瑟尔封"号（Athelfoam）和"力量"号（Strength）。这3艘都是英国船，合计为19890吨。

然而，这并不意味着德舰杀戮旅程的结束，16日午夜1时，2艘德国补给船报告说在夜幕笼罩的海面上发现有类似商船的船舶轮廓。4时左右，天空开始破晓，德国人发现自己已经进入了一支船队之中。

4时28分杀戮再度展开，排水量4507吨的英国客货两用船"江旗鱼"号（Rio Dorado）被摧毁；下一个受害者是排水量3648吨的英国货船"工业帝国"号（Empire Industry），它在8时55分步入"江旗鱼"号的后尘；排水量1577吨的挪威客货两用船"格兰利"号（Granli）在10时22分的时候成为第三个牺牲品；接着轮到了排水量4564吨的法国船"美山"号（Myson，印度支那地名），于13时25分沉没。当天最后1艘被"格奈森瑙"号击毁的是"皇冠"号（Royal Crown），在15时50分，这艘排水量4364吨的英国客货两用船沉入了大西洋之中。

"沙恩霍斯特"号击沉了排水量8298吨的荷兰货船"芒凯"号（Mangkai），同时还击沉了3艘英国船：货轮"银杉"号（Silverfir，4347吨）、"德默顿"号（Demerton，5251吨），以及客货两用船"撒丁王子"号（3491吨）。上述

■ 沙恩霍斯特级通常携带2架Ar-196型水上飞机，最多可以携带3架。舰载水上侦察机在校射、侦察、搜索等方面均可提供巨大的帮助。后来的俾斯麦级战列舰更进一步，设置了固定机库，可以一次携带4架。

各舰都是在撤离船员后，用炸药或者副炮射击加以毁灭的。

唯一的反抗发生在 1 艘排水量仅 1831 吨的丹麦籍商船"智利收帆者"号（Chilean Reefer）上。这艘小船无视"格奈森瑙"号发出的"停船、所有船员撤离"的命令，用仅有的 1 门小炮向"格奈森瑙"号发动射击。德舰舰长潘恩（Fein）上校对此困惑不已，难道这是 1 艘以鱼雷为武装，伪装成货轮的辅助巡洋舰吗？！为了防范万一他下令动用 280 毫米主炮向这艘不屈的小船射击，第一轮齐射就差不多把它的上层建筑物轰成了碎片，第二次射击使这艘商船化为一堆燃烧的残骸。

1 分 13 秒后，"智利收帆者"号沉入了大西洋之中。这艘船上的船员是这次单方面屠杀中唯一可以被称为英雄的人（当然，您也可以认为他们是一群笨蛋）。

吕特晏斯此刻的困惑一点儿也不比潘恩上校要少，因为他从各种迹象看，都觉得被击沉的那艘小船像是原先护航舰队中担当舰队侦察任务的斥候舰……那么，护航的主力舰在哪里呢？就在德国人毫无根据地瞎琢磨时"格奈森瑙"号和"沙恩霍斯特"号的雷达屏幕上同时侦测到了一个巨大的脉冲信号，一个战列舰规模的信号就在东面不远处，与此同时，舰上瞭望哨观测到水天线上伴随烟尘升起的三角桅！

3 月 16 日傍晚，纽芬兰以东约 350 海里的大西洋上，皇家海军战列舰"罗德尼"号（Rodney）正在向西航行。"罗德尼"号是在那个被戏称为"海军假日"的时代里建造起来的，它是那个时代最强大的战列舰之一。与美国的 3 艘科罗拉多级战列舰、日本的 2 艘长门级战列舰，以及自己的姐妹舰"纳尔逊"号并称为"世界七大战舰"。现在它正护卫着 3 天前从哈利法克斯起航的 HX-114 船队前往不列颠。

从 15 日下午开始，该舰一直接收到东面不远处商船发来的求

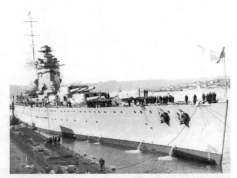

■ 战列舰"罗德尼"号，国王乔治五世级服役之前皇家海军最新的战列舰，只是这艘"新"舰的舰龄也已经接近 15 年了。

救信号，这些信号都简洁而明了"RRRRR……"，显然有德国的海上袭击舰在前方活动。"罗德尼"号立刻从商船队中出列，加速前往出事海域支援。

16日整个白天也不停地接收到自东方海域发出的求救信号，到了当天傍晚，终于有舰影出现在"罗德尼"号前方的水天线上。有3个炮塔，外形也符合德国主力舰的识别特征。即便如此，为了避免误击还是按照惯例先以闪光信号对其加以询问，只是得到的回答叫人有些无法形容……

"什么船？"

■ "什么船？" "皇家海军，翡翠号！" "@#^s~*……"吕特晏斯睁眼说瞎话的本事着实了得，于是"罗德尼"号只能很郁闷地看着它跑掉。下图为真正的"翡翠"号，显然只有脑残才会认错……

"皇家海军巡洋舰，'翡翠'号！"

"'翡翠'号？"

"翡翠"号（HMS Emerald）是皇家海军于 1926 年投入现役的一艘巡洋舰，属于 E 级轻巡洋舰。该舰长 174 米、排水量仅 7530 吨、装有 152 毫米主炮 7 门，而且最重要的特征是拥有 3 个烟囱，显然不论是外形还是尺寸上与面前的这艘战舰都有着天壤之别。不过也正是因为对方的回答十分荒谬，以至于"罗德尼"号上的信号兵还认为是自己搞错了呢。

在沉默了一阵儿之后，英舰再次询问对方身份，但这次对方不再理会，而是转向东南，高速离去。现在对方到底是什么角色已经不言自明，这时敌舰已处于有效射程之外，而且航速远高于己方，因此"罗德尼"号没有开炮射击，也没有进行追击。

还是先将幸存者打捞起来吧……

→ 胜利大逃亡 ←

3 月 16 日晚上英国皇家海军位于伦敦的总部大楼内，海军部的高级官员连夜召开紧急会议商讨对策。英国人一直到此刻才意识到"沙恩霍斯特"号和"格奈森瑙"号并非像原先预计的那样返回了本土港口，而是成功地突入了大西洋！

皇家海军现在正应接不暇，手头的主力舰基本上都有任务在身："勇士"号、"伊丽莎白女王"号、"厌战"号、"巴勒姆"号 4 艘战列舰，以及战列巡洋舰"声望"号、"胡德"号被牵制在地中海，这些军舰需要时刻防备蠢蠢欲动的意大利舰队。"罗德尼"号和"马来亚"号战列舰被派往大西洋执行商船护航任务，所有的 R 级战舰也都在大西洋上为商船队提供护航。最新式的国王乔治五世级（King George V Class）战列舰"国王乔治五世"号（King George V）刚刚完成战备，正在进行最后的调试。

此刻，本土舰队总司令约翰·托维手头上只剩下了战列巡洋舰"反击"号和战列舰"纳尔逊"号可供调用。但前者装甲过薄，而且需要进行检修，因

64

■ 正在朴次茅斯港入坞检修的"反击"号，看来远水是救不了近火了。抛开这艘船不说，皇家海军的现役舰艇中，航速足够拦截德国特遣舰队的，也只有"声望"号和"胡德"号两舰了。

此暂不适宜参加这次行动。

17日凌晨，紧急命令下达：战列舰"罗德尼"号继续执行目前的护航任务；刚刚调试结束，形成战斗力的新式战列舰"国王乔治五世"号前往加拿大——不列颠航线加强对商船的保护；战列舰"纳尔逊"号从斯卡帕湾紧急起航，前往冰岛以南阵位，以防止德舰逃回德国本土。

全盘布置可谓周密得当，如果吕特晏斯重走北方水道的老路回到德国，那么一定在劫难逃。然而，英国人却知道此时德舰的目的已经达成。18日的凌晨，"柏林"行动已经被终止了。吕特晏斯现在该考虑的是如何掩护两艘僚舰朝冰岛方向归航，以及自己指挥的两舰如何才能安全进驻布勒斯特！

3月18日，在北大西洋中部海域的迷雾中，"沙恩霍斯特"号、"格奈森瑙"号第五次（也是最后一次）和补给船相遇。但这次遇见的是在前两日战斗中先行离开战场，驶向大西洋中部海域待命的"乌克马克"号和"厄恩朗特"号。德国人开始了此次行动中最后一次燃料补给，同时在前两天战斗中俘获的约200名水手也被转移到了这两艘德国补给船上。

次日早晨，一切工作均已完成，现在唯一的任务就是吸引英国人的注意力，同时返回布勒斯特。由于15日和16日两天的大打出手，英国人现在无论如何都会死抓着"沙恩霍斯特"号与"格奈森瑙"号不放的。诱敌任务算是已经部分达成，现在该考虑如何钓英国人"上钩"了。

为了实现上述目的，吕特晏斯决定稍微冒一点儿险。他命令两舰先以23

■ 快速战列舰国王乔治五世级首舰，此时该舰尚未完成调试，船员训练也未完成，还不具备完善的战斗力。

■ 正在收回"剑鱼"式舰载鱼雷机的"皇家方舟"号航空母舰，图中这架"剑鱼"正放下尾钩。从这艘船传来的情报最为准确，然而却太迟了。顾及意大利舰队的威胁，驻直布罗陀的H舰队迟迟无法北上，这是两艘德国战列舰得以逃回法国的一大原因。

节航速向西航行到20日清晨，然后转向东北方向。他打算让自己的军舰驶近不列颠海岸，在英国人的岸基侦察机面前露一下脸，之后再全速驶向布勒斯特。此刻弥漫在北大西洋上空的积云和大雾将是己方最好的保护，不过很快这种

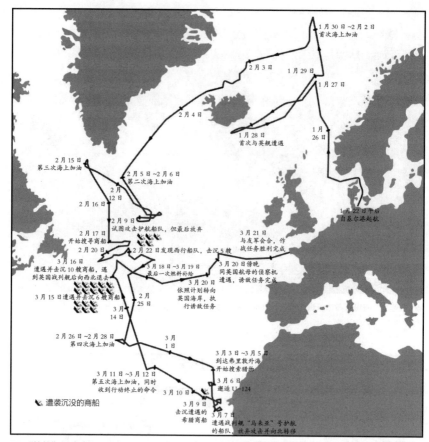

1月30日~2月2日
首次海上加油

2月3日

1月29日

1月27日

2月4日

1月28日
首次与英舰遭遇

1月26日

1月22日午后
自基尔港起航

2月15日
第三次海上加油

2月5日~2月6日
第二次海上加油

2月
12日

2月16日

2月9日
试图攻击护航船队，但最后放弃

2月17日
开始搜寻商船

2月20日

2月22日发现西行船队，击沉5艘

3月21日
与友军会合，作
战任务胜利完成

3月20日傍晚
同英国航母的侦察机
遭遇，诱敌任务完成

3月18日~3月19日
最后一次燃料补给

3月16日
遭遇并击沉10艘商船，遇
到英国战列舰后向西北退去

3月20日
依照计划转向
英国海岸，执
行诱敌任务

3月15日遭遇并击沉6艘商船

2月
25日

3月
14日

2月26日~2月28日
第四次海上加油

3月
1日

3月3日~3月5日
到达希里敦外海，
开始搜索错船

3月11日~3月12日
第五次海上加油，同时
收到行动终止的命令

3月10日

3月6日
邂逅U-124

🔻 遭袭沉没的商船

3月9日
击沉遭遇的
希腊商船

3月7日
遭遇战列舰"马来亚"号护航
的船队，放弃攻击并向北转移

■ "柏林"行动（Operatlon Berlin），1941年1月22日-3月21日。（制图：徐晓东、查攸吟）

冒险就显得没有必要了。

　　20日傍晚，1架"剑鱼"式舰载鱼雷机出现在了正朝东北方向航行的德舰上空，这应该是海军司令部在11日的命令中提到的英国"皇家方舟"号航空母舰上的舰载机。吕特晏斯决定用老办法来对付它：他先下令将两舰的航向改为正北，试图做出企图从设德兰—法罗水道归航德国的假象，在英国舰载机离去后又折向东面，目的地直指布勒斯特。

　　发现德舰的那架执行侦察任务的"剑鱼"式由于电台故障而未能及时将情报通报给母舰。当该机返回"皇家方舟"号时天色已晚，英国人错失了一次极好的攻击机会。到了次日早晨，大雾再度降临，成为德舰的天然掩护。

在英国海军部,各种最新的情报被源源不断地送来,当 20 日的目击报告被送来时再度引起了海军部高层的注意。综合这两个月来的了解和认识,加上以往的情报与经验,英国人终于看穿了吕特晏斯的诡计,并意识到德舰的真正目的地应该是德国占领下法国西海岸的某个港口,很可能去了布勒斯特!

海军部立即命令 H 舰队加速北上,试图赶在最后时刻利用舰载机实施雷击。同时命令位于冰岛一带待命的"纳尔逊"号,以及正在大西洋上的"罗德尼"号、"国王乔治五世"号紧急南下堵截。

3 月 21 日,布勒斯特以西约 400 海里。按照预定计划,第一批德军的空中掩护应该在中午出现,但是德国空军的战机由于大雾弥漫而无法起飞,直到当天 14 时左右天气才开始转好。16 时 30 分,3 架 He-115 水上飞机终于出现在"沙恩霍斯特"号和"格奈森瑙"号两舰的头上。水兵们无不欢呼雀跃,庆祝两个月来第一次回到了己方的控制区内。

19 时整,于前一天下午从布勒斯特港起航的"美洲虎"号(Jaguar)大型鱼雷艇带领另一艘僚舰赶来和两艘战列巡洋舰会合,并担当舰队护航任务。英国人的岸基飞机在半个小时后到来,不过此时两艘大型军舰已经处于德国

■ 编队航行中的意大利战列舰舰队。由于意大利海军的存在,H 舰队被牵制在直布罗陀一线,未能及时投入大西洋,这是德舰得以平安返航的原因之一。

海空军的保护之下，英国人只好无奈地离去。

次日3时，从布勒斯特出发的2艘德国海军舰队驱逐舰加入了队列之中。又过了4个小时，布勒斯特港的入口已经遥遥在望……

这2艘德国战列巡洋舰在60天内总共航行了15465海里，击沉、俘虏了22艘敌舰，共计113690吨。更重要的是这2艘战舰有效地掩护了2艘僚舰的归航①。

面对这一结果，英国方面显然是异常的失望（当然，这要几天之后才能意识到）。而且他们不知道的是，两天前调走了冰岛一带的大型军舰，这反而给半年多来一直苦苦逃避追杀的"舍尔海军上将"号一个极好的返航机会。

3月26日"舍尔海军上将"号趁乱通过丹麦海峡，4天后到达了德国占领下的挪威港口卑尔根。

在庆功酒宴上，"舍尔海军上将"号的舰长克拉克少将指着桌子上一道菜说："这是来自于温斯顿·丘吉尔的礼物。"

那是一道牛排煎蛋，全部原料均取自被德舰俘获的英国冷藏船。

1941年3月，在德国水面舰艇、潜艇和岸基飞机的合力绞杀下，英国及其盟国在这个月里一共损失了将近700000吨的船舶。这是一个可怕的数字，已经超过了英国人的新舰建造量。

1941年4月，遥远的波罗的海中，2艘可怕的军舰正在逐渐形成战斗力，它们就是长久以来一直令英国人感到无比担忧的"俾斯麦"号，以及它的姐妹舰"提尔比兹"号。而德国的希佩尔海军上将级重巡洋舰的第3艘——"欧根亲王"号也已经进入了海试和人员训练阶段。更大规模的海上袭击正在酝酿之中，在"沙恩霍斯特"号和"格奈森瑙"号归航仅仅六周后，吕特晏斯得知他已经被任命为新的舰队指挥官，新的远洋舰队正在波兰的格丁尼亚港（原自由港但泽）等待着。

在前往格丁尼亚的旅途中，他得知下一次将要指挥的是"俾斯麦"号和"欧根亲王"号……

① 其实只有"舍尔海军上将"号返航德国本土，"希佩尔海军上将"号在不久之前就进驻布勒斯特港，并将在以后一段时间内进行多次小规模的巡洋作战。

"莱茵"作战:
短暂的"俾斯麦"传奇

波罗的海。

乌云笼罩天空,海中卷着波浪,天气很不好。德国海军特遣舰队正在向西航行。

傍晚5时,由于天候原因本已显得昏灰的天空,随着落日的降临迅速黯淡了下去。透过灰蒙蒙的一片,可以遥遥望见伴航在编队左侧的驱逐舰Z-23号,在风浪里微微摇摆。编队正前方的扫雷艇,正有几分艰难地爬过一个又一个浪头。今天是1941年5月19日,每个人心中都忐忑不安。

清晨,当舰队离开格但斯克湾的时候,舰长欧内斯特·林德曼上校(Ernst Lindemann)通过扬声器将作战命令公告全舰。随后,他们驶向波罗的海,僚舰"欧根亲王"号和护航舰队正在那里待命。远洋作战即将开始……

船员们被笼罩在一种不安的兴奋感之中。一方面,他们因即将面对强大的对手而紧张,另一方面他们又无比信任他们的舰长,以及脚下这艘巨舰。透过昏暗的光线,可以依稀看到甲板上有一名水兵正倚靠着栏杆,轻轻地哼唱着《Muss i denn》[①],离开格丁尼亚港时舰上乐队曾演奏的曲子。甲板之下,主机正在稳定地运转,透过汹涌的波涛声,人们可以清楚地听到它发出的低沉噪音。这些都时刻提醒着船上的乘员——他们脚下的这艘船,是一件致命的武器。

战列舰"俾斯麦"短暂的传奇,将由此揭开。

[①] 德国民歌《木偶之心》,海军的军乐队一般在大型舰艇离港执行长时间远洋巡航之前演奏。

➺ 跨过峡湾，穿越海峡 ↢

波罗的海保安司令部宣告，从 5 月 19 日夜里至 5 月 20 日清晨将关闭大贝克尔海峡—卡特加特海峡之间的商业通航。德国海军最高司令部为了给这次行动保密真是无所不用其极，但这样做其实毫无意义。

第六驱逐舰队指挥官艾尔弗雷德·舒尔茨·辛里希中校是在前一天 10 时 30 分搭乘着"汉斯·洛迪"号驱逐舰加入编队的，目前这艘船正航行在舰队最前方。与前一天截然不同，20 日的天气异常的好。阳光普照，风和日丽。微风吹拂着海水，卷起一些雪白的细碎浪花。遥遥望见安霍尔特岛上白色的灯塔，反射着太阳的光芒。这一切令人产生一种乘坐邮轮出行而非参加远洋作战的错觉。

上午，突如其来的防空警报打破了宁静。当水兵们跟跟跄跄地冲入各自的防空哨位时，却只看到从头顶飞过的梅塞施米特战斗机。德国空军刻意安排了飞机掩护特遣舰队通过这里，但是事先海军方面并不知情。

即便在战争时期，这里也是繁忙的商业航线。占领丹麦的德国官方可以动用特权让波罗的海保安司令部下令暂时关闭大贝克尔海峡的商业通航，但是却无法封闭属于国际水道的卡特加特海峡和斯卡拉斯格海峡。当舰队看到安霍尔特岛上白色的灯塔之时，也就意味着卡特加特海峡就在眼前了。头顶上飞翔的梅塞施米特战斗机能给这群忐忑不安的人带来足够的安全感，不过它们即将返航。

如果在和平时期航行于卡特加特海峡，将会是一件非常畅快的事情。海面上帆影绰绰，此刻这条国际水道上正航行着上千艘船。站在甲板上闲逛的水兵甚至能听见汽艇发出的声音，帆船、渔船、货船、渡轮、客轮，各种各样的船穿梭在这条繁忙的航道上。虽然景象一派祥和，但对行动保密性来说这实在算不上是一件好事。

在舰队的东侧，是瑞典的海岸线，从船上能望见东侧水天线上的灰色山影。遥望着那里，许多人的心中免不了几分担忧。因为一直谣传在斯堪的纳维亚的"挪威地下军"，在瑞典与挪威海岸设有观察哨。船员们能望见瑞典的海岸，也意味着岸上的人可以看到整支舰队……

　　午后，一次突发事件加剧了人们不安的情绪。"俾斯麦"的观察哨在当天 13 时目击到瑞典海军"哥特兰"号巡洋舰。当时瞭望哨发现一艘铅灰色的舰影浮现在特遣舰队右侧靠近瑞典的海域里，很快便能看清其船艉携带的水上飞机的特征，舰队方面由此判明了该舰的船型。在之后的两个小时内，"哥特兰"号快速接近德国特遣舰队，从右侧横切过舰队的尾部转向舰队左侧位置，并一度转向与德舰保持平行航向，尾随其后。毫无疑问，整支特遣舰队已经暴露。负责指挥"莱茵"行动的德国特遣舰队司令冈瑟·吕特晏斯认为，这艘瑞典战舰一定会向上级报告德国特遣舰队的行踪。但他的上级，北战斗群司令部方面却认为这并不值得过分担心。大舰队航行于此本就很难做到保密，而舰队现在是被严守中立的瑞典方面发现，这似乎对行动本身威胁不大。

　　5 月 20 日 16 时，舰队航行至斯卡拉斯格海峡。德国海军在这里铺设有雷区，以保障德国在波罗的海的制海权，将皇家海军阻绝于外。为了使特遣舰队通过这里，第五扫雷舰队已在指挥官鲁道夫·莱尔少将的指挥下等候于此。几个小时内，莱尔少将的船将引导着特遣舰队一一通过雷区。但与之一起行动的，还有一批早已等候多时的商船，在此之前它们一样为雷区所困。对于这种借道行为，德国人并不欢迎，甚至感到几分恐慌。但是他们并不明白，威胁其实是来自海岸方向。

　　"一艘战列舰正航向西方，可能是德国的。"挪威地下军的维果·艾克

■ "哥特兰"号巡洋舰是瑞典海军最大的军舰。1941年5月20日13时，这艘船在波罗的海偶遇了"俾斯麦"号。

尔森在当天 20 时 30 分发现了德舰，当时他正在挪威南部的克丽斯蒂安桑东南边的海岸观察哨上。他匆匆赶回休息的茅屋。在那里，他的搭档向伦敦拍发出了这一警讯。

30 分钟以后，另一位挪威人也看到了这支舰队。爱德华·巴斯是位鸟类学家，正在距克丽斯蒂安桑西南 10 海里的一座小岛上搞他的研究。当远方传来舰队轰鸣的引擎声时，他诧异地抬头朝东边张望，一支舰队正自东向西驶来。巴斯下意识地拿出了相机按下快门，为我们留下了"莱茵"作战中战列舰"俾斯麦"号和重巡洋舰"欧根亲王"号最初的留影。

通过了斯卡拉斯格海峡，绕过了日德兰半岛的顶端，就意味着"俾斯麦"号和它的僚舰已经离开了己方控制的安全水域，北海已经展现在面前。各舰开始依照对潜警戒模式走"之"字航线，因为这里时常有英国潜艇出没。

21 日的天气依然良好。灿烂的阳光下，挪威海岸的峭壁和岩石，仿佛正在检阅着这支舰队。进入宽阔的北海最大的好处就是可以高速航行，舰队增速到 27 节，在挪威海岸的山峦映衬下向北前进。

抵达卑尔根是在当天中午的时候，阳光灿烂的峡湾带给人一种安全感，仿佛两侧的山崖能成为一道天然的屏障，足以抵挡无孔不入的英国轰炸机。"俾斯麦"号单独停泊在南边的克利姆斯塔峡湾，早已恭候的 2 艘补给油船立刻靠了上来。僚舰"欧根亲王"号和护航的 3 艘驱逐舰停泊在北面的加尔文湾内。舰队将利用短暂的时间进行最后的休整，然后，开向大西洋。

时间非常有限。"俾斯麦"号和"欧根亲王"号涂有黑白相间的迷彩，这种反差鲜明的迷彩能够扰乱对方光学观瞄人员的视觉，但是这种迷彩在视线朦胧的北方海域等同招惹公牛的红布，"莱茵"作战的成败在于偷渡，而非以大舰队击溃皇家海军杀入大西洋。德国人还有几个小时的时间粉饰一下船身，将迷彩改为德国海军远洋作战舰队标准的"舷外灰"。

在阳光明媚的日子里，这片被冰川雕刻出的山水显得分外迷人。许多船员跑上甲板来享受此刻难得的美好，在他们头顶上，隶属"北冰洋联队"的 Bf-109 战斗机在这一天里一直在舰队下锚的峡湾上空盘旋。这对因为靠近海岸停泊感到忐忑不安的舰上人员来说，多少是个安慰。至少他们觉得，不必再担心空中威胁了。渺小的战斗机给了这艘巨大的战列舰一份额外的安全感。

■ 驶入卑尔根港的"俾斯麦"号，图为从"欧根亲王"号上拍摄的该舰下锚时的景象。此时"俾斯麦"号的船身上还漆着波罗的海沿岸适用的海岸迷彩，并不适合远洋作战。

■ 航向卑尔根途中的"俾斯麦"号，同样是在"欧根亲王"号上拍摄的。

　　平静是很容易被打破的。13 时整，空袭警报响彻全舰。皇家空军的飞机飞临卑尔根港。但是，"俾斯麦"号并未对侵入的飞机发起攻击。15 分钟后，舰上的人遥遥望见 1 架英国飞机在头顶盘旋了几圈，然后飞走了。随着防空警报的解除，所有人员都回到了原来的岗位，继续为出航作最后的准备。也许很多人还在庆幸这架飞机"没有发起攻击"……

　　在相对荒僻的卑尔根，德国特遣舰队的到来是一件相当大的事情。德国驻军、码头雇员都试图一睹这艘当时世界第一巨舰的风采，有些人甚至划着舢板靠近"俾斯麦"号的泊位。在其下锚的那处峡湾，居住于周围的挪威人也在打量着这条庞大的军舰。在船上，水兵们可以看到从岸上农舍飘起的袅袅炊烟。毫无疑问，他们在打量着这些屋子，住在那里的挪威人也一定在打量着他们。联想到那些"无所不在"且从未放弃过抵抗的挪威地下军，每个人的心头都笼罩上了一团阴影。

"真可怕！你有没有想到过，今天在这里晒太阳的人，很可能一个礼拜内会死掉。"轮机兵施塔兹听到有人这么说了一句。当他转身张望的时候，这个人已经离开了甲板。

"俾斯麦"号是在当天 19 时 30 分起航的。护航的驱逐舰在前后开道，好似女王的仆从伴随两侧。加尔文湾外的海上，"欧根亲王"号正在那里等待。

在战列舰"俾斯麦"号的后甲板上，有一小群年轻的军官聚集在那里，他们都没有实战的经验，长期的训练和优异的演习成绩并不能平复每个人不安的情绪。他们亦期望在进入大海深处之前，最后一次近距离观看挪威风景。在这些年轻人的目送下，峡湾两侧的灰色山岸以及挪威海岸线上同样年轻的峭壁①正在疾速后退，渐渐地和开始昏暗起来的水天线融为一体。

柯尔特维尔纳·理查德少校是舰队参谋部通讯情报组的

■ 特遣舰队司令冈瑟·吕特晏斯，二级海军上将，"柏林"作战的英雄，第三帝国海军内"有本事"的"青年"海军上将。

---

① 这些峭壁和峡湾均形成于上一次冰川期，从地质学的角度来看非常年轻。

组长，当他拿着一张纸经过后甲板的时候，聚集在这里的那群人几乎不约而同地向他开口打探消息。理查德少校挥了挥手上的纸，很痛快地告诉大家，这是一份由德国电信情报总部转发来的讯息，内容是今天早上发自英国的命令，指示皇家空军尽快搜索前一天发现的那两艘德国大型水面舰艇以及驱逐舰。听罢此言，后甲板上的这些年轻人迅速沉寂下来了，好似被迎头泼了一盆凉水。虽然这并不令人奇怪，这种规模的舰队行动肯定难逃英国人的耳目，但是证实己方已经被强大的敌人所发现，这一点无疑还是相当令人震撼。这份情报将被递送给舰队司令吕特晏斯，至于他将做何感想是没有人会知道的。

"沃斯，我是来向你道别的，也许我不会再回来了……"吕特晏斯上将的好友，德国海军少将汉斯·沃斯还依稀记得半个月前的事情，当时上将刚结束和雷德尔元帅关于"莱茵"作战的讨论，步入他的办公室来向老友道别："皇家海军掌握着优势，我根本不可能活着回来。"

1941 年 5 月 21 日 22 时，落日的余晖已经消退，四周迅速黯淡下来。"俾斯麦"和它的僚舰，正驶入黑暗之中。

关于"莱茵"作战的细节记录

"我们变得如此欢欣鼓舞，"一位从战舰"格奈森瑙"号上调遣而来的士官在日记里这样写道："大家迫不及待地想参加第一次作战。日复一日，无数关于行动迫在眉睫的传闻更加剧了紧张的气氛。"

在 4 月底的时候，"俾斯麦"号的军需官报告说舰上的粮食储备已可供应 3 个月的海上战备行动之所需，而存放于冷库中的肉类更是足够一个 25 万人规模的中型城市一日所需。少量从"沙恩霍斯特"号与"格奈森瑙"号战舰上抽调的具备实战经验的水兵，已完成转换训练，完全熟悉了舰上系统，这些人像种子一样带领那些没有经验的新手熟悉自己的岗位和设备。"俾斯麦"号的舰长林德曼据此向舰队司令部、西部战斗群、北部战斗群，以及海军总部报告：战列舰"俾斯麦"号的物资与人员状况均已达到了战备要求。

尽管水兵们对于未来行动的可能性议论纷纷，但是谁也不知道究竟何时出动，倒是希特勒在 5 月 5 日突然造访，舰队司令接到他副官的电话通知是在4天之前。雷德尔元帅没有同行,陪伴希特勒的是凯特尔元帅。在吕特晏斯和舰长林德曼的引导下,元首一行校阅了舰上水兵,并参观了全舰的各个重要设施。他们在后部火控室驻足的时间特别长,也许是他和凯特尔都对火控官(枪炮长)的介绍非常入迷的缘故。众所周知,希特勒非常喜欢各种精密机械和武器系统,但他和凯特尔并未提出什么问题,只是认真地聆听关于每样设备如何错综复杂地管制火炮射击。

晚些时候,希特勒一行人还在舰上餐厅吃了顿饭。席间他们言谈甚欢,然而却没有谈起任何关于海上作战的内容。

希特勒本人虽然检阅了这艘新战列舰,但对其即将参与的海上行动却一无所知。这也是雷德尔和吕特晏斯故意隐瞒之下的结果。

执行"莱茵"作战的舰队司令部在5月12日登上战舰。包括舰队司令冈瑟·吕特晏斯海军上将和追随多年的参谋长哈拉尔德·内茨邦特上校,以及舰队轮机长、舰队军医官、通讯联络组组长3位高级军官等一行,共65人。

因为严格保密的缘故,舰上水兵并不怎么清楚他们的去向,但是见到这种阵仗谁都明白,大规模作战行动即将展开。

对于这次行动本身,德国海军部原本的构想要宏大得多,其动员舰艇也不局限于波罗的海内。

在法国海岸,战舰"沙恩霍斯特"号与"格奈森瑙"号自"柏林"作战结束之后就一直留在布勒斯特港。它们目前隶属于西战斗群指挥,处于一种随时可以突入大西洋的态势中,令英国人如坐针毡。在这次行动中这两艘战舰也将披挂上阵,它们会在北战斗群的舰艇投入作战前先行发起南方向上的军事行动。

德国海军总部的用意非常

■ 登舰检阅的吕特晏斯及舰队司令部成员。

明显，先由"沙恩霍斯特"号与"格奈森瑙"号在大西洋上大肆"煽风点火"。迫使驻留在斯卡帕湾的皇家海军本土舰队主力西移，围剿大西洋上的德国袭击舰。当北方海域空虚的时候，波罗的海内的"俾斯麦"号和"提尔比兹"号将联合出击，偷渡北方海域，进入大西洋执行通商破坏战。

皇家海军能够应对的舰艇很有限。1941 年 5 月，新式战列舰国王乔治五世级仅"国王乔治五世"号和"威尔士亲王"号入役，除此以外，可以有效制衡 2 艘俾斯麦级战列舰的只有较老的战列巡洋舰"胡德"号。其他可以动用的大型水面舰艇，比如纳尔逊级战列舰和战列巡洋舰"声望"号、"反击"号，要么因为航速过低无法有效拦截德舰，要么因为装甲薄弱在炮战中命运堪忧。至于旧式战列舰伊丽莎白女王级和复仇级，前者航速不足且因为战况需要被投入到地中海战场，后者航速极低已完全不能适应现行海战的需要。简而言之，皇家海军能够对德国俾斯麦级战列舰构成威胁的，只有"胡德"号、"国王乔治五世"号、"威尔士亲王"号这 3 艘舰艇，以及唯一可以投入北方海域的舰队航空母舰"胜利"号。虽然其兵力占据一些优势，但并无取胜的绝对把握。南线，可以投入的舰只以战列巡洋舰"反击"号、"声望"号为主。可这两舰装甲过薄，即便是仅配备 283 毫米口径主炮的"沙恩霍斯特"号与"格奈森瑙"号，都能在正常交战距离内对其构成威胁。

如上所述，若形势照此发展，对于英国来说处境将会有多么恶劣实在是超出我们的想象。若是"莱茵"作战果真如此进行，那么将会迫使英方在下列 3 个选择中做出权衡：

1. 如果皇家海军动员本土舰队南下，势必导致原本遭重兵封锁的北方海域空虚，使位于波罗的海的 2 艘俾斯麦级战列舰得以顺利进入大西洋。

2. 若是本土舰队畏于德国新战列舰的威胁，在斯卡帕湾按兵不动，那么几乎所有快速战舰被牵制在斯卡帕湾这点，也将造成大西洋上的 2 艘德舰如入无人之境一般逍遥。

3. 或者，英方做出第三种选择，将可以投入拦截的战舰分散配置，"胡德"号、"国王乔治五世"号、"威尔士亲王"号与"胜利"号部署于斯卡帕湾，"声望"号、"反击"号布置于南方。那么，必将导致两个威胁方向的兵力都无法确保绝对优势，其形势一样极其凶险。

然而，我们所知道的历史是，在1941年的3月底，"沙恩霍斯特"号终于熬不住长年累月的主机故障，被送进船台大修了。4月6日，完成了出港准备的"格奈森瑙"号在1架勇敢的英国鱼雷机自杀式的袭击下，遭到了重创。在波罗的海，战列舰"提尔比兹"号的服役期，因为海军熟练水兵不足的问题而迟滞。

而对德国海军总部的计划，德国最高统帅部与希特勒本人又是持什么态度呢？他完全不知情，就像上文叙述的那样。海军作战参谋部甚至害怕告诉希特勒这些事情，因为难保这位元首（热心于海军建设的军事爱好者）不会突然禁止"俾斯麦"号出海作战，毕竟在以前就发生过这类事情。陪同他参观战舰的吕特晏斯和没有随行的雷德尔早就决定对此事缄口不语。希特勒得知"莱茵"行动的存在是在5月22日，"俾斯麦"号已经会同"欧根亲王"号从格丁尼亚出海4天之久，现正在前往丹麦海峡的路上。

"元帅，如果可能的话，我想要立刻召回这2艘战舰。"希特勒在知悉"俾斯麦"号已经上路的消息后反应极为神经质。无疑，他第一个想到的是如果军舰被击沉或者受损会损害自己的声望。但是雷德尔反驳说，作战已经准备了许久，如果此时再撤销将会严重打击士气并造成海军中的不信任。最后，希特勒认可了既成事实："好吧，看来现在只能顺其自然发展了，但是我心中有不祥的预感。"

这一幕见于雷德尔的回忆录中，而在官方记载中只写有"元首同意"的字样。历史没有"也许"，但却因为许多"偶然"最后走向"必然"。

■ 第三帝国的诸多将领都具有显著的"政治挂帅"倾向，而老绅士雷德尔却是个例外。但是人在江湖身不由己，为了给海军争取资源份额和足够的发言权，他也不得不努力在元首面前"表现"一番。

⇁ 不列颠的忧郁 ↽

5月，随着波罗的海地区电讯量的增加，不祥的征兆再次涌现。

德国海军的水面舰队虽然弱小，但一直是高悬在不列颠帝国头上的达摩克利斯之剑。1939年年底击毁德国装甲舰"施佩伯爵"号的短暂胜利，很快被德国舰队展开的大规模"巡洋战争"①与无限制潜艇战冲刷得一干二净。

1941年，德国水面舰队的远洋破袭作战进入高潮。在1月初，装甲舰"沙恩霍斯特"号与"格奈森瑙"号结伴突入大西洋，对英国北大西洋贸易线展开袭击，同时配合之前突入大西洋执行破袭作战的"舍尔海军上将"号装甲舰与"希佩尔海军上将"号重巡洋舰返航德国本土。完成这两项任务之后，两舰驶入德国占领的法国港口布勒斯特停靠。在这一年里，大西洋上的形势恶化得如此之快。"沙恩霍斯特"号和"格奈森瑙"号在强大的岸基航空兵及高射炮火掩护下，停泊在大西洋沿岸的布勒斯特港，处于时刻能突入大西洋的态势中。德国海军的这种战略部署令皇家海军如坐针毡。

更可怕的是，此时此刻，两艘真正的战列舰，对不列颠而言凶恶的鬼影——正在波罗的海成型。

毫无疑问，俾斯麦级战列舰的入役将使北大西洋的形势发生质变。德国海军水面舰队将由打一枪换一个地方的游击部队，变为可以朝拥有一定保护的护航船队发起攻击的攻势力量。

他们是一定会来的，而且很快。自从本土舰队司令亲自坐镇停泊在斯卡帕湾内的本土舰队旗舰"国王乔治五世"号以后，几乎人人都有了此觉悟……

第一个警讯是从瑞典传来的。1941年年初，瑞典的情报机关便与挪威地下军开始了通力合作。尽管一直严守中立，但是身为斯堪的纳维亚国家之一，德国侵入挪威的那一刻起便意味着对整个半岛国家政治独立性的粗暴践踏。在严守中立的外衣下，挪威将每年国防预算的30%投入到军备建设和工事修筑中，几乎每个成年男子都接受了严格的军事训练。侵入芬兰的苏联与占领

---

① 从雷德尔"巡洋战争"的本意来看，最初拟定的"莱茵"作战计划，即出动驻布勒斯特的"沙恩霍斯特"号和"格奈森瑙"号两舰，同时派出"俾斯麦"号实现多路出击，才是真正意义上的"巡洋战争"。

80

挪威的德国，是他们并未宣战的敌人。

在 5 月 20 日晚上，英国驻斯德哥尔摩大使馆武官亨利·丹汉上校得到目击德国舰队通过的情报。随后，心急如焚的丹汉连夜发出了如下电文：

卡特加特海峡于 5 月 20 日发生以下状况：

（一）今日下午有 1 艘德国商船通过伦克诺斯；

（二）13 时，有 2 艘大型战舰在 3 艘驱逐舰、5 艘护航舰、10 或 12 架飞机的护航下，向北航行。

20 日 20 时 58 分

约翰·柯罗宁·托维（John Cronyn Tovey）生于 1885 年，1940 年就任本土舰队司令的时候 55 岁。他的身体并不算好，关节炎、腰椎间盘突出等年过半百者的常见病当然不会因为他是本土舰队司令、海军上将而特别关照他。现在，他正坐在他的旗舰皇家海军战列舰"国王乔治五世"号的舰桥内，阅读着副官送来的发自海军部的告急电讯。他依稀回忆得起自己第一次踏上皇家海军军舰的情景，那还是上一个世纪的事情。在 1941 年的时候，这个 14 岁就成为皇家海军候补生的老水手，已经成为海军上将，指挥着帝国的本土舰队，当时世界上最强大的海上力量之一。

对于这样一份目击报告，托维并不感到意外，实际上他和他的司令部成员们从月初开始就等待这样一份通报送抵。因为进入 5 月以来，德国远程侦察机在北方航道与斯卡帕湾基地越来越多的侦察飞行就已经向英方做出了暗示。同时，联系到从月初开始，波罗的海方向与德国本土无线电通讯量的增加。这两个征兆时刻都在提醒着英国人，敌人即将开始新一轮海上战役。

当然，预计到德国人要来和一份可靠的目击报告摆放在自己面前，毕竟是不一样的性质。21 日上午，作为第一个应对措施，托维下令将电文全文转发给

■ 约翰·托维，时任皇家海军本土舰队司令，图为其在本土舰队旗舰"国王乔治五世"后主炮前的留影。

正在丹麦海峡巡逻的重巡洋舰"萨福克"号（HMS Suffolk），并命令第一巡洋舰队司令的旗舰重巡洋舰"诺福克"号（HMS Norfolk）立刻驶入冰岛，以便在必要的时候接应与替换"萨福克"号。

"终于来了……"，根据某位参谋的记述，下达命令的间隙面无表情的托维默默地说了这样一句话。没有人知道，这位经历过日德兰之战的老水兵当时在想些什么。

不列颠岛是德国通向大西洋的天然屏障。在不列颠岛的北面，因为冰岛、格陵兰岛，以及其他几个群岛的分割，北方海域通向大西洋的航道被大致分成由北至南的5个部分：格林兰与冰岛之间的丹麦海峡、冰岛与法罗群岛之间的海域、法罗群岛与设德兰群岛之间的海域、设德兰群岛与奥克尼群岛之间的水域、奥克尼群岛与不列颠群岛之间的海峡。因为距离英国本土过近可以轻易被英国北部起飞的飞机封锁，德国人不可能走最南面的奥克尼—不列颠水道和设德兰—奥克尼水道。那么，德舰能够选择的只有丹麦海峡、冰岛—

■ 5月21日傍晚，由飞临卑尔根上空的"喷火"式侦察机拍摄到的照片，清楚地显示出"俾斯麦"号就停泊在那里，从而揭示了这艘德国战列舰试图闯入大西洋的事实。

法罗水道和设德兰—法罗水道。对于托维和他的部下来说，当务之急是搞清楚德舰会选择这三条航线中的哪一条，然后将手头的军舰放到能够拦截的位置上。第一步棋，是无比艰难而迷茫的一步……

21日傍晚，"喷火"式侦察机发来德舰锚泊在卑尔根的照片。证实了目击到的德国大型军舰就是战列舰"俾斯麦"号与重巡洋舰"欧根亲王"号。现在，一切怀疑和侥幸都可以抛开了。毫无疑问，这两艘德国战舰的目的就是要突入大西洋，再现两个月前的景象。

天空阴沉沉的，云层低垂，似要降雨，但又滴雨未落。这种鬼天气已经持续了好几天，使人无法产生一丝的乐观情绪。但是，此时身居"国王乔治五世"号指挥中心内的所有人都明白，恰恰这种的恶劣天气会非常有效地掩护着斯卡帕湾，使最近频繁出没的德国空军无法通过空中侦察发现本土舰队的动向。谢天谢地，至少他们还清楚德国人的动向。

英国的气候是一直令人无法忍受的，在不列颠岛的北部尤甚，在这里，年平均降雨超过2000毫米，各种各样的雾是每日的常客，居住在此地的人一年四季内都会感觉湿漉漉的。而我们的另一个主角，皇家海军本土舰队，现在很不幸地就停泊在英伦的最北端，奥克尼群岛（Orkney Islands）中一个叫斯卡帕湾的地方。一个令许多德国海军老兵有着不快回忆的地方。

舷窗外，战列巡洋舰"胡德"号（HMS Hood）、"反击"号（HMS Repulse）和战列舰"威尔士亲王"号（HMS Prince of Wales）的灰色舰影在昏暗的海湾中若隐若现。在远处，还有完全隐没在昏暗中的几艘辅助船只。"反击"号和"胜利"号原先是用来为运兵船队提供护航的，今天早上才被调给托维指挥，其中后者目前还在利物浦港，原本准备执行运兵船护航任务。海湾里还停泊着8艘巡洋舰以及一打之多的舰队驱逐舰。此刻，他们握有绝对优势的兵力。但是，空间和距离将会迫使这支强大的舰队分散在茫茫大海上。

托维不由得回忆起了25年以前的日德兰，大舰队（Great Fleet）的24艘无畏舰排成6列纵队驶向斯卡拉斯格海峡迎战公海舰队的景象。时光流转，大舰队早已化作传说，沦为了拆船厂里的铁锈，而宿敌公海舰队，则沦为斯卡拉斯格海峡的彩虹……现在，曾经的敌人出动了可怜兮兮的1艘战列舰，而他和他的舰队，将以手头的4艘主力舰和1艘航空母舰迎战……大西洋还

■ 停泊在斯卡帕湾的战列巡洋舰"胡德"号，图中的炮管属于战列巡洋舰"反击"号。在第二次世界大战开始的时候，皇家海军序列里的战列巡洋舰还剩下"胡德"号、"反击"号和"声望"号，这3艘船构成了最后的战列巡洋舰中队。

■ 匆忙服役的"威尔士亲王"号战列舰正被拖船牵引出港。战时这种提前服役的事情司空见惯，英国海军现下兵力吃紧，往往是有什么就用什么。"威尔士亲王"号是国王乔治五世级的2号舰。（模拟照片，实为3号舰"约克公爵"号）

是那个大西洋，不列颠王国却已不再是当年那个大不列颠。托维闭起了眼睛，只有那么一小会儿，试图让自己抛开那些回忆和感慨。此时此刻，缅怀与感伤会是累赘。

在德舰可能走的3条航线中，托维最关心的是最北方的丹麦海峡。因为在1月的"柏林"作战中，"沙恩霍斯特"号与"格奈森瑙"号正是利用这条航道突入大西洋的。当然，托维关注那里更因为一个老水手的直觉。据此判断，本土舰队司令部下达命令，由"诺福克"号与"萨福克"号一同巡逻丹麦海峡，而不是原先那样由两舰轮班搜索，以便于互相掩护。在南边的冰岛—设德兰水道和设德兰—法罗水道上，将另外派遣5艘轻巡洋舰进行搜索。

由于目前的消息只是证实了德舰的目的，以及知晓了这两艘军舰已进驻挪威，但尚未明确的它们是否已经离开挪威。所以托维不打算早早出动全部主力舰只，去大海上空兜圈子浪费燃料，而是希望等待确切消息后再调动全部主力舰。因此，在短暂的思考之后，他下令将主力舰艇分成两个部分行动。

"俾斯麦"号的入役与大西洋上局势的转变

1941年年初的"柏林"作战中，"沙恩霍斯特"号和"格奈森瑙"号就曾在吕特晏斯的指挥下结伴杀入大西洋。在那场为期60天的巡航作战中，这支特遣舰队总共击沉了11万载重吨位的商船，并有力掩护了其他执行远洋通商破坏战的僚舰，如"希佩尔海军上将"号、"舍尔海军上将"号等德国大型水面舰艇向德国本土的返航。虽然两舰在实际上对英国的海上交通造成的破坏并不大，"沙恩霍斯特"号和"格奈森瑙"号两度掠袭的都是空载船队，但是德国大型水面舰艇出击大西洋的行动本身，对皇家海军形成了巨大的心理威慑。

在此前，由于德国一再派遣大型水面舰艇单舰执行此类任务，为了保护穿越大西洋的商船队，皇家海军已经将舰队所属的各种老式战列舰全数出动。因为航速过低被判定为不适合参加舰队作战的老式R级战列舰也成为其中一员，投入到护航作战中。这是非常笨的对策，但是极其管用。能够对英国远洋贸易航线构成威胁的德国海军大型水面舰艇均缺乏足够火力，无法对抗皇家海军战列舰与战列巡洋舰，于是像R级这种已经跟不上战争形势的低速老式战列舰，一度成为护航船队的守护神。只要一支船队中编有一艘战列舰，整个船队便能对四处游荡的德国海军袭击舰完全"免疫"。在之前的许多次遭遇中，这点已经被一再证明过。

在 1941 年以前，所有的远洋通商破坏战都是以单舰掠袭的方式展开的，舰长全权负责舰艇的调配和活动。从某种意义上来说，他们更像是私掠船和海盗。不过，当德国海军的大型水面舰艇在海军总部直接指挥下，以舰队规模展开有组织的行动时，问题的性质就截然不同了。特别是进入 1941 年年中，随着战列舰"俾斯麦"号的完工，原本在皇家海军看来处于"均衡"的态势将被完全颠覆。这基于两个原因：

1. 德国海军采用了新的战略，将以舰队的形式有组织地破坏英国的海上贸易航线，而非以前散兵游勇式的袭扰。同时，军事行动本身将以德方情报为依据和判断。也就是说，将会开展有针对性的攻击。这种情况的威胁程度远超过传统意义上的通商破坏，其本质乃是雷德尔一贯倡导的"巡洋作战"理论的实体化。故在英国人看来，1941 年 5 月以后大西洋上的危机感是空前的。

2. 德国海军有了可以和皇家海军最新锐战列舰媲美的武器，俾斯麦级战列舰虽然脱胎于旧式的海军技术和思想，但是凭借吨位和武器的"无限制"，至少能与皇家海军最好的战列舰对抗，甚至占有一定的优势。这意味着，那些原本可以依靠老式战列舰护航保障安全的船队，现在亦沦为可能遭到攻击的目标。

综合上述这两点，在英国方面看来，大西洋上的形势正发生着有利于德国的质变。原有的游戏规则随着德国海军的新舰服役而被打破。双方都明白，1941 年 5 月，德国海军开展的新一轮海上作战行动将会是大西洋上的一个转折点——德国人的，或者是英国人的。

先遣队将包括战列巡洋舰"胡德"号和新近服役的战列舰"威尔士亲王"号，由现在的皇家海军战列巡洋舰中队司令兰斯洛特·欧内斯特·霍兰德（Lancelot Ernest Holland）中将指挥。霍兰德将搭乘战列巡洋舰"胡德"号出海，随行的却是战列舰"威尔士亲王"号。

目前在斯卡帕湾的战列巡洋舰"反击"号，名义上隶属于霍兰德麾下的

■ 兰斯洛特·欧内斯特·霍兰德中将，托维的好友，温文尔雅、体恤下属的传统绅士。和托维不同的是，他出身于贵族家庭，家里世代都是海军军官，并非从基层做起，一步一步升迁的老兵。不过此人丝毫没有贵族的架子，非常平易近人，颇受大家爱戴。

战列巡洋舰中队编制，但是这艘船的装甲太薄，难以在正面对阵中抗衡德国海军的新式战列舰。况且"反击"号自开战以来一直频繁出海活动，轮机情况堪忧，紧急的战事又不允许它入坞大修。战列舰"威尔士亲王"号的情况也好不到哪里去，该舰虽然在两周前宣布服役，但实际上宣布服役时最后的设备舾装工作并未完成，工人直到几天前安装完最后的一些设备才离开舰艇。尽管水兵训练和测试正同期进行，可总体情况却实为堪忧。虽然直属本土舰队司令部的舰队技术官认为，这艘船已经具备了作战能力，但是"具备作战能力"和能发挥全部战斗力是有区别的。按照正常程序它此刻还应该进行着各项系统的测试并调试雷达和火控，不过一切因为战争都被提前了。

将"胡德"号和威尔士亲王号编组行动，也实属托维的无奈之举。

霍兰德的舰队构成拦截德国战列舰的先遣部队，另一部分则由本土舰队旗舰"国王乔治五世"号、战列巡洋舰"反击"号、航空母舰"胜利"号构成。但是托维并不打算立刻出动这些力量，他决定等空中侦察的准确讯息到来之后，再带领这批舰只离开斯卡帕湾锚地。

■ 新锐的"威尔士亲王"号战列舰和"国王乔治五世"号最大的区别在于船舷微微上翘。鉴于这一级战列舰低劣的适航性，海军从2号舰开始放弃了对艏主炮向正前方平射的要求，进而试图以加高舰舷来减少甲板上浪。

经过了几个小时的匆匆筹备，霍兰德的舰队在接近午夜时分起航了。由于早已预计到德方可能展开的攻势，在斯卡帕湾待命的舰艇都被要求做好 24 小时内可以出港的准备，舰上的给养和弹药随时处于战备状态。托维站在"国王乔治五世"号的舰桥上，看着"胡德"号与"威尔士亲王"号在 4 艘驱逐舰的护卫下开出海湾，默默不语。不论霍兰德和他的舰队会遇到什么，至少他们还知道自己要做什么，暂时有一个明确的命令可以去遵循。而等待他及留守在这艘军舰上待命之人的将会是一个不安的未眠之夜。

然而此时谁都不曾预料到，也许根本就不会去设想，这将是他们最后一次看到"胡德"号。

22 日的天气对英国人来说，非常糟糕。随着低压槽向东移动，伴随着大风，斯卡帕湾上空的积云飘过了北海，覆盖到了卑尔根的上空。因为这个缘故，预备上午进行的空中侦察被推迟了 3 次，这简直是在给本土舰队的战备行动拆台。下午，在大风刮起的间隙，1 架侦察机勉强起飞，越过北海到达卑尔根空空如也的海湾上空。"俾斯麦"号与"欧根亲王"号早已离去。在北大西洋，恶劣的气候对躲避 U 艇袭击的护航船队来说是一件好事，但是对现在急于弄清楚德舰去向的皇家海军而言绝对不是什么好事。

在 22 日的整个白天，本土舰队都焦急地等待空中侦察的结果。当晚德国战舰已经离开卑尔根的侦察报告转发至"国王乔治五世"号，这艘战舰及其僚舰在前一天晚上就依令生火待发，做好了随时出航的准备。20 时，手持电报的副官敲响了托维位于船尾"海军上将舱"的大门。副官心急火燎的敲门声显得有些无礼，但并未令正在写家书的托维感觉到诧异，因为送来的会是什么消息早已在他预料之中。托维迅速却有条不紊地合上了他的信封，然后不失风度地戴上军帽，对着镜子略整了一下衣领。当他准备打开门的时候，虽然难以察觉，但是他紧握着门把的手有那么短暂的迟疑。然后，他似乎下定了某种决心一般，断然打开了舱门……

雨已经停了，夜幕笼罩着海湾。外海现在正刮着大风，风从桅杆上吹过，发出呜呜的低咽声，在海面上卷起阵阵巨浪。然而，在四周众多岛屿的庇护下，斯卡帕湾显得安稳且平静。只有岸上寥寥的灯火和港湾中为数不多的几盏亮着的航标灯，才让人明白这里是一座港口。鲜红色信号灯在"国王乔治五世"

号的桅杆上闪烁，然后熄灭。十几秒钟后，"反击"号闪烁起回应的信号。于是，在黑暗的海湾中，信号灯的红光在各艘军舰的桅顶上闪烁，巡洋舰"肯尼亚"号、驱逐舰"回音"号……仿佛巨兽们纷纷睁开了眼睛。几分钟以后，黑暗的帷幕被各种各样的光芒扯破，数十艘军舰将各自的灯光打开，岸上的探照灯也将光柱投射向天空和海面。原本灯火寥寥的港湾变得和银河一样璀璨。

托维站在"国王乔治五世"号的司令桥内，面无表情地看着舰长一次又一次挽袖看手表。20 时，天已经完全黑了……

各舰的燃油喷嘴已经向锅炉内注入了更多的燃料，通风设备正加倍将氧气送入炉膛，一天前就已生起的火此刻越烧越旺。锅炉压力表的读数在缓缓地上升……缓慢得像蜗牛蠕动一样，令人难以忍耐。这也许是某些人一生中最漫长的两个小时。

21 时 50 分，启锚机那钝重的金属敲击声在港湾内不断响起，启碇时间到了。又过了 10 分钟，拖船靠上了战列巡洋舰"反击"号庞大的船体。"反击"号的螺旋桨开始转动起来，尾舵转向一侧，努力地使整个船身调过来。在拖轮的协助下，这艘巨大的战舰缓缓地转过身来，朝着海湾的出口开去。

于是以"反击"号为先导，各舰尾随其后。出港舰只的队列从海湾中一直延伸到霍克沙水道（Hoxa），桅杆和舰桥上耀眼的灯光在海中铺出了一条光的走廊，好像银河在流动。霍兰德舰队已经在前一天离港，现在这里的是本土舰队剩下的全部力量。

皇家海军将延续自己的辉煌，或者，一败涂地。

→ 北方的海 ←

"时间到了，上将。"吕特晏斯的参谋长哈拉尔德·内茨邦特（Harald Netzband）上校小声提醒道。

"通知护航舰队，行动开始。"说完，吕特晏斯端起他的望远镜望向正北方，那是舰队前进的方向，现正笼罩在一片银白色的寒雾中。

当他们从舰桥前面的望台走回船舱里的时候，信号员正忙碌地用发光信

■ 吕特晏斯的参谋长哈拉尔德（左）和"俾斯麦"号的舰长林德曼（右）。林德曼时常因为冷酷的表情被不认识的人误解为一个不苟言笑的刻板军人，其实他非常受下属的欢迎，是个和部下共患难的好长官。

号和旗语向一直伴航至今的 3 艘驱逐舰转达舰队司令的命令。随后，几艘自格丁尼亚起航以来忠实伴随左右的驱逐舰，一齐向右满舵，朝着挪威海岸方向开去。

"真冷。"望着驱逐舰驶离的舰长林德曼，突然小声地说了句话。

"是的。"吕特晏斯并没有把眼睛从望远镜上挪开，旁边的人并不知道这句话是否是他主观意识控制下吐露的："冷得，刺骨……"

5 月 22 日 5 时。"当我们看到它们掉头返航的时候，我第一次感觉到我们真的离开了家，'莱茵'作战也真的开始了。"舰上的第三枪炮长，伯克·冯·穆伦海姆·雷希贝格这样叙述道。舰队司令吕特晏斯解除了从格丁尼亚起航以来一直为舰队提供护航任务的 3 艘驱逐舰的使命。看着这 3 艘忠实的"小伙伴"慢慢调转船头，最后消失在挪威海岸方向的水天线上，舰上的每个人都涌起了一种"离家"的感觉。是的，他们已经无法回头了。

昨晚天气开始变差，位于不列颠岛上空的低压槽正在向东移动，给挪威海带来大风和降雨，海面上此刻正波涛汹涌。9 时 30 分，北战斗群司令部通知吕特晏斯，根据截获的英方电讯判断，英国皇家空军已经加强了东北战区的空中侦察。但是北战斗群司令部仍相信，英方的侦察重点目前还在挪威南部海域和斯卡拉斯格海峡一带。而结论就是，北战斗群司令部相信，这（些侦察行动）并不能对特遣舰队构成威胁。这道情报有相当一部分内容无疑是正确的，然而就其做出的判断而言，他们还缺少一些极其关键的内容。

编队航速24节，由"俾斯麦"号开道，特遣舰队一直向北开去。随着太阳升起，他们渐渐地远离了受低压槽影响的海域，进入到更北方的高纬度海域。虽然风浪暂时止息，但是天气还是阴沉得很。在昏暗天幕的笼罩下，整个挪威海处于一种诡异的朦胧之中。然而，这正是吕特晏斯期望的天气。午间12时，特遣舰队折向西北方向，朝冰岛与格林兰之间海域驶去。

12时37分，由于观察哨看到了疑似潜望镜的物体，舰上响起了尖锐的对潜警报。舰队折向左舷，并开始走"之"字航线。然而，这是一起误报。大约半小时过后，因为没有发现任何异常情况，舰队在13时恢复了西北航向。吕特晏斯期待一场大雾，以掩护他穿越危险重重的北方战区，进入大西洋。天

■ "欧根亲王"号的正面特写，可以看到其安装在桅楼顶部的火控站和雷达天线。"俾斯麦"号和"欧根亲王"号都配备有雷达系统。

■ 航行在雾中的德国特遣舰队。由于能见度非常差，两舰一度被迫打开探照灯。（模拟照片，实际是1941年年初"俾斯麦"号和"欧根亲王"号编队训练的照片，笔者只是在图中加入了雾化效果）

气很给面子，他很快便如愿以偿了。

当晚 18 时起，天空重新飘起小雨，浓雾开始涌起。在一团又一团涌来的雾气中，能见度迅速下降，半个小时之内海域能见度已经降到了 400 米以下。湿寒的空气笼罩着"俾斯麦"号和"欧根亲王"号，为了能在大雾中维持编队并继续以 24 节速度航行，2 艘军舰都不时地打开各自的信号灯甚至是小型探照灯。在雾气特别重的时候，"俾斯麦"号甚至打开了后部大型探照灯，以引导"欧根亲王"号航行。

没有到过高纬度海域的人可能无法想象这种情景。寒雾笼罩着 2 艘船的上层建筑物，有些部分很快就开始结霜，在探照灯和昏暗日光的照耀下闪闪发光。阴冷的风从东南方向吹来，涌起一阵儿又一阵儿的浓雾，很快就将特遣舰队牢牢裹住。暂时不用担心皇家空军的空中侦察会发现"俾斯麦"号的踪迹。然而，舰队气象参谋海茵斯·艾格斯特布林克却并不乐观："我一再地建议吕特晏斯提高编队航速，跟着云层走。否则，当我们到达丹麦海峡的时候，一定会遇到我们不希望的好天气！"

然而，舰队司令显然没有采纳他的建议，整整一天，编队航速还是维持在 24 节上，渐渐地被云层甩在了后面。我们无从知道吕特晏斯的决策原因，但可以想到的是，燃料的问题必定是导致他无法采纳气象参谋建议的重要原因，而皇家海军那令人不安的寂静，也使他迫切希望能及早穿过被封锁的北方海域，杀入大西洋。德国海军的水油补给舰"魏森堡"号正在北方海域待命，就在特遣舰队更北方的海域里。但是，吕特晏斯放弃了和这艘油轮会合的计划[1]，而是执着地指挥舰队继续向西北开去。20 时，特遣舰队折向西北方航行。

皇家海军的动向依然是个大问题，这也是令特遣舰队的每个人神经紧绷的原因。23 时，特遣舰队连续接收到北战斗群发来的电讯。除了重复告知白天来电的内容，"突击行动尚未被敌方侦知"外，还发来了 22 日白天对斯卡帕湾空中侦察的结果：

5 月 22 日对斯卡帕湾所做的部分侦察，发现有战列舰 4 艘，另有 1 艘可

---

[1] 此时这艘载着 6000 吨燃料的油船正在挪威海的深处待命。

能是航空母舰。发现 6 艘轻巡洋舰以及数艘驱逐舰。

显然，德国指挥部方面认为，虽然行动最初阶段曾被英国方面侦知，但是就舰队北航这一行动本身而言，至今还是隐秘的。即便皇家海军有所警觉，然其主力目前还泊在斯卡帕湾内待命。这种判断就我们所知而言，固然大错特错，可依此为据做出的局势估算，无疑对德国方面极其有利。吕特晏斯和他的幕僚群不觉得有什么不对的地方，决心将行动继续下去。在这种判断，或者说是信念的趋势之下，象征德国海军水面舰队荣誉的"莱茵"作战将坚定地进行下去。

在 5 月，北半球高纬度地区的昼夜并不明显，太阳只是落入地平线一小会儿时间就再次升起。在 22 时左右，已经抵达北纬 68 度线，越过了北极圈，到达了这次作战中的最高纬度位置，距离格陵兰岛布鲁斯特角以东约 500 海里。随后，航向转向西偏南，航线直指丹麦海峡。

差不多在同一个时间，托维和他的舰队，从斯卡帕湾起航了，落后于霍兰德舰队约 26 小时的航程。此时此刻，"胡德"号和"威尔士亲王"号正穿过冰岛—法罗水道，向西航行……

5 月 23 日 0 时，不落的太阳照耀在海面上，阳光微弱无力地穿透笼罩于海面上的雾气，使人只能淡淡地看到一些光亮。海面上已偶尔能寻觅到冰山的踪迹，格陵兰岛就在正西面，反常的气候使这个时节从格陵兰岛延伸出来的冰层，一直深入海中达 200 余海里。在这片不见落日的北方海域，"俾斯麦"和它唯一的僚舰"欧根亲王"号，以 24 节速度向西南航行。他们的目标，直指丹麦海峡。这里，曾是 3 个多月前吕特晏斯和德国水面舰队成名的地方，德国海军象征着好运的通道。

满载着银色和金色的光辉，"俾斯麦"号与"欧根亲王"号驶入了这片白茫茫的寒雾中。

■ 丹麦海峡格陵兰岛一侧的景观，冰铸的山峦在阳光下闪着银光。

→ 在雾中 ←

皇家海军少将 W. E. 威克·华克（第一巡洋舰队司令），一整天以来都站在他的旗舰重巡洋舰"诺福克"号的舰桥里，坚守其岗位。5 月 22 日晚上发布的本土舰队旗舰"国王乔治五世"号的最新敌情通报，使这里的每个人都处于精神高度紧张之中。

气候有些反常，时值 5 月，北方海域仍有大片浮冰漂流而下。而那条至关重要的丹麦海峡，此刻也充斥着大大小小的冰山。平时宽达 200 海里的航道被延伸自格陵兰的冰层和位于冰岛一侧的雷区，缩小到只剩下不足 60 海里的宽度。

从 22 日晚上开始，从东面涌来的积雨云和大雾使海峡内的能见度变得非常低，这对监视任务很不利。但巡洋舰"萨福克"号最近完成了改装，舰桥上新安装了一部 271 型对海监视雷达，即使在低能见度的环境下，该舰仍能够顺利地完成对海监视任务。23 日午后，天气略有好转，从大西洋吹来的风暂时驱散了弥漫在海峡内的浓雾，丹麦海峡内部分海域的能见度提高到了 5 海里。

5 月 23 日 18 时，"俾斯麦"号正在进入丹麦海峡。

"原本天气预报说，下午能见度将会提高到 35 海里以上，但是因为不久之后突如其来的一场降雪，能见度骤降，我只能看到地平线上的那么一点儿，不超过 7 海里。在船的左舷，朝冰岛的方向，浓雾笼罩着无冰的海面。在船艏，朝格陵兰岛的方向，我们可以望见远处闪闪发光的清白色浮冰群。虽然朝向冰岛一侧的能见度很糟糕，但是格陵兰方向的大气层非常清澈，我们甚至可以远眺到格陵兰岛上高耸的冰川群。"迪克·威瑟比少尉这样叙述"俾斯麦"号刚进入丹麦海峡时的景象，那是 23 日 18 时 20 分，从格陵兰延伸入海的冰层在远端闪闪发光。

大约 1 分钟过后，舰队向左转过了 75 个罗经点，航向南偏西。浮冰和冰山已经是海上的常客，猩红的太阳渐渐西沉，这最后的燃烧在空阔的海面上格外壮丽，将格陵兰方向的冰川和冰层映衬得闪亮而辉煌，仿佛那里堆满的不是冰，而是水晶和白银。水兵们拥簇着纷纷挤上了甲板，观看这难得一见的美景。但是很快警报声响起，据说有"船"出现在"俾斯麦"号右舷方向。

几分钟以后，证实有异物出现，不过"船"已经变成了冰山。

19时，舰队进入丹麦海峡的最窄处，编队减速至17节。从格陵兰岛延伸过来的冰层和英国海军在冰岛一侧布下的水雷障，使这里可以通过的区域大约只有50海里——仅局限于靠近格陵兰冰层的那侧。即使是这片所谓的安全海域，也充斥着大大小小的冰山，使这段航线变得尤为险恶。当然，谁都明白，这里最危险的既不是冰山也不是水雷，而是皇家海军。在这一段水道航行，遭遇到皇家海军斥候舰的概率是最高的。

果不其然，坏征兆很快就出现了。19时15分，"俾斯麦"号的水下听音器列阵捕捉到了左舷位置的异常噪音。那绝非冰山撞击或者冰层破裂所能发出的声音，而是一种有规则的"轰轰"声，只能是人工制造的声响。5分钟以后，雷达操作员也报告说在左舷位置发现接触。

如果这两个警讯还不够引起警觉，那么两分钟后瞭望员的发现，终于使舰队拉响了战斗警报。一团灰色的阴影出现在雾中，这明显不是冰山，因为冰山不可能会有转向规避的功能。

"依照我们一直以来的训练，2分钟以内所有火炮就已经全部就位，但是开火命令一直没有下达。"一位瞭望员后来这么叙述当时的情景："我只能在雾的间隙里看到一些影子，我想应该是一艘舰艇或者舰艉对着我们的军舰。雾严重影响了观测，对枪炮长而言大概也一样吧。"德国人受到雾的影响，视

■ 重巡洋舰"萨福克"号，这艘船在1941年年初接受过改装，前舰桥顶部安装了279型对空搜索雷达，舰舰桥顶部配备了一台271型对海搜索雷达（圆筒状物），因此具备了全天候对海对空哨戒能力。

线不良，英国人的处境也一样。

"萨福克"号的雷达操作员约翰·肖恩·霍普金斯回忆起当时的情景："这一整天里天气都不好，雾一阵儿一阵儿的，瞭望员的工作很受干扰。不得已，多数时候只能靠我们来搜索海面……当时的雷达还很原始，可靠性不足，所以我们一直很紧张担心会有差错……17时20分左右，军舰正在朝东北方向航行，当雷达扫描到310度位置之后出现了一个很强的脉冲，我肯定那不是冰山。大约两分钟后，瞭望报告说在那个方向发现了一艘船。"

■ "俾斯麦"号的第一枪炮长施奈德少校。据说他可以只用手掌来进行测距，是舰艇识别和火控方面的专家。除了林德曼舰长之外，他是舰上最受尊敬的军官。然而，他在这次行动中犯过几个不大不小的错误。

有艘身份不明的船出现在"萨福克"号的10点钟方向，航向240度。很快，后面又"冒"出一艘来。毋庸置疑，这就是几天来英国方面苦苦捕捉的德国战列舰"俾斯麦"号和重巡洋舰"欧根亲王"号。

巡洋舰的使命不是消灭敌人，面对这个强大的敌人，以"萨福克"号的实力是不可能有所作为的。在遭遇并核实敌舰的身份后，"萨福克"号转向右舷，借助时而聚集的浓雾掩护，在海上绕了一个圈子，绕到德舰的右后方，以尾随方式追踪。与此同时，该舰将发现德国海军编队这一重要情况电告舰队旗舰"诺福克"号。

但是"俾斯麦"号没有对"萨福克"号发起攻击。

对敌舰的判断一度引起争议。是英国船无疑，这个可以肯定，但是一部分参谋认为这是皇家海军例行巡逻的辅助巡洋舰。但是，第一枪炮长施奈德少校却认定这是皇家海军的郡级重巡洋舰，因为他在雾的间隙透过测距仪看到了"3支烟囱的影子"。如果枪炮长的判断正确，那么这个消息真是坏透了。

"我舰遭到雷达追踪！"

雷达信号接收告警装置"Timor"是安装在"俾斯麦"号上的德国"最新

军事技术成果"之一，其用途便是过滤空气中的电磁波信号，判断战舰是否被追踪。虽然那时还很原始，但是其原理、效能与今日的同类设备倒也相似。19 时 25 分，也就是遭遇到英舰 10 分钟以后，"Timor"装置操作员的报告解决了军官之间短暂的意见分歧。

最先听到这句话的是位于前部火控中心的施奈德少校，"Timor"装置的操作员就在前射控中心。这个报告虽然证实了他的看法，但是其包含的意义令人沮丧。辅助巡洋舰上不可能安装昂贵的雷达系统，那么他们遭遇到的必定是皇家海军的重巡洋舰。辅助巡洋舰虽然名为"巡洋舰"，可实质上是改装自商船。这些船的航速很低，无法跟上特遣舰队，然而重巡洋舰却可以。持续接收到雷达信号这一现象，悲哀地向他们描述了"俾斯麦"号已经被英国巡洋舰追踪这一事实。

"一艘战列舰和一艘巡洋舰在本舰方位 20 度，距离 7 海里，航向 240 度。"

这是几分钟后，从"欧根亲王"号的电讯组传来的消息，他们截获并破译了这艘巡洋舰发出的电讯。通过英舰使用的呼号，可以判断出这是皇家海军的郡级重巡洋舰"萨福克"号。这个情报再次证实了最坏的判断。

短短的 20 分钟以内，局势在急剧恶化，很多先前最不希望发生的事情正在或者将要发生！然而，现在他们无能为力，目前除了上报德国海军北战斗群司令部以外，也没有别的应对措施。此刻海面上漂浮着流冰，巨大的冰山时隐时现，某些水域还有英国人布下的水雷。在这种水域被皇家海军的斥候舰追踪，实在是糟糕至极。

在舰长发出战斗警报之后很短的时间内，"俾斯麦"号与"欧根亲王"号上的火炮已经准备完毕。多数菜鸟水兵们的内心极度紧张，不过初次上阵的恐惧中还夹杂着某种奇怪的兴奋感。所有人都对自己脚下的战舰充满信心，他们已摩拳擦掌，在自己的战斗岗位上等待射击命令。然而，吕特晏斯并未发出攻击英舰的命令。

时间在一分一秒过去，舰上各部位却迟迟未接到开炮的命令。特遣舰队的航向仍旧是 240 度，他们必须尽快通过这段最危险的水域。然而，德国人很快就意识到，等待他们的并不止一艘敌舰。

华克少将目击到德国舰队是在当天的 20 时以后。大约 1 个小时前，当"萨福克"号接触到德舰的时候，"诺福克"号正在西南方约 40 海里处巡逻。接到僚舰的目击通报后，"诺福克"号转向东北方航行，在这个充斥着流冰和水雷的海峡内以 23 节速度迎着德舰位置冲去。20 时 30 分，在钻出一团浓雾之后，华克猛然发现"俾斯麦"号就在本舰左舷 11 点方向，距离尚不足 6 海里。他们的突然出现导致了德国人的强烈反应。

"敌舰出现在左舷前方，迎战！"这是林德曼的命令。一瞬间，凡是需要用眼睛观察船外情况的人都望向左舷。然而那里的雾非常浓，什么都看不见，只有白茫茫的一片。但……很突然，一艘三个烟囱的重巡洋舰从左舷近处的浓雾中钻了出来，离得如此之近，大概只有 5 海里多一些！

德国人感到震惊，英国人也一样。

"我们冲出迷雾的时候，'俾斯麦'号就像被阿拉丁神灯变出来似的突然现身了！"华克少将叙述道："如此之近，我们能凭肉眼看到它的炮管在上下摆动，活像是一只大甲虫的触须，令人毛骨悚然！"

"德国人显然也是突然发现我们。我认为他们当时也很紧张，所以立刻朝我们开火。距离非常近，炮口焰耀眼而明亮，几乎和旭日一样辉煌……令你有种赤裸裸的感觉。"

在 20 时 30 分雷达发现了异常，有了上一次的经验，林德曼不敢怠慢，立刻发出战斗警报。德国人早已做好了战斗准备。在目视辨认出英舰之后几秒钟内，"俾斯麦"号开炮了，生平第一次对着一艘真正的敌舰发挥它那恐怖的威力。

"如果有 15 英寸的炮弹在你身边落下，我想没有多少人还能泰然处之，尤其当你身在一艘根本不可能有效还击的船上时！当时舰桥内的所有人几乎都在祷告……在舱室内作业的水兵还算过得去，至少他们看不见那些 400 英尺的碧绿水柱从两舷蹿起。实在太近了，他们的射击又相当的准确，我们至少被夹中了 3 次！"华克少将的参谋长霍尔·乔普亚斯显然对此心有余悸："谢天谢地，没有被命中！"

重达 800 千克的穿甲弹在"诺福克"号周围落下，溅起近百米高的绿色水柱。溅起的海水被弹头上的荧光染色剂染成了碧绿色，映射着诡异的光芒。在这碧绿的水中，"诺福克"号施放烟雾徐徐转向。有少数弹片飞落到巡洋舰的上层建筑物和甲板上"乒乓"直响，砸开了几个大洞，所幸并没有一发炮弹是直接命中的。

当"诺福克"号再一次钻入雾气的帷幔时，德国人停止了射击。这次惊险的迫近和规避，使它成功地绕到了德国舰队的后方，顺利地和僚舰"萨福克"号会合。华克明白，他和他的舰队已经完成了这场战役中的第一部分任务——发现并追踪德国特遣舰队。这是重要的一步，关系到能否掌控整个战局的发展。"萨福克"发现敌舰的报告令海军部一片欢腾，现在英国人开始对未来充满希望。依照计划，强大的友军正从斯卡帕湾赶来，抄向"俾斯麦"号的前路。这两艘敌舰相比皇家海军曾经的对手，实在是算不上什么的。

在炮击英国巡洋舰的同时，一个令人沮丧的偶发事件使形势再度发生了一些变化。

在之前的航行中，因为寒冷和湿气，"俾斯麦"号主炮塔上结起一层冰壳。第一次主炮射击的时候，巨大的后坐力使这层冰壳碎裂并向后飞散。碎冰如子弹一般撞到了位于前舰桥上方的射击指挥仪。指挥仪本身有防破片装甲保护，安然无恙，然而安装在指挥仪上的雷达天线却没有那么坚固。前部雷达天线被毁意味着"俾斯麦"号失去了正前方向的雷达搜索能力，这对航行在充斥着碎冰和游荡冰山的丹麦海峡上的船而言，是相当危险的。更何况还有不知几时才能散去的大雾，以及天知道在什么时候会多少从雾中钻出的英国军舰……

无奈地咀嚼着自己的失算，别无选择的吕特晏斯只能下令变更队列。21时，雷达系统完好的"欧根亲王"号受命加速航行，变更为特遣舰队的先导舰。

5月19日，北战斗群曾借由隶属海军的Fw-200型远程侦察机搜索丹麦海峡，但并未发现任何异常。过于自信的主观臆断又令他们完全凭借逻辑，而不是触手可及的情报和线索，去做出所谓"自行动开始以后从未被皇家海军察觉"的错误判断。这一切，最后直接导致了这场发生在丹麦海峡上的狭路相逢。从"莱茵"行动开始以后就极力避免的状况竟然在开始阶段就发生了，皇家海军的那两艘巡洋舰，将在之后的航行中梦魇般如影随形。

21时30分，太阳正朝水天线落下。对于"俾斯麦"号和"欧根亲王"号上的人而言，23日的遭遇足以改变命运，将他们送入万劫不复之境。现在，从船艉方向的左侧望出去，视线掠过格陵兰冰原的时候，可以看见映衬在白色背景上的"萨福克"号——那艘最初目击到的英国军舰。而另一艘，位于船艉右侧的"诺福克"号，因为气候不佳会不时被浓雾遮挡。为了甩掉这两个讨厌的跟班，吕特晏斯曾一度下令让舰队提速至30节。可是很不幸，追踪他们的是两艘最大航速可达32节的郡级重巡洋舰，对于最大航速为30节的德国特遣舰队而言，是根本没法甩掉的。偶尔因为德舰的加速机动，两位"随从"会暂时被甩到地平线以下，却也总能看到他们位于水天线上的桅杆，要不了多久他们一定会赶上来的。

不愿意一直处于被动地位的吕特晏斯决定先发制人。借着突然而至的暴雨掩护，他下令"俾斯麦"号脱离编队，反转攻击英国巡洋舰。在驶入下一个云团之后，"俾斯麦"号迅速向右转180度折向东北方航行，所有火炮均准备完毕。舰队司令部的人试图在目击到英国巡洋舰的第一时间即发起攻击，摧毁或者至少驱逐英国巡洋舰。然而，英舰想必早已预料到这一切，等到德舰转向迎击时早已经远远驶开。

一无所获地向东北航行了大约20分钟以后，吕特晏斯下令"俾斯麦"号归队。他已经觉悟到，英国巡洋舰很可能安装有性能优良的新式雷达，足以在目视距离外侦测到他的舰队的一举一动。那么，他们现在也别无选择，唯有接受这个事实并尽快进入大西洋，开展其他事务。

对于"诺福克"号和"萨福克"号而言，任务只有一个：每时每刻，将德国舰队的情况报告给本土舰队方面，引导皇家海军的主力舰队杀来。报告德舰船位和航向的电文以每15分钟一份的频率发出。这些电讯的大半部分被德国人截获，经5分钟的破译时间后送抵吕特晏斯手中，就好似一道道催命符。

将近午夜时分，突然到来的暴风雪带给德国人一丝希望。能见度开始迅速恶化，到了两点的时候，只剩下1海里的能见度。强大的暴风掠过丹麦海峡，就连英国巡洋舰也被迫停止了发报。这真是天赐良机，借此机会吕特晏斯下令编队加速到28节，努力去抓住上帝赐给他们的这根"稻草"。高速航行持续了3个多小时之后雪停了，在北极海域几近不落的太阳映衬下，英国巡洋舰那预示着不祥的桅杆依旧耸立在船尾方向的水天线上。

此情此景令指挥舰桥里的所有人沉默不语。他们明白，或者说他们已经

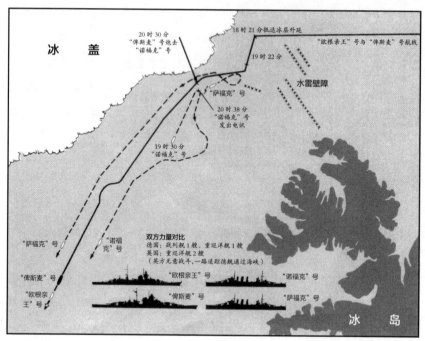

■ 丹麦海峡之战全过程示意图。5月24日晚间的丹麦海峡，德国特遣舰队遭遇皇家海军担负斥候任务之巡洋舰队的追踪。（制图：查攸吟）

认命了。无法甩掉英国斥候舰，也就意味着这些舰队的眼线将招来战列舰和航空母舰阻击他们。而英国巡洋舰装备的必定是全新的雷达系统，一种超越德国人认知以外的武器，可以扫掉自己面前的部分战场迷雾。到了24日4时左右，司令部内已经没什么人对甩掉跟踪舰还存有希望。现在值得担心的只有一点——皇家海军的主力舰会在什么时间、什么地点出现。等待死刑永远比接受死刑更难熬。

"如果你们不能保持这个速度的话，我就只好撇下你们单独前进。你们以自己力所能及的速度跟进。"

5月23日22时5分，在冰岛以南的狂风恶浪中，霍兰德中将无奈地通告随行的驱逐舰。而他必须乘坐着"胡德"号会同"威尔士亲王"号，以编队所能达到的最大速率全速前进。在丹麦海峡，华克少将的巡洋舰队正等待己方舰艇的接应，强大的德国特遣舰队需要有一支可靠的海上力量去加以拦截。

兰斯洛特·欧内斯特·霍兰德，皇家海军中将，皇家海军战列巡洋舰中队指挥官。和本土舰队司令托维一样，霍兰德也是 20 世纪出生的老水兵。但是相对于托维，他的资历要稍微浅一些。第一次世界大战的时候，他还在朴次茅斯鲸岛的海军炮术学校学习，直到 1919 年才取得海军中尉军衔。第二次世界大战爆发之后，他曾长期担任第七巡洋舰中队指挥官一职并转战地中海，指挥了斯帕蒂文托角战役。1941 年，这位老水手被委任为皇家海军战列巡洋舰中队指挥。

战列巡洋舰中队这个词汇，给人一种沉重的历史感。这曾是无畏舰时代最具象征性的国家海上力量标志，也是斯卡拉斯格海峡之战中付出过惨重代价的名词。为了速度和火力，牺牲了装甲。拥有战列舰和巡洋舰的速度，却只有巡洋舰的装甲。而霍兰德的座舰"胡德"号，就是一艘战列巡洋舰——最后的战列巡洋舰。

28 节，是这支舰队所能达到的最大航速，也是改装后的"胡德"号能维持的最快速度。这艘建造于第一次世界大战中的战列巡洋舰，在建造过程中吸取了日德兰之战的教训，完善了它的装甲系统，并在第一次世界大战以后躲过了限制海军军备协定的屠刀。1920 年，当它加入皇家海军现役的时候，成了那个时代世界上最大、最快的战舰。标准排水量 41200 吨，却能达到最

■ 劈波斩浪航行在恶劣海况下的"胡德"号，然而同行的轻型舰只却不具备在怒涛下如履平地的能耐。不得已霍兰德只能丢下为他们护航的驱逐舰，率领"威尔士亲王"号驱舰以身犯险。（模拟照片，实际拍摄时间为20世纪20年代）

高 31 节的速率，几乎和最好的巡洋舰一样快。当然，成为战列巡洋舰的另一个必备条件是配有强大的火炮，"胡德"号安装了和伊丽莎白女王级、R 级战列舰一样的 15 英寸火炮，这两个特征使它成为一艘傲视群雄的军舰。这艘优美而强大的战舰成了日益衰败的日不落帝国，以及曾经辉煌一时的皇家海军的最后一抹亮丽，也成了整个海军假日时代不列颠航行四海的重要外交工具。

但是"胡德"老了，经历过皇家海军哗变事件、漫长的和平年代、追击装甲舰"施佩伯爵"号和奥兰之战。一次又一次的现代化改装也没有使它年轻一些，它真的衰老了，就像现在乘坐它的海军中将一样，尽管看上去依旧威风凛凛。霍兰德中将是一个言语不多的人，同事对他的最多的评价就是"稳重"二字。然而此时此刻，他却感到一种难以抑制的兴奋：对于一个皇家海军将官而言，这一刻，战舰与战舰之间较量的战场，是他们梦寐以求的瓦尔哈拉。同样，对于日渐衰老的"胡德"号来说，也许这是它最后一次机会了……

5 月 24 日 2 时 15 分，甩开了 4 艘护航的驱逐舰全速向西航行的霍兰德舰队，正经过雷克雅内斯海岭。天气越来越恶劣，大片的积云笼罩着天空。大自然施展着它的力量，11 级风吹过水面，掀起阵阵波涛，巨大的"胡德"号和僚舰"威尔士亲王"号开始在风浪中摇摆。德国人即将进入大西洋了，

■ 和日本的"长门"号、"陆奥"号战列舰一样，"胡德"号亦是那个时代英国民众心目中海军的象征。照片摄于 20 世纪 30 年代，"胡德"号每次在公众场合露脸，都会引来英国民众的围观。

他们得赶紧……

航速 28 节，航向 220 度。5 月 24 日清晨，大西洋已在德国舰队面前展开。

太阳渐渐地升高。这里距离北极圈很远了，已经不再是挂在地平线上方那个不落的光球。凌晨开始肆虐的暴风雪完全停止了，天空一片湛蓝，海面上波澜不惊。冰岛被远远甩在了后面，从右舷望出去，再也望不见格陵兰的壮丽冰川。他们正在进入广阔的大西洋。

彻夜未眠难免令人疲倦，林德曼却没有丝毫睡意。他走出舰桥，深深地吸了一口气。这是一个风和日丽、海波不兴的日子，似乎一切都很平静。但是传令兵听到他们舰长轻轻地说道："是要开始了吧……"

⟶ 再见，"胡德"，再见…… ⟵

凌晨的海面上，空气里渗透着寒意，到处都是一层淡淡的昼光，仿佛一提就成齑粉似的，却将永恒的孤独赋予了水、天和人。

5 时 15 分，"欧根亲王"号的水听器探测到来自左舷东南方向的噪音源。吕特晏斯命令瞭望哨注意观察噪音方向的水天线：那里风平浪静，一切和平常没有什么不同，安详得甚至有些诡异。在水中，声音传播的速度每秒可达 1384.7 米，传递的距离亦非在空气中可比拟的。噪音来源此刻还在水天线下。这，会是什么呢？

瞭望哨需要到 22 分钟之后才能发现异常。

5 时 37 分，出现在东南方的一缕烟柱证实了水听器的判断，观测员估计目标距离本舰位置约 19 海里。吕特晏斯没能从德国海军最高指挥部和北战斗群司令部方面，获得任何有关英国海军舰队部署及调动的可靠情报，所以他和他的幕僚只能按照常理来推测"欧根亲王"号探测到的舰只或舰队情况。

"由于距离还很远，而且敌舰是正对我方冲来，因此无法从外形上辨别其型号、甚至是船型。"舰队参谋们认为这是一艘巡洋舰，很可能是由"萨福克"号和"诺福克"号召唤来加强监视任务的僚舰。如果事实果真如此，那倒也无关痛痒，反正现在德国特遣舰队面临的处境已经够糟，多一艘也无大碍。

"第一枪炮长施奈德少校是舰上除了舰长外我最尊敬和信任的人！"这是水兵们一致的看法，而施奈德恰巧是坚信"开来的两艘英国军舰为巡洋舰"这一观点的人之一。不过，第二枪炮长赫尔穆特·阿布雷希少校并不同意这个判断。主副炮组的水兵们从射控电话内听到他们的争执，阿布雷希少校温和但坚定地提出质疑，他认为这艘敌舰是战列舰或者战列巡洋舰。

德国特遣舰队方面，虽然不能马上判断出敌舰的舰型，但是一个显著的事实是——这艘身份不明的英国船正不停地接近"俾斯麦"号和"欧根亲王"号。依照枪炮官的命令，两艘德国战舰的主炮被填入炮弹，阴森森地指着东南方向——英国军舰出现的位置。

如果施奈德的判断无误，那么新赶来的这艘英国"巡洋舰"尽管对德国

■ 5月24日，从"威尔士亲王"号上拍摄的"胡德"号，这是该舰在非烟花状态下的最后留影。

军舰来说算不上什么严重的威胁，但也确实增加了摆脱跟踪的难度。而吕特晏斯在行动开始前得到的指示是尽可能避免与英国军舰正面交战，除非是为了攻击向英国运输战争物资的商船队。因此，当发现从水天线上出现的英国军舰明显准备来阻截德国军舰时，吕特晏斯首先想到的就是避开它们。

在大半夜的全速航行之后，经过狂风恶浪的洗礼，霍兰德和他的舰队已经散开了。当太阳升起的时候，"胡德"号的身后只剩下"威尔士亲王"号，提供护航的 4 艘驱逐舰被抛在了 15 海里之外。

"胡德"号的瞭望哨在 5 时 37 分发现了德国舰队，几乎和德国人同一时间。当时，霍兰德分舰队正在以 28 节的航速沿着 240 度航向前进，而德国特遣舰队则取 220 度航向。两者的航向几乎平行，航线的夹角只有 20 度。在这种航向夹角下，两支舰队以每分钟 283 米的速度接近。如果双方保持目前的航向和航速，就意味着英国分舰队将在 15 分钟之后（大约 5 时 52 分）进入主炮有效射程。届时由于英国人的位置比德国人略微超前，它们可以及时将侧舷对准德舰，发挥火力上的绝对优势，使结果向有利于自己的一方倾斜。

随即，霍兰德中将命令自己的军舰向右舷转 40 度，航向调整到 280 度。这一举动使双方舰队更快速地接近，并将在几分钟后把"俾斯麦"号设于英国军舰的有效射程之内。届时，德国军舰将位于英国人 50 度~55 度的方位，这可以让"胡德"号和"威尔士亲王"号战列舰的尾炮塔也发挥火力。

然而几分钟后，英国舰队司令霍兰德意识到两支舰队的航向夹角仍旧不足，并且德国舰队正保持 28 节高速航行，和己方的速度一致。如果过早转向发挥侧射火力，那么将无法避免地失去拦截德舰的机会。权衡之后，他决定谨慎行事，唯有保持目前的航向继续接近，才能在进入交火距离后处于德舰靠前的拦截位置。因此他没有采取任何措施，而是维持着目前的状态。也许这会导致一段时间内处于德舰的侧射火力覆盖之下，己方却只能采用前主炮还击，但是必须要在"成功拦截"和"确保战术优势"之间做出更有利的选择。保持目前的航向，英国人便会处于阻截德国舰队的位置上，只不过要花更长的时间。双方航向夹角为 20 度，接近速度为每分钟 213 米，这意味着在 10 分钟内，德国舰队将会进入"胡德"号 15 英寸主炮 23000 米的有效射程之内。

大约在 5 时 43 分，德舰瞭望哨报告说发现了另外一个烟柱，位置在左舷前方大约 20 度，位于最初发现的那艘英国军舰略靠后的位置。现在吕特晏斯不得不接受这样一个现实，"俾斯麦"号遭遇到的不是 1 艘敌舰，而是 1 支舰队。太阳渐渐升高，照亮了东南方的水天线，东南方向出现的皇家海军的形象已经越来越清晰。对于德国人来说，从东南方开来的到底是什么已经不是一个难以回答的问题了。

"我可以确认，殿后的那艘属于国王乔治五世级。如果我没有认错的话，先导舰应该就是'胡德'！"在"欧根亲王"号上，机械师弗雷德里希·艾森伯特是一个酷爱军舰的发烧友，他对当时各国战舰的认识程度甚至超过了部分坐办公室的海军专家。然而，现在对于自己的真知灼见他显不出半分的得意："上帝啊，希望我是错的！"

大约 5 时 49 分，也就是发现"俾斯麦"号和"欧根亲王"号的 12 分钟之后，双方距离接近到 24000 米，霍兰德下令："准备战斗。"他明白，经过改装，"胡德"号主炮拥有极大的仰角，射程上甚至要比德国人的火炮更远一些。所以他打算尽快接近到攻击范围之内，发扬这一优势。因此，霍兰德中将这时命令他的舰队向右舷转 20 度，转到 300 度航向，正对着敌人冲过去。

■ 最终状态的"胡德"号，我们可以看到安装在前桅楼顶部的284型火控雷达。皇家海军原计划在1941年年末对其进行第四次大改装，将舰桥重建成类似国王乔治五世级那样的箱式结构并更换全新的动力装置。

到目前为止，德国人仍然无法准确识别英国人的军舰。基于敌舰所采取的行动和态势，以及对其航速上的错误判断，使一些人认为对手很有可能是英国的老式战列舰，那么凭借"俾斯麦"号和"欧根亲王"号的速度很容易摆脱掉它们。一些军官甚至还坚信那不过是两艘赶来增援的英国巡洋舰，只是为了协助从头一天晚上就跟踪自己的那两艘巡洋舰。然而，这个梦随着时间慢慢地蒸发了，英国军舰越来越靠近，很明显不会有哪艘不知死活的巡洋舰会这么靠近一艘战列舰。如果"欧根亲王"号的舰长布林克曼上校早知道对手是"胡德"号和"威尔士亲王"号，他也许早就掉头逃跑了，因为德国海军条令明确禁止巡洋舰与敌人主力舰交战。

英国人方面同样也比较困惑，因为"俾斯麦"号和"欧根亲王"号的轮廓太相似了，英国人只好假定前面的那艘就是"俾斯麦"号，霍兰德向"威尔士亲王"号下令：

"准备开火，目标左侧敌舰。"

"开始战斗！"

5 时 52 分，当双方距离接近到 23000 米时，霍兰德中将发出了"开火"的命令。刹那间，"胡德"号前主炮组迸发出仿佛太阳一般耀眼的光芒，即使远隔 13 海里，依旧使德国军舰上的水兵震惊不已。

在旗舰开火后，"威尔士亲王"号也跟着开火，但是火力指向编队后侧的"俾斯麦"号。

在 40 余秒内，15 英寸口径的炮弹征服了 13 海里的距离，向着先导的"欧根亲王"号砸落下来。不用怀疑战列舰的主炮能对巡洋舰造成什么样的破坏，在炮弹飞行的短短半分多钟内，许多年轻的德国水兵心中浮现起船毁人亡的可怕幻想。但是这种恐怖的景象仅仅存在于脑海里，因为对舰型的误判造成了测距失误，这些炮弹落在了距离"欧根亲王"号至少 200 米的水中。百米高的水柱冲天而起，德舰却毫发未损。

就在"胡德"号向着他们认为的"俾斯麦"号开火时，"威尔士亲王"号却准确地判断出后面那艘德舰才是"俾斯麦"号。舰长李奇上校决定不理睬霍兰德将军发来的错误命令，朝真正的目标展开射击。李奇希望"胡德"号上的炮手能够及时发现自己的错误，并把火力转移到正确的目标上。"胡德"号的第一次齐射在"欧根亲王"号的周围激起了巨大的水柱。几秒钟后，"威尔士亲王"号的炮弹也在"俾斯麦"号的周围造成了同样的效果。

在第一轮齐射之后，英国军舰上的炮手都在等待有关弹着点的报告。经过适当修正，"威尔士亲王"号上的炮手又对"俾斯麦"号进行了第二次齐射。然而"胡德"号的炮手仍然没发现他们正在和错误的对手交战，仍然朝"欧根亲王"号施展炮火。霍兰德期望在德舰回击之前给它造成尽可能多的损害，可他却不知道，向"欧根亲王"号开火的这一错误行为，使"俾斯麦"号逃过了最初被"胡德"号 15 英寸主炮重创甚至摧毁的可能。

■ 船都没认准，又怎么可能打中？图为从"欧根亲王"号上拍摄的"胡德"号炮弹溅落的照片。

"天哪，他们开火了！"在"俾斯麦"号的舰桥内一个年轻的传令兵被英国战舰开火时的景象所震慑。东南方向的水天线上爆发出数道光芒，有那么一瞬间甚至比太阳更璀璨夺目。

"冷静！让我们看看会落到哪里！"吕特晏斯并不打算责备这个年轻人，如果是己方战列舰发动射击，其景象可以被形容为壮观。但假使炮火目标是自己，任何新手都是会惊慌失措的。

光有着无可比拟的速度优势，在英国人开炮的一瞬间就能看到。40秒之后，巨大的炮弹落在了靠前的"欧根亲王"号周围，溅起冲天的水柱。它们的速度比声音还快一倍，以至于当水柱落下的时候，人们才有机会听到炮弹划破天际时可怕的轰鸣声，以及15英寸主炮射击时雷霆一般的响声。

炮弹在领航的"欧根亲王"号四周落下，没有命中也不可能命中。但溅起的高大水柱也彻底消除了德国人对英舰舰种的怀疑，因为只有战列舰的重炮才会有如此大的威力。面对这一景象吕特晏斯终于明白一场真正的战斗已经爆发，他和他的舰队已不可能回避。不过，由于角度的关系，德方仍很难认清英舰的识别特征，从而也就无法进一步对目前的态势做出准确判断。随着时间的流逝，距离很快缩短到22000米，英国军舰现在位于"俾斯麦"号左舷舰尾35度，正好在前主炮方向射界的尽头。

这并不是一个很好的方位，但是如果善加利用目前的局面，未必不能占据战术优势。因此吕特晏斯下令舰队左舵65度，转向200度航向。

5时53分，"欧根亲王"号率先完成了这一机动，"俾斯麦"号在1分钟之后也跟着完成，仍然保持跟随僚舰"欧根亲王"的态势。吕特晏斯命令各舰在转弯完成后尽快向敌人射击，两舰独立计算射击诸元。

这一转向使德舰队和英舰队的航向形成了100度的夹角，最直接的效果就是两支编队的接近速度提高到了每分钟900米。交火后的第四分钟，双方距离接近到18000米，再过5分钟距离将进一步缩短到14000米，德舰刚好处于英舰的"T字头"横杠位置上。德舰能以前后部主炮同时向英舰开火，而英舰只能使用前主炮射击，由此英舰的火力优势被德国舰队更为有利的战术位置所抵消。不过差距也不明显，吕特晏斯只是暂时挽回了劣势，对于英国人的2艘主力舰，他的舰队没有任何优势可言。"威尔士亲王"号的主炮一直存在各种各样的机械问题。艉部炮塔在战斗开始前便因提弹装置故障卡死无法旋转，艏部四联装主炮中的1门火炮又因机械问题无法射击，因此它只能使用5门主炮参加这场战斗。理论上"胡德"号加"威尔士亲王"号的火力，即便只用一半的主炮射击，仍然可以与"俾斯麦"号的8门380毫米主炮相抗衡，并且在主炮数量上略占优势。当然，忽略掉重巡洋舰"欧根亲王"号这一想法并不明智，它很快便会证明自己存在的价值。

就在完成转向的同时，"欧根亲王"号率先用它的8门8英寸主炮开火，迅速向位于英舰队列前端的"胡德"号发挥火力，1分钟内主炮便进行了4次齐射。"欧根亲王"号的8英寸主炮射速高达每秒914米，射程可以达到21000米。40秒后会进行弹着观察，然后依照结果做出必要的弹道修正。

"俾斯麦"号上的火炮观测员看到"胡德"号艏部火光一闪，接下来断断续续发生很多小规模的爆炸。原来有发8英寸炮弹命中了"胡德"号，弹着点恰好是右舷艏部甲板上的一个高炮弹药箱，存放在其中的4英寸高射炮炮弹顷刻间被引爆，在甲板上"噼里啪啦"响成一片。这一击给"胡德"号带来的直接损害很轻微，但是后果却非常严重。此时此刻，晨雾尚未散去，水天线上笼罩的雾气会在相当程度上干扰光学测距仪的效能，对英德双方亦然。现在不断发生的小爆炸却等于给"胡德"号安上了一盏航标信号灯，由此引发的恶果要稍微等一会儿才能显现出来。

在这一段时间的炮击中，"胡德"号毫无斩获，而"威尔士亲王"号在第二次齐射时可能有一次命中，却似乎没有什么实质效果。"胡德"号依旧不知道它是在和一个错误的敌人进行战斗，两舰分散火力的行为在很大程度上降低了战斗一开始就命中敌舰的可能。

只有置身事外的人才能好整以暇地叙述这些景象，15英寸的大炮在互相射击，命中、没有命中、轻微的损伤、升起的水柱等等。即便是身经百战的人在目睹自己的战舰被炮火覆盖，看到一个又一个五颜六色的水柱（为了辨别弹着点，往往同一支舰队里，不同的战舰会在弹头内填充不同的燃料以便观测）从军舰四周升起时，他也会感到触目惊心。

还击的命令还没下来，罗经舰桥里的林德曼却已经忍无可忍了。他不知道吕特晏斯打算等到什么时候。"我决不能容许你们（英国人）毁掉我的船！"舰桥里的人听到一向和蔼的舰长用咬牙切齿地方式说出这句话。然后，他发出命令："开始还击！"

霍兰德中将感受到了危险的存在。5时55分，正在进行65度左舵的那艘德国战舰，即将对他的舰队形成"T字头"位置。但是他决心进一步接近德国舰队，他命令编队左舵20度回到刚才的280度航线上，高速向着敌舰驶去，以求进一步拉近双方的距离。就在英舰忠实地执行这一命令的同时，来自"欧根亲王"号的炮弹再次命中了"胡德"号。英国人无暇了解损伤情况，因为在这个时候，"俾斯麦"号终于开火了！

战列舰"威尔士亲王"号的一位观测员这样叙述那幕景象："旗舰发来信号要求朝领航舰射击，但是舰长下令忽视旗舰的信号，要求我们向殿后的敌舰射击。可是很奇怪，那艘船一直没有还击，好像在等待某一个时机。然后，在毫无征兆的情况下，我看到后面那艘德舰的前甲板像是'爆发'了一样，显然它开始还击了！"

依照射击条令，"俾斯麦"号前部Anton（安东）、Bruno（布鲁诺）2个主炮塔的4门主炮，以13度仰角对20000米外的"胡德"号进行了一次侧舷"半齐射"（Half-salvo）。重 800 千克的炮弹以每秒 820 米的初速飞离炮膛。32 秒后，测距仪物镜内"胡德"号的形象，被溅起的水幕遮蔽。

首轮齐射全部失误，这是理所当然的。枪炮长针根据观测到的弹着点做了相应的调整，约 30 秒后，"俾斯麦"号又以尾部的 Caesar（凯撒）、Dora（多拉）主炮塔进行了第二轮"半齐射"。正被"俾斯麦"号慢慢打"试射"的"胡德"号，此时已经被"欧根亲王"号的 8 英寸主炮命中了两次。由于两艘德舰的外形差别实在不怎么大，所以英国人依旧在向这个错误的目标倾泻火力。这个误断随着"俾斯麦"号的齐射而结束。完全不是一个级别的溅落效果让英国人终于醒过味来，他们觉悟到先前在向一个错误的目标进行射击。与此同时，来自"威尔士亲王"号的信号也明白无误地指示了位于殿后的那艘军舰才是真正目标。

感到郁闷的不会只有英国人。随着和英舰的距离越来越近，那两艘至今仍令德国人心存侥幸的战舰，渐渐地表露出一些不会被误判的特征。在阳光照耀下，先导舰露出了位于船艉的两个炮塔，以及它长艏楼、飞剪艏的构造特征……

"'胡德'！看，那是'胡德'号！"艉部火控中心内，人们听到射控电话中有个声音失态地叫道，有人认出这是阿布雷希少校的声音。接着，尾随在"胡德"之后的战舰，展示出了方箱形的舰桥和四联装的前主炮……

■ 珍贵的历史照片，"俾斯麦"号开始炮击，目标——敌旗舰"胡德"号！照片由航行在舰队前方的"欧根亲王"号拍摄。

尽管，十几分钟前，"欧根亲王"号上的那位机械师已经先知先觉地做出了当时谁都没有注意到的结论。对于吕特晏斯来说，这个事实是可怕的，他做梦也没料到竟然会在这里遭遇英国皇家舰队序列中最强大的两艘战舰，但是目前的局势不允许他有任何犹豫。

现在需要当机立断！吕特晏斯立即命令"欧根亲王"号将炮火转移到位于英国舰队后方的"国王乔治五世"号战列舰（德国人认错了嘛！）上去，以牵制其行动，"俾斯麦"号则继续轰击战列巡洋舰"胡德"号。1分钟以后，他进一步命令"欧根亲王"号降低航速使两舰位置更接近，并转移到"俾斯麦"号的右舷。此举的目的在于防备英国巡洋舰"诺福克"号可能发起的突袭，因为自炮战开始后，这艘巡洋舰就一直在德舰右后方约20海里的位置旁观着，像一颗不知什么时候会爆发的炸弹。此时此刻，他终于认识到自昨日以来和英舰的一系列遭遇都并非偶然，"莱茵"行动必定是在最初阶段便被敌人所察觉。

霍兰德舰队的排炮打到这个时候为止都没有起到什么效果，唯一的一次命中是由"威尔士亲王"号获得的，时间是在5时53分至54分之间。由于仅用船艏主炮齐射要比从侧舷方向进行的全部主炮齐射命中率低很多，因此霍兰德决定转向对敌。虽然转向后会造成一定时间内的射击命中率骤降，但霍兰德还是决定冒一下险。5时59分，他向舰队下令"左舵20"，将航向改变为260度，从而使英舰队和德舰队航向间的夹角缩小为40度，以便让船艉的主炮也能投入到战斗中。

"俾斯麦"号也同样没有击中"胡德"号，它才进行了两次试射，还处于找准头的阶段。"胡德"号航向的微小变化没能逃脱施奈德的眼睛。他调整了一下测距仪，在针对英舰新的航向和角度改变了射击参数后，"俾斯麦"号进行了第三次试射，前部主炮群再次齐射。

大约30秒后，观察到炮弹溅落在英舰四周时所激起的水柱——依旧失误，好在已对目标形成了跨射。通过测距仪的镜头，可以清楚地看到4条水柱将"胡德"号夹在了中间。所有的数据都已经准确地测出，转向中的"胡德"号命中率骤降，几乎可被视为一个死靶。现在，可以进行"齐射"（Full-Salvo）了。有人察觉到"俾斯麦"号的枪炮长施奈德少校的嘴角浮现出一丝冷笑，和猎人捕获猎物时的表情差不多。

借助不时爆发的高射弹药光芒和性能卓越的蔡司测距仪，现在他已经准确地测出和敌舰"胡德"号之间的距离。施奈德带着习惯性的冷笑，报出了最后的修正数据。信号员依据这组数字利索地拨动着数据盘上的旋钮，通过面板人们可以看到一连串与主炮塔内指示器同步的仪表指针不停地摇摆，最后静止下来，指向一组数据……

"主炮齐速射（Full Salvo Good Rapid）"施奈德下令。几秒钟后，"俾斯麦"号以全部8门主炮对"胡德"号进行了第四次射击。观测员清楚地看见升腾起的水柱裹住了"胡德"号，却未能命中，这多少有些令人沮丧。但是，决定双方命运的时刻马上就要来了……

6时，跟随着"胡德"号的"威尔士亲王"号完成了转向。舰长李奇上校叉着手站在战斗舰桥上。让他的船这么快上阵，实在是有些勉为其难。"威尔士亲王"号服役至今才3个星期，而且是在战时急需的情况下仓促入役。舰上的设备虽然都被赶工安装到位，但是大多没有进行最后调校，特别是主炮系统和雷达。两个复杂的四联装主炮塔更是故障不断，一直就没让维修人员清闲过。在战斗开始前，突发的故障导致尾炮塔被卡在中轴线上动弹不得，而前部四联装炮塔的一次操作失误也使其中1门14英寸主炮无法射击……从现在的情况看，"威尔士亲王"号无论怎么算都只能被当作半艘战列舰啊！

"即便是半艘战列舰，现在也必须让它上阵。我们没有别的选择！"李奇想起了托维上将的话。托维有首相来敲木鱼，而首相时刻被德国人敲着木鱼。

"是啊……我们别无选择……"一个传令兵听见舰长小声地嘟哝着。

在"胡德"号完成转向的同时，"俾斯麦"号进一步修正了弹道进行第5轮齐射。又是一次跨射，而且明显观测到命中。观测员看到"胡德"号后桅的前部爆出一团火光，"命中了！"兴奋的观测员还未来得及说点别的什么，之后发生的景象却迫使他生生地咽下了后面的感叹。对英国人来说，也一样。

哈尔军士叙述当时的景象，他是"威尔士亲王"号的防空炮手，在这场战斗中无所事事。他和一个炮位上的几名同僚聚在一处船舱内朝外张望：

"我看见一次爆炸，是炮弹爆炸的闪光。弹着点很明显，在'胡德'号后桅前方。那里不是致命部位，但是'胡德'号中弹后却有大团浓烟从后桅前方和船体后部喷了出来！我不能确定到底有多少地方在冒烟，总之很多，好像一座即将喷发的火山！我可以肯定'胡德'号的船体内发生过一系列较小规模的爆炸。大约 3 秒之后，胡德的后部船体才发生大的爆炸！"

他的某位战友补充道：

"一个炮塔飞上了天，可能是 X 炮塔，它被炸得飞起来数百米。我们看着它落到海里。爆炸时涌出了大股浓烟，烟把一切都遮住了，我们看不到'胡德'号，什么都看不到。"

航行于"胡德"号后方约 900 米的"威尔士亲王"号，在极近的距离上目睹了这次爆炸的全过程，有少数属于"胡德"号的碎片掉落到了它的甲板上，发出令所有人胆战心惊的"锵锵"声。曾被认为是世界上最强战舰的"胡德"号就这样消失了。

"威尔士亲王"号的舰长李奇是第一个从震惊中恢复过来的人，他赶忙命令操舵手"右满舵"，以规避"胡德"号的残骸。战列舰艰难地向右转去，

■ "胡德"号爆炸了！摄影师扣下快门许久之后才意识到自己拍下了多么可怕的一幕。那种恐怖，只有离得足够近才能切身感受到。

"胡德"号的命运

在很长一段时间里，"胡德"号（HMS Hood）象征着皇家海军无上的荣耀和威力。它以18世纪英国海军上将塞缪尔·胡德（Samuel Hood，1724～1816）的名字命名。同级原本计划建造4艘舰艇，全部以皇家海军历史上闻名的海军上将命名，故被统称为"海军上将级战列巡洋舰"。但是，由于预算和战况的缘故，后续的3艘均被裁撤。

该舰代表了当时海军技术的最高成就，长度超过260米，最宽31.7米，标准排水量41200吨。主机设计功率144000马力，而实际上超过150000马力，最大航速可以达到32节。和象征当时海上力量巅峰的另一个丰碑伊丽莎白女王级快速战列舰一样，"胡德"号安装有15英寸主炮。作为日德兰之战后完成的战舰，"胡德"号在建造过程中吸取了会战时得到的教训，装甲防护系统得到大幅度增强，特别加强了对主弹药库殉爆问题的防范。

作为1艘战列巡洋舰，"胡德"号的侧装甲最厚部位为12英寸，这差不多是同期战列舰级别的装甲带厚度。当然，作为追求高速的战列巡洋舰，庞大的动力系统占据了大量空间和可用吨位，在防护面积上，12英寸厚度的侧装甲覆盖有限。也是因为这个缘故，皇家海军一直对"胡德"号的防护措施不太满意。在"胡德"号服役的21年里历经了3次大规模改装，对装甲系统的改善一直是工作重点。

在1941年的时候，我们所知道的"胡德"号已经完成了它的第3次改装：为了适应来自空中越来越强的威胁，艏楼甲板的尾部安装上了7座4英寸双联装高射炮塔，并打通甲板，在船体内设置了4英寸高射炮弹药库。然而，这次改装却为它埋下了日后爆沉的祸根。

1941年5月24日6时，德国战列舰"俾斯麦"号朝着象征皇家海军无上荣耀的"胡德"号发出了第5次齐射。转向中的"胡德"后部中弹，中弹位置为主桅前方。380毫米炮弹沿着没有防护的通道和甲板射入船体内部，然后爆炸。

很不幸，爆炸摧毁了一块并不厚的装甲隔壁，引爆了之后的4英寸高炮弹药库——改装后出现在船体内的几个新设施之一。储存在其中的约1000发4英寸高射炮弹于几秒内先后殉爆。冲击波在船体内扩散，沿着各种管线孔隙冲出船体（这就是爆炸前目击到大量烟雾涌出船体的原

> 因）。与此同时，向船艉扩散的爆炸波及了 X 炮塔弹药库——而我们所知道的是，朝向船体内的那一面是不会安装装甲的。即使有也无法抵挡在船体内部狭窄通道中涌动的能量。于是，存放在此的 300 吨主炮发射药顷刻间被引爆。
>
> "胡德"号的船体，从 X 炮塔位置撕开，并在极短的时间内沉没。没有 1 艘战列舰可以在主弹药库爆炸时幸免。在之后的搜救中，仅找到 3 名幸存者。

避开了即将沉没的残骸，却被迫暂时驶入因"胡德"号爆炸而形成的恐怖烟云中。舰上的水兵们没有时间去哀悼他们的战友，在这瞬息万变的战斗中，他们甚至没有多余的时间来感受那一份震惊。

德国人的反应与英国水兵非常相似。当烟柱冲天而起的时候，没有欢呼，也没有人想到庆祝，目击到这幕景象的人都像中了魔法一样，目瞪口呆、张口结舌。他们什么话都说不出来，甚至连思考的能力都被剥夺。一位在海图室担任航海军官助理的观测员这样描述他的所见所闻："当时我们扒着观察缝往外看……所看到的景象是最疯狂的想象力也无法构造出来的。虽然我们和它的距离约有 18000 公尺，可'胡德'号上的火球却近得似乎可以摸到，迫使我闭上眼睛，但是好奇心又令我每隔两三秒便睁开眼睛一次。我好像置身于飓风之中，身上的每根神经都可以感受到爆炸的压力。如果我可以许个愿，我希望我的孩子不会遇上这种事。"

但是，"俾斯麦"号和"欧根亲王"号上的大多数人并不清楚"胡德"

■ 从"欧根亲王"号上拍摄的照片，为"胡德"号爆炸 12 分钟以后的景象。此时海面上只剩下浓浓硝烟，而"威尔士亲王"号（左侧冒烟者）正在转向撤离。

号的惨状，甚至许多人都不怎么明白他们在与英国人的哪艘船战斗，只是一心一意地在自己的岗位上履行职责。舰部射控中心在这次战斗中被赋予的任务是监视航行在左后方的"诺福克"号。即使第三枪炮长好奇心旺盛，可多数时间里仍旧认真地通过测距仪监视着那艘英国巡洋舰，估算它的距离。有人在射控电话里听到了施奈德少校的声音："难道是哑弹？我确定我们命中它了……"随后，一阵儿嘈杂将所有声音都掩盖了下去，似乎有什么紧急情况发生了。

覆盖交战双方的空白持续了10余秒钟。舰长林德曼是第一个恢复过来的人，他掩饰不住快速涌上嘴角的笑意，抓起受话机以压抑着兴奋的声音向全舰通告："击沉皇家海军战列巡洋舰'胡德'号，我们击沉了'胡德'号！"他的话使处于空白中的人们恢复了思考能力，当逻辑开始重新运转，仔细琢磨着这番话和当前景象的含义之后，欢呼声像海水一样从甲板上、船舱中、炮塔内传开，一浪接一浪。曾是世界上最强大的战舰，现在被他们击毁了！昔日皇家海军的象征今天居然成了"俾斯麦"号的战绩。一直表现得非常自矜的吕特晏斯，也难以掩饰他的兴奋。这短短一瞬间，当前的局势发生了根本性逆转。"集中攻击'国王乔治五世'号！"他命令道。

6时2分，"威尔士亲王"号已经完成避让动作，回到了原先设定的260度航向上。硝烟稍稍散去时，舰上的人看到"胡德"号的残骸。它已经被可怕的爆炸撕成了两截，舰部的残骸即将沉没，船艏的残骸高高翘起正在快速下沉之中。许多人脱下了帽子，还有一些人在胸口划着十字。这里是瞬息万变的战场，他们若不想和"胡德"号的下场一样，恐怕是没有多少时间来长吁短叹的。李奇上校非常明白自己的处境。他的"威尔士亲王"号，这"别无选择"的半艘战舰，要是不小心应付现在的战斗，极有可能步"胡德"号的后尘。舰队司令已经随同旗舰沉没，现在他必须全权负责指挥这艘战舰进行战斗，继续这场艰难的战役。

"左舵60，航向200度！"李奇命令道。这一转向的目的是让"威尔士亲王"号和"俾斯麦"号保持平行航向。作为皇家海军新锐的"威尔士亲王"号，在设计之初就将防护性视为最高原则，它配备有厚达13.7英寸的侧装甲带，以重甲对敌将使它在即将袭来的攻击面前更为安全。而此时，"欧根亲王"

■ 在击沉了"胡德"号之后，"俾斯麦"号将火力转向"威尔士亲王"号。德舰多次齐射猛轰对手，明显是企图再添新功。

号和"俾斯麦"号已经开始将火力倾泻向"威尔士亲王"号。

也差不多这个时候，远在 21 海里外的英国重巡洋舰"诺福克"号目睹了"胡德"号的惨状后，试图助"威尔士亲王"号一臂之力。它奋力向"俾斯麦"号射击，但距离实在太远，远超出了它主炮的射程。"俾斯麦"号后射控中心里的人看到水柱在左后方大约 4 海里处腾起，仅此而已……

6 时 3 分，此时"胡德"号已经和它的舰队司令霍兰德中将一起消失了。海面上除了一些尚未散尽的硝烟和即将消失的旋涡，以及七零八落的轻质残骸以外，什么也没有留下。与此同时，"威尔士亲王"号完成了转向，并开始向"俾斯麦"号开火。就我们所知道的，转向能带来的只是侧装甲带对敌这一点好处，故障不断的火炮使它的 10 门主炮中只有半数可以应战。此时双方的距离已经接近到 14000 米，随着距离的接近炮火开始越来越准确。溅落的水柱越来越近。终于，那一击来了。

一发来自"俾斯麦"号的 380 毫米炮弹正中"威尔士亲王"号的指挥舰桥。

艾森·奈特上尉当时正手持蔡司望远镜，站在驾驶台上方的防空指挥所内向外张望："一阵儿轰鸣，我说不上来是什么声音，像是旋风猛扑过来，又像是一节高速驶来的火车。接着，听到有人说'运送担架！请让一让。'似乎四周都是尸体，血腥味扑鼻。这时，有人接近我问道'你还好么？'我朝声音的方向望过去，这时我才意识到自己什么都看不见。"

这是一发哑弹，并没有爆炸，从指挥塔的一侧射入，又从另一边窜出。但是巨大的动能和飞溅的碎片使其破坏范围内的人员非死即伤。位于指挥舰桥下的海图室和上方的防空指挥所也未能幸免，被搞得一片狼藉，人员死伤惨重。有人看到，海图室内连接上层指挥塔的通话管在不停地滴血。然而舰长李奇仿佛有神明庇护，居然毫发未损，只是被震晕了过去。

这一打击造成的实际破坏不算太大，却暂时瘫痪了"威尔士亲王"号的指挥中枢。片刻后恢复知觉的舰长和其他一些尚能坚持作战的舰桥人员，不得不转移到位于舰尾的备用指挥所内。就在这一段时间里，来自于"欧根亲王"号的8英寸炮弹击中了运作中的副炮指挥仪，这一击使几门5.25英寸副炮彻底瘫痪。

和"俾斯麦"号保持平行状态的"威尔士亲王"号，在这一段时间的交火中总共两次命中"俾斯麦"号，但是英方的观测员没有看到应该取得的效果。然而，"欧根亲王"号航行在"俾斯麦"号的后方，这个位置更容易受到"威尔士亲王"号的炮火打击，但是"威尔士亲王"号已经无暇顾及了。

6时4分，又一发来自"俾斯麦"号的380毫米炮弹击中了"威尔士亲王"号的右舷起重机，然后破坏了后部烟囱。这一击所产生的破片对上层建筑物、水上飞机、弹射装置、舰载联络艇，以及其他一些暴露在外的设备酿成了严重破坏。稍后一些，第四发炮弹落在了位于后部烟囱位置的水线上，这发炮弹并没有爆炸，穿过海水撞在船壳上之后就被弹走了，除导致了少许的进水和微量的燃料流失外，对航速和续航距离也造成一定的影响。至此，"威尔士

■ 对着转向中的"威尔士亲王"号进行最后一轮射击的"俾斯麦"号。

丹麦海峡之战损失报告：德国海军部分

由于"胡德"号错误地识别了目标并很快被击沉，因此"俾斯麦"号避免了最初阶段被其15英寸主炮击伤的可能。然而，在之后交火的几分钟内，火控系统尚未完成调试且火炮机械故障不断的"威尔士亲王"号，却命中了德舰3发14英寸炮弹。这次攻击造成的损伤，也成为最后"俾斯麦"号被击沉的重要原因。

第1发14英寸炮弹击中了船体舯部的小艇，然后爆炸。

其效果类似于击中"威尔士亲王"号后烟囱的那发380毫米炮弹。破片将安放在这里的交通艇轰成了筛子。其他舰上设备，包括起重机、蒸汽弹射器、滑轨等等都被炸得一塌糊涂。保存于机库内的Ar-196型水上飞机虽然完好，但是没有了弹射器和吊车，它们也就成了纯粹的摆设。

第2发14英寸炮弹命中了船体左舷舯部水下XIII肋至XIV肋部位。

炮弹穿透海水击中了主装甲带下方，不过没有打在320毫米厚的侧装甲上，而是命中了没有装甲保护的船壳。薄薄的船壳被炮弹一穿而过，射入船体左舷舯部的防雷舱内（被德国人称为"损害控制舱"，里面充斥着空气）。然后贯穿了防雷舱和水舱、油舱之间的隔壁，最后一头撞在了锅炉舱和水舱、油舱之间的装甲隔壁上。这层装甲隔壁安装有45毫米厚的装甲，这原本是鱼雷来袭时动力舱最后的一道防御，现在却被用来挡炮弹。总之，这枚14寸炮弹此时已经没有了继续穿透的动能，在撞上隔壁之后，气势已尽的炮弹落到了下面的油舱里，没能贯穿而过。这个破坏已经足够大了。由于水舱就设在油舱上方，斜射的弹道不巧落在了上2下2合计4个水油舱之间，于是乎2个水舱（提供锅炉用水）、2个油舱统统报废。然后，炮弹又猛撞上了"俾斯麦"号最后的防线——拥有45毫米装甲的装甲防水隔壁。当它如愿和锅炉舱外壁亲密接触的时候，弹着位置又刚好在左侧的4号机电舱和2号锅炉舱之间。虽然炮弹没有穿透装甲，甚至没能爆炸，但是撞击装甲隔壁造成的震荡已经将4号机电舱内的各种配电装置搞得一塌糊涂。同时还破坏了2号锅炉舱舱壁上的多数管线和设备，并形成一道龇牙咧嘴的恐怖裂缝。2号锅炉舱瞬间成了芬兰浴室，水油混合物横流，蒸汽弥漫，好不热闹。当然，当事人未必会觉得这有什么好玩的。喷射出的高温蒸汽也造成了舱内5名船员不同程度的烫伤，其中两人属大面积烫伤，伤势严重。油舱内泄漏的燃料在海面上形成了连续的油迹。在几个小时的抢修之后，德国人最终选择放弃，封闭了这个锅炉舱。这次命中使"俾斯麦"号失去了6个锅炉舱中的1个，损失了约400吨燃料。而且，由于主机输出功率的下降，使它的最高航速从30节降到了28节。

第3发14英寸炮弹命中了船艏XXI肋至XXII肋部位。

弹着位置为左舷船艏部水下，这里并非要害部位，但是德国设计师出于习惯仍然安装了一层60毫米厚的装甲。当炮弹命中左舷船艏水线处时，这种设计可以应付装甲战舰的穿甲弹引信因那层薄薄的60毫米装甲而触动的情况，在炮弹射入船艏左舷并向右穿过船艏内舱室后，炮弹会在即将射出右舷时轰然爆炸。

这一击破坏了船艏数个舱室的水密性，并在右舷处开了一个大窟窿。之后，大量的海水从破损处涌进船体。进水情况又因德舰不得不持续高速航行而愈加严重，陆陆续续进水超过了2000吨。

亲王"号已经被4发来自于"俾斯麦"号的380毫米炮弹、3发来自于"欧根亲王"号的8英寸炮弹接连命中。

尽管船体本身受到的损害并不严重，但是缺乏经验的水兵、存在故障的后部主炮，以及来自德舰的准确射击，都使英国人不可能对"俾斯麦"号的炮火进行有效的还击。这些问题注定了"威尔士亲王"号在这场战斗中的命运。

李奇明白"威尔士亲王"号正处于最糟糕的境地。虽然他们先前的射击的确使"俾斯麦"号受到了一定损伤，但是继续交火可能导致己方受到更严重的损伤甚至是失去战舰，而这一切未必能换取敌舰等同的损失。继续死斗只能换来单方面的屠杀，基于这种觉悟，李奇下达了撤退的命令。这对他来说是一个痛苦的选择，却也别无选择。李奇知道其他军舰正在前来阻击"俾斯麦"号的途中，因此他完全不必冒着再失去一艘皇家海军宝贵战舰的危险，去进行极有可能"血本无归"的战斗。

6时5分，他命令"威尔士亲王"号右转，航向转到150度。就在这时，船尾的发烟装置开始施放大量烟雾来加以掩护。同时，可以向后射击的副炮塔正继续朝"俾斯麦"号开火。

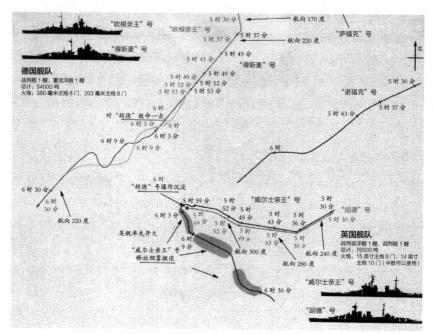

■ "俾斯麦"号甩掉跟踪舰队机动轨迹示意图。

　　烟雾的效果很快就显现出来了，不一会儿工夫"威尔士亲王"号上炮手的视线就被他们自己所制造的烟雾阻挡，只能朝着敌舰的大致方向还击。"俾斯麦"号也只能向着烟雾中"威尔士亲王"号所处的大致位置继续炮击。双方的炮火都失去了准头，在这种状况下，吕特晏斯已经不再期待有进一步的战果出现。

　　海面无风，所以烟雾障碍生效得很快。在6时9分的时候，烟雾已经将光学射控系统的效能降到了最低点。故，双方均不打算继续浪费他们的火力，先后停止了射击。

　　"俾斯麦"号的指挥官，林德曼上校希望可以尽快了结"国王乔治五世"号，而吕特晏斯却清醒地认识到继续追击"威尔士亲王"号与"避免和英国海军舰艇交火（船队护航舰只除外）"的相关命令背道而驰。他同时也担心追击只会使"俾斯麦"号和其他的皇家海军舰艇越来越近。潜藏的危险使他明白：拿他的船和全体船员性命来冒险是绝对不允许的。

　　简短地争议之后，德国特遣舰队维持原航向不变，继续往南偏东航向开去。

1941 年 5 月 24 日 6 时 10 分，二战中大西洋上最惊心动魄的一次炮战落下帷幕，在这短短 15 分钟的交火内，英国皇家海军失去了他们引以为傲的"胡德"号。5 分钟以后，巡洋舰"诺福克"号向英国海军总部发出电报："'胡德'号已经爆炸沉没。"救援中，仅发现 3 名生还者，其他的人则和霍兰德中将一起沉入了大西洋。"俾斯麦"号小小的运气为皇家海军敬上了一杯苦涩的酒，但也为自己预先书写下了壮丽的墓志铭……

⇥ 无止境的追击 ⇤

"击沉一艘战列巡洋舰，可能是'胡德'号。另两艘可能是'国王乔治五世'号和'声望'号的敌舰，受创后逃逸。被两艘重巡洋舰持续追踪。"

5 月 24 日 6 时 32 分，特遣舰队致电北战斗群指挥部。但格陵兰岛外海的大气状况极其糟糕，北战斗群此时根本无法收到电报，因此没有复电。吕特晏斯则下令不断发报补充相关细节：

在北纬 63 度 10 分，西经 32 度，击沉一艘战列巡洋舰。

丹麦海峡通航宽度只有 50 海里，设有雷障，追踪敌舰安装有新式雷达系统。我舰将前往圣纳泽尔港，将由"欧根亲王"号继续执行巡洋作战。

太阳正在上升，放射出在高纬度地区无法感受到的光和热。前一天晚上发现被敌舰追踪后的压抑随着"胡德"号的爆炸沉没已荡然无存，乐观和希望取代了消沉，好似被骄阳融化了坚冰。船上的气氛很活跃，水兵们开始对脚下的船信心百倍，有些人甚至真诚地相信戈培尔博士的那档子宣传——"这是艘永不沉没的战舰"。

击沉了伟大敌舰的激情在战斗结束之后的几个小时内，便逐渐从吕特晏斯和林德曼等人的心中消失。在北方的水天线上，"萨福克"号和"诺福克"号依然穷追不舍。曾被认为遭到"重创"后"退却"的"国王乔治五世"号，消失了几个小时之后，在 1 架"卡塔琳娜"水上飞机引导下，又从后边赶了上来。1941 年 5 月 24 日清晨，皇家海军遭受了开战以来最重大的损失，但是他们并未气馁，更不会因此放弃。

丹麦海峡之战损失报告：皇家海军部分（1）

在和"俾斯麦"号、"欧根亲王"号的战斗中，"威尔士亲王"号被命中7弹。其中4枚来自"俾斯麦"号的380毫米炮弹，剩下的3枚为"欧根亲王"号射来的203毫米炮弹。从前到后一共7弹，命中部位及造成的伤害如下：

来自战列舰"俾斯麦"号。

第1发380毫米炮弹，命中了水上飞机起重机之后的后烟囱。

该弹由40度~50度的角射来，命中右舷水上飞机起重机，接着引信被触动，在接近后烟囱后下部的空中发生了爆炸。爆炸后，在炸点下的甲板开了一个3英尺宽、5英尺长的洞，同时弹片飞溅出去在附近的甲板上开了许许多多大小不等的窟窿。

这发炮弹完全击毁了"威尔士亲王"号的右舷水上飞机起重机，在甲板上开了不少洞。对这一甲板上的其他设备，比如救生艇、缆索、通讯受话器等都造成了彻底的破坏。

第2发380毫米炮弹命中罗经舰桥。

该弹从右舷命中罗盘室，然后穿过整个罗盘室左舷飞了出去，并未爆炸。所以从效果上来说，这发炮弹对军舰本身的伤害就是在舰桥上开了两个大窟窿，顺便打通了一些舱室。但是，炮弹制造的舰桥碎片导致了严重的人员伤亡。除了舰长和一位幸运的传令兵，"威尔士亲王"号罗经舰桥内的人员全灭（整个舰岛只有指挥室安装了有装甲保护的司令塔，其他的舱室则没有装甲保护）。大量散落的舰桥破片还飞入后侧的284型雷达操控室，使里面的操作员非死即伤。

第3发380毫米炮弹命中271型雷达天线的正下方。

掠过的炮弹弄坏了天线的部分结构，但是轻质的天线构建不足以触动引信。炮弹就这样直接飞进了大海。这发炮弹效果等于零，271型雷达天线损坏轻微仍能使用。

第4发380毫米炮弹命中"威尔士亲王"号的舰体最下方。

该发炮弹在离船体28英尺的地方入水，然后命中"威尔士亲王"号舰体的最下部，击穿油舱、防雷隔舱，最后被48毫米防雷装甲挡住。该炮弹也未炸。

这发炮弹使"威尔士亲王"号泄漏了少量的燃油和锅炉用水。

"俾斯麦"号是德意志第三帝国海上力量的象征，它在一场战斗中摧毁了皇家海军的骄傲——伟大的"胡德"号。现在这艘船，以及其操作者、战斗的指挥者，吕特晏斯、林德曼等人，凭借这一功绩将在海军史上留下自己不可磨灭的印记。然而他们能得到的也不过是这些。

吕特晏斯清楚自己的地位。对于一支纵横三大洋 400 余年的舰队而言，丹麦海峡上的 15 分钟带给他们的只不过是一艘船的损失、一场战斗的失利。而这令普通人惊心动魄的 15 分钟，对这样一支舰队来说，都只是翻开即过的伟大历史中某一页的某个段落。相比起这支舰队 400 余年的辉煌历史，吕特晏斯本人和他小小的特遣舰队只是一群有些伎俩且穷凶极恶的流寇、一群流窜的"海盗"。

对皇家海军乃至整个不列颠来说，这是一个糟糕透顶的上午。收到电报的时候，托维和他的舰队正在横越冰岛海盆。"国王乔治五世"号、"反击"号和"胜利"号一整晚都在朝西偏北航向前行，目前他们位于格陵兰东南约 550 海里、冰岛以南 200 海里、德舰东南约 350 海里处。"胡德"号被击毁的消息令气氛极为凝重，托维默默无语，他看着海图暗自思忖。

从目前的局势看，似乎吕特晏斯能做出的选择不外乎就那么三个：一是，甩掉跟踪舰后，在格陵兰西岸或亚速尔群岛外和油轮会合，补充燃料后继续执行原定的通商破坏战。二是，假设德舰在和霍兰德舰队交火中受到损伤，那么在被德国占领的法国西海岸上找个地方维修船只。三是，以英雄一般的姿态直接返回德国本土。

出现这三种情况的概率大致相等，而托维决定针对其中最危险的一个可能展开行动。24 日清晨 7 时，"国王乔治五世"号和它的僚舰折向西南，向着格陵兰南端的法维尔角航行，舰队航向 210 度。一定不能让"俾斯麦"号执行通商破坏战。托维无法想象"俾斯麦"号甩掉了追兵，侵入大西洋商业航线之后的情景。

我们无须叙述"胡德"号被击毁的消息能在皇家海军内部引起什么反响。在这一天的上午，在英国海军部里，一群历来不怎么招托维喜欢的官僚，商讨并做出了一些决定，将对这场战役之后的发展方向起到至关重要的影响。

第一海军大臣达德利·庞德（Dudley Pound）上将得到这个消息是在 7 时

过后不久，他搁下了才吃一半的早餐匆匆赶往海军总部。在一般人眼中，庞德并不是一个意志坚定的人，稳重如霍兰德都免不了私底下抱怨他。托维更是直截了当地称呼他为"丘吉尔的应声虫"。但是，在那天早上，以他为首的"一些官僚们"，做出了一个很有勇气的决定。

在 5 月 24 日的时候，北大西洋上正航行着 10 支护航船队，分别运送着食品、工业物资，还有一支运兵船队正在由不列颠开往直布罗陀的途中。当天中午，这些船队发生了一些令人不安的变化。从派恩角以东到圣维森特角西面，正在或者即将穿越大西洋的商船队里，船员们看到一直以来带给他们莫大安全感的庞大战舰缓缓离开了他们的编队。

战列舰"拉米利斯"号（HMS Ramillies）离开 HX–127 船队向西北航行，航线指向格陵兰南端的法维尔角。战列舰"罗德尼"号（HMS Rodney）正护

■ 航空母舰"皇家方舟"号（上）和轻巡洋舰"谢菲尔德"号（下），两舰隶属萨默维尔爵士麾下的H舰队，在"胡德"号沉没后奉命北上截击德舰。

送着"不列颠尼亚"号邮轮（Britannia）航向美洲，但是当天 13 时，来自海军部的命令使这艘邮轮被迫离开编队，独自航向哈利法克斯。"罗德尼"号在 3 艘驱逐舰的护卫下转向西南方航行，它将前往纽芬兰海盆待命，准备拦截从北向南开来的"俾斯麦"号。在遥远的西班牙外海上，詹姆士·萨默维尔爵士（James Summerville）正坐镇战列巡洋舰"声望"号（HMS Renown）率领着他的 H 舰队，护卫着 HG 船队绕过圣维森特角。12 时 20 分的电报使他抛下船队，带领航空母舰"皇家方舟"号（HMS Ark Royal）与轻巡洋舰"谢菲尔德"号（HMS Sheffield）航向西北方。15 时，正在加拿大哈利法克斯港待命的战列舰"复仇"号（HMS Revenge）没有等待船队编组完毕，便匆匆起航东行而去。

护航战列舰的离去让商船队有了一种赤身裸体的感觉，失去了大型水面舰艇的护卫使它们在可能遇到的德国海上袭击舰面前，犹如一群待宰的羔羊。但要想重新阻击"俾斯麦"号，并尝试将其击沉，必须要对分散于整个北大西洋的皇家海军舰艇进行重新部署。

如果不能兜住"俾斯麦"号、如果新的部署再告失败……庞德觉得自己的脑袋隐隐作痛，他闭上了眼睛。要是他们再次失败，对于不列颠王国来说，也许就意味着末日。

在空前危机的感召之下，几个小时以内，整个大西洋上的航运发生了短暂的混乱，然后平静，恢复秩序。从皇家海军部的大型海图板上，我们可以看见数十个箭头在很短的时间里一齐切向了格陵兰南部——战列舰"俾斯麦"号的预计航线上。吕特晏斯和德国特遣舰队上的其他人看不到这一幕，我们也无从知晓他们若见到这番情景会有何感想。

将"俾斯麦"号驶入德国占领下的法国港口，是在战斗结束约两个小时后做出的决定。吕特晏斯明白，随着"胡德"号的爆炸，"俾斯麦"号将成为皇家海军如芒刺在背的存在。如果说在之前英国人打算击毁这艘船，那么现在皇家海军将会不惜一切代价与成本彻底毁灭"俾斯麦"号。吕特晏斯知道，在丹麦海峡的战斗中，"俾斯麦"号同样遭受了损伤，水兵们此刻正走遍全舰调查受损情况。他明白，现在手里握有充足的筹码，脚下的这艘船即便是回到港口仍旧能牵制住英国人的舰队，而已经取得的成绩本身也足以令人感到满意。而借着皇家海军的这一执着，被忽视的重巡洋舰"欧根亲王"号依然能完成原定的战术目的。他的"俾斯麦"号是一块香饵，将为这艘僚舰创造机会。

吕特晏斯选择的目的地是，位于法国西部布列塔尼半岛顶部的港口布勒斯特。当然在布勒斯特只是暂时系泊，进行必要的修理之后，"俾斯麦"号将转移到东南 150 海里外位于卢瓦河口的圣纳泽尔。那里有一个尺寸大到足以维修"俾斯麦"号的巨型船坞，这也是德国本土之外被占领土上仅有的一个可以修缮这艘船的船坞。

就在舰队参谋部就舰队司令的决定拟出各种修正案的时候，水兵们正走

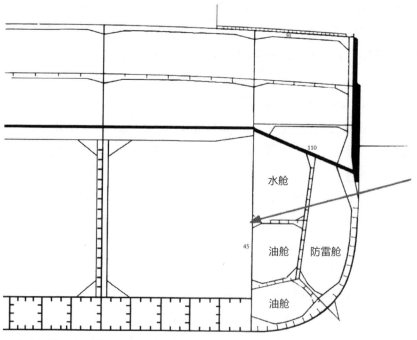

■ 炮弹穿过海面击穿"俾斯麦"号船体示意图。

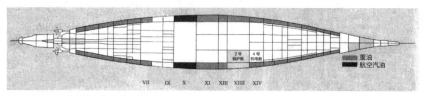

■ 丹麦海峡之战后德舰船体进水情况。

过一个又一个船舱，搜寻着甲板的每一寸角落，勘定丹麦海峡短暂交战中对军舰造成的损伤。战斗中，有 3 发 14 英寸炮弹击中了"俾斯麦"号，看上去似乎伤得不重……不过损管人员很快就发现，要找到损伤部位并不难，可要具体衡量受损的情况，却并不那么容易。

一发 14 英寸炮弹将船艏打了个对穿，数个舱室因为这发炮弹而丧失水密性，海水不断地朝里面灌。"俾斯麦"号持续的高速航行又加剧了进水，从而产生的巨大水压也使维修和堵漏工作无法展开。至战斗结束后两个小时，已经累计灌进海水 1500 吨。如果不及时采取措施，可能还会灌进更多的水。

大量进水将会导致严重后果，但相对艏部被炮弹造成的损伤，船艏的破损实在是可以忽略。有发 14 英寸炮弹打在船体艏部的主装甲带下边，穿透没有装甲的船壳之后飞过防雷舱，贯穿侧舷的水舱和油舱，最后砸在 2 号锅炉舱外 45 毫米厚的装甲隔墙上。炮弹没有爆炸，却损毁了飞行轴线所波及的 2 个锅炉给水舱和 2 个油舱。炮弹虽未穿透锅炉舱外装甲隔壁，但是巨大的冲击严重损毁了临近的 4 号机电舱内一些配电设备，并将 2 号锅炉舱内安装在隔壁一侧的管线和阀门统统搞坏。更为麻烦的是，这发炮弹破坏了 2 号锅炉舱的水密性。外侧被毁的水油舱里，液体从破损处喷涌进锅炉舱，混合着破裂管线喷射出的高温蒸汽，一时间好不热闹。由于左舷中弹部位的防雷舱破损，海水大量涌入这个设计用来吸收鱼雷爆炸能量的空舱之内。为了保持船体平衡，林德曼授权损害管制军官向对应一侧的防雷舱内注水。"俾斯麦"号渐渐恢复了平衡。

还有 1 发炮弹打在船体艏部的小艇上。爆炸后飞溅的碎片将那里的外露甲板设备全数毁坏，艏部停放的小艇不是被彻底击毁，便是被弹片穿成了漏勺。保存在机库内的水上飞机完好无损，但是弹射轨道和起重机的双双报废使舰载水上飞机沦为摆设。

就战斗损伤评判标准而言，"俾斯麦"号的受损情况并不算重。但是，若以执行的任务来做评判，"俾斯麦"号的损伤已经使其丧失了在"莱茵"行动中继续发挥作用的机会。由于在"莱茵"作战最初阶段安排的几次加油作业都因故取消，加上从丹麦海峡开始连续的高速航行，导致舰上燃料消耗非常迅速。艏部油舱遭受到的破坏及 400 吨燃油的流失，使本已日趋紧张的燃料愈发捉襟见肘。除了燃料问题，2号锅炉舱因破损引起的进水也无法抑制。持续的进水将在不久之后致使这个船舱作封闭处理，于是舱内的两台锅炉就此熄火。交战过后3个小时，随着越来越多的水涌入船体，"俾斯麦"号的船艏开始微微下沉。对于1艘满载排水量超过50000吨的战列舰而言，进2000吨水不算什么。然而，艏倾将会对舰上火炮系统的运作带来麻烦，抢修正在进行，能有多大的改善所有人心里都没底。目前能明确的只有一点——4号机电舱和左舷2号锅炉舱的损伤无法修复。失去2号锅炉舱内的两台锅炉意味着"俾斯麦"号丧失了主机六分之一的输出功率，现在最大航速只能维持在28节左右。当然，目前的处境下，舰长和舰队司令除非发了疯，否则是不会轻易下令让军舰全速航行的。也许，林德曼最痛心的还是两个油舱内的400吨燃料已经无法挽回了吧……

纵使损伤看上去必须入港修理，可舰队司令似乎并不打算放弃原定的作战计划，这是显而易见的。24日整天，舰上的水兵都在就未来的海上作战展开热烈讨论。尽管后头有英国的追兵，但是在他们看来，"胡德"号都能被轻易摧毁，这两艘巡洋舰和半艘战列舰目前能做的也只是尾随而已。反正，总有机会甩掉它们。

追击部队仍旧在不懈地追赶，可情况并不怎么好。水兵们的士气还勉强过得去，至少没有因为"胡德"号的凄惨下场而怯战。霍兰德中将已经随着"胡德"号沉入了大西洋，作为资深军官的华克少将接过了追击部队的指挥权。5月24日10时，他指挥着"萨福克"号、"诺福克"号、"威尔士亲王"号这3艘战舰，执着地追赶着德国人。

"威尔士亲王"号的状况令人担忧，在4个小时前的战斗中，它被直接命中了6次之多，半数是来自"俾斯麦"号的380毫米主炮。最严重的损害是命中罗经舰桥的那发380毫米炮弹造成的。虽然是发哑弹，但是巨大的动能夹杂着各种船体碎片在罗经室、284型雷达室、上部防空指挥站都造成了严重的人员伤亡，前部指挥设备也被弄得一塌糊涂。李奇命大，居然只受了一些擦伤，同他一起幸存的还有一位传令兵，就是之前听到舰长自言自语的那位，其他人员则全数阵亡。除了指挥舰桥的损失之外，一发炮弹打在"威尔士亲王"号舰体右舷的最下部，贯穿了位于此地的油舱和防雷隔舱，最后被防雷装甲壁挡住。好在这也是一发哑弹，仅导致微量的进水，泄漏了少量的燃油和锅炉用水。来自"欧根亲王"号的 203 毫米炮弹全部命中右舷艉部区域，并且射入船体内部，造成了部分人员伤亡。不过战列舰的装甲并不畏惧重巡洋舰的炮弹，有 1 发炮弹曾命中舵机位置，然而装甲经受住了考验，船舵安然无恙。

李奇正坐在位于舰艉的后备罗经舰桥内，只有他留下了一条命，其余舰桥人员算是"全灭"了，现在凭借海军程序临时补充的后备军官，仅仅勉强能操舰而已，一旦和"俾斯麦"号接战的话，这票人能否胜任就只有听天由命了。在损失了"胡德"号之后，追击舰队仍然占据着数量和吨位上的优势。原本"威尔士亲王"号就只能算作半艘战列舰，现在受了创伤，这"半艘"战舰又该怎么"打折"呢？一天以前，华克的巡洋舰队殷切期盼着友方主力舰队的到来，在清晨时分，皇家海军最有威力的战舰赶来了……然后，沉没……

华克和李奇都明白自己的处境，远在 300 余海里之外的托维更明白。

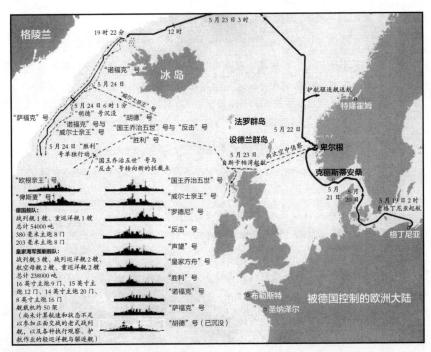

■ 5月24日15时双方态势图。（制图：查攸吟）

几个小时以来，由他亲自指挥的本土舰队主力一直试图以最高航速前进，战列巡洋舰"反击"号反而成了拖累，长时间高速航行使它疲惫不堪的主机

丹麦海峡之战损失报告：皇家海军部分（2）

来自重巡洋舰"欧根亲王"号。

第1发203毫米炮弹命中舰体甲板。

这发炮弹从右舷射入，从后烟囱之后的救生艇处进入舰体，穿过半个舰体后被水平装甲反弹。于是弹道向上穿过半个舰体，击中左舷的133毫米副炮底座。第二次反弹向下击中副炮下方的舱壁，并被弹入船体内。这发命运曲折的炮弹最后落入"威尔士亲王"号133毫米副炮的操作室内。假如这发炮弹在贯穿船体击中副炮底座的时候爆炸，那么极有可能会重创"威尔士亲王"号，但它毕竟没有爆炸。若是引信真的完好，那么在进入舰体时就应该爆炸了。从实际情况来说，这发炮弹虽然在"威尔士亲王"号的船舱内兜了足足一圈，但真正造成的破坏并不大，只是给许多舱室开了一个新的通风口。

第2发203毫米炮弹命中船体后方。

这发炮弹以小角度入水后，擦着威尔士亲王的主装甲带底部，命中无垂直装甲保护部分的船体，射入船内。在"威尔士亲王"号的艉部，从后主炮塔到舵机舱都有一层4英寸厚的水平装甲保护着长长的螺旋桨传动轴，所以这发炮弹未能击穿这层装甲。爆炸破坏了相邻的几个舱室，其余并未造成更严重的损害。

第3发203毫米炮弹命中"威尔士亲王"号船舵的正上方。

这发炮弹也是从水下命中的，由于在水中行程较长，所以在击中"威尔士亲王"号船舵正上方舰体时发生爆炸，在舰体上炸开了一个尺寸为21英尺×8英尺的大洞。部分飞散入舰体的弹片和碎片被保护舵机的4英寸装甲壁挡住，所以并未对舵机造成任何损害。

总结：

以上为丹麦海峡之战时德国特遣舰队击中"威尔士亲王"号战列舰的全部7发炮弹。需要指出的是，这7发命中弹并未有一发真正考验到"威尔士亲王"号上"装甲盒"的防御性能。所以我们无法从事实上验证到底是"俾斯麦"号的380毫米主炮"锐利"，还是"威尔士亲王"号的

391 毫米装甲"坚厚"。有关于矛和盾的争论还会继续，只能彼此见仁见智。基于丹麦海峡炮战之后，皇家海军的事后损伤报告概要，关于国王乔治五世级战列舰在战斗中的表现，他们做出了如下意见和总结：

1. 雷达室在主装甲防护体系外，容易受碎片损伤，必须加强装甲防护。

2. 高炮指挥仪极易被碎片损伤。

3. 木制品容易着火。

4. 必须保护好各种电缆以防止紧急情况时失控。

5. 动力区域划分不当，柴油发电机房、配电房等通风不良。

6. 各种灯具和轻部件不能防震。

7. 高速航行时船艏上浪极其严重，特别在以 27 节～28 节高速前进时，A 炮塔严重进水到不能正常使用，如果海况较差甚至炮口都会灌进海水。另外，炮塔的各转动部分也漏水。这些问题给炮手带来极度的不便，也直接导致了炮塔内各种机器的运转不良。

8. 设计为 110000 马力的主机，可以毫不困难的发挥 128000 ～ 134000 马力，但这时的燃料泵不能有效地供应油料。

难以承受这一重负，持续的故障使编队航速一再下降。5 月 24 日 14 时，"反击"号第三次向旗舰发出故障信号，机组持续的小毛病使编队速度下降到了 25 节。

当第三次报告送来的时候，托维下意识地耸了耸衣领，他终于感到了厌烦。若是照着这种速度，他的舰队至少需要 30 个小时才能切入到拦截位置……鬼知道在他们赶到拦截点之前还会发生什么状况！

忧虑的老人望了望外面，他看见崭新的舰队航空母舰"胜利"号正在灿烂的阳光下乘风破浪。这艘船和"威尔士亲王"号一样，因为战时紧急情况匆匆服役，甚至舰载机部队都尚未配属到位。几个小时前，刚刚从利物浦港日夜兼程赶来会合。现在，"胜利"号上只装载着 12 架老朽的双翼"剑鱼"式鱼雷攻击机……

他转过身来问道："如果'胜利'号单独航行，什么时候能进入攻击位置？"

"8 个小时以内，长官！"舰队航海长经过简单的计算答复道。

"命令'胜利'号出列，以它能保持的最快速度航行，进入到攻击位置即

■ 正在风浪中颠簸的"胜利"号，奉命单独执行空中打击任务。

发起雷击！"托维命令道："重新设置一条拦截路线，确保我们能在25日拦截到德国舰队！"

托维上将现在也没有别的选择，只能赌上一把……

30分钟以后，航空母舰"胜利"号在4艘驱逐舰的保护下离开了队列，继续沿着230度航向前进。本土舰队旗舰"国王乔治五世"号、"反击"号等舰则左舵30，取200度航线向西南前进。上帝保佑，"反击"号的主机别再出问题了！

风和日丽的天气在午前结束了。11时，特遣舰队进入南方的积雨云系内，天空飘起细雨，云层变得极低，只有不到1200英尺（300米左右）。有两个消息对德国人来说不怎么好。首先，由于艏部进水的缘故，"俾斯麦"号略微向前倾斜，敏锐的人能通过放置在桌上的玻璃杯内的水平面，察觉到这种轻微的艏倾。另外，2号锅炉舱的进水也越来越严重，损管无法堵住漏水，破损的蒸汽管也无法修复，迫不得已，林德曼下令关闭这个锅炉舱，战列舰俾斯麦号丧失了六分之一的动力来源。不过这无关紧要，它还能达到28节的速率。为了观察旗舰的损伤，一段时间内，"欧根亲王"号奉命航行到离"俾斯麦"号很近的地方。

天气变坏和一系列损害扩大的坏消息没有挫败水兵们的斗志，他们对于接下来的战斗充满了期望。"俾斯麦"号在一团接一团的积雨云中航行，时而阳光灿烂时而细雨纷飞，能见度在2~18海里之间徘徊。这种天气正合舰队司令的心意。

接近 14 时的时候，吕特晏斯电告海军作战参谋部和西战斗群[1]：

"国王乔治五世"号与两艘巡洋舰一直对我舰保持追踪。我舰队作战意图——如未交战，在天黑后尝试摆脱追踪。

重巡洋舰"欧根亲王"号在 20 分钟后接到灯光信号。这是来自舰队司令的命令：

想要脱离敌舰追踪，方法如下："俾斯麦"号将在进入下一个暴风雨半径时转向西方航行，你舰保持原航向和航速，一直到必要的转向或是与"俾斯麦"号分手 3 小时后再解编。解编后尽快找到"贝尔钦"号或"罗斯林根"号[2]加油，之后继续执行巡洋作战。执行代号：胡德（HOOD）。

詹姆士·萨默维尔爵士是英国声名显赫的萨默维尔家族中的一员，皇家海军中最优秀的无线电专家。他今年已经 59 岁了，身体也不那么好。在 1939 年的时候，一次肺结核的误诊使他被强制退出了现役，回到祖传的丁德庄园中静养。直到战争爆发时，海军才想起了这位优秀的无线电专家，专程请他"出山"。在皇家海军中，萨默维尔以喜欢说冷笑话和开突兀的玩笑而著称。也许水兵喜欢这样的上司，但是对于比较保守的同僚来说，这便是无礼了。他经常因为自己那"没有教养的幽默感"被同僚指责。不过这老头依旧我行我素，这使他非常容易被水兵们接受。不知是因为脾气不合还是别的缘故，萨默维尔和丘吉尔首相似乎有些算得上"私人恩怨"的冲突。为了这个，他在年初曾接过调查委员会的质询。反正，因为这样那样的问题，尽管功勋卓著，能力优秀，他和他的 H 舰队却总被安排到一些"替人擦屁股"的差事。

1941 年 5 月 24 日 15 时 30 分，他作为皇家海军驻直布罗陀的 H 舰队司令，正指挥着战列巡洋舰"声望"号、航空母舰"皇家方舟"号、轻巡洋舰"谢菲尔德"号向西北航行。也许萨默维尔正在心里抱怨，这恐怕又是一次当配角的例行公事。但事实很快就会证明，他错了。

---

[1] 根据作战海域的不同，德国海军的远洋作战由不同的战斗群司令部指挥。在作战舰艇进入大西洋以后，执行"莱茵"作战的舰艇即由西战斗群司令部接管。而前文所述的舰队司令部负责制定作战计划，名义上还负责指挥海军大型水面舰艇。可见，当时德国海军的指挥机构非常臃肿，功能重叠严重。总之，德国海军的组织构架并不适合实施这类作战。

[2] "莱茵"行动开始前，先期被派往海上的德国海军远洋水油补给舰。

"莱茵"作战:
黄金依然沉睡

　　击沉了英国舰队的象征"胡德"号,打伤了最新式的"威尔士亲王"号,"俾斯麦"号突破层层阻碍闯入了大西洋的腹地……等待这艘德国战舰的将会是什么呢?

　　莱茵河的深处埋藏着蕴含无尽力量的黄金,用它铸造的戒指能给予佩戴者统治世界的力量!象征着德国舰队最后一丝辉煌的战列舰,"俾斯麦"号正如瓦格纳笔下的勇士那样,为了追寻无上的力量,义无反顾地踏上这条多舛的寻宝之旅,为了莱茵的黄金,人和神将展开一幕幕史诗般的冲突……

　　然而,我们不应忘记《莱茵的黄金》的结局——勇士和诸神都将长眠,而黄金依然沉睡在河底!

↬ 战场的迷雾 ↫

"有人认为这是 1 架道尼尔远程巡逻机，但我实在不能接受这种荒唐的说法，我们现在与欧洲大陆的距离至少是道尼尔远程巡逻机飞行半径的一倍半……当它逼近到了 4000 米内，已经能看得很清楚了——这是 1 架'卡塔琳娜'水上飞机！"卡尔·贾拉德上尉，战列舰"俾斯麦"号的防空武器指挥官这样叙述道。时间是 1941 年 5 月 24 日 15 时 10 分。

虽然没什么大不了的，可还是不能任由这架飞机在舰队周围晃悠。被谣言干扰了几分钟后，辨明来客身份的贾拉德上尉发出了防空警报。105 毫米的高射炮指向敌机的位置连连开炮，这架水上飞机也不敢继续抵近观察，迅速侧滚飞开。"就像一只苍蝇，甚至连引擎发出的嗡嗡声都如此神似……你怎么赶它都不走，就在那里转悠着。"

北大西洋的气候是阴晴不定的，刚刚还阳光灿烂转瞬就会大雨瓢泼。15 时 30 分，特遣舰队进入一团暴雨云。当豪雨自天而降的时候，吕特晏斯一直期待的时机到了……

飘然而至的暴雨使能见度迅速降低，处于"俾斯麦"号前方大约 11 个链长①位置的先导舰"欧根亲王"号，在雨幕下隐约可见。

15 点 40 分，"欧根亲王"号上的瞭望哨透过雨幕，看见"俾斯麦"号发来信号灯光：

———

———

—●●

这不是海军密码，只是简单的摩尔斯电码。一共 4 个字节，代表着"HOOD"。和僚舰分手的行动开始了。雨中，庞大的"俾斯麦"号徐徐转向左侧。

---

① "链长"（cable length）是航海中的基本长度单位，主要用于海上测距和距离划分。这个单位在西方有着不同的标准。在美国，1 链长相当于 720 英尺（约 220 米），在英国则相当于 608 英尺（185 米）。本文中使用的"链长"是依据英国的标准，与德国海军在第二次世界大战中使用的概念一致。

但是，令人意想不到的是，转向正西航行了几分钟之后，"俾斯麦"号居然驶出了雷雨云区，"欧根亲王"号上空的雷雨云也意外消散，它们开入了烈日当头的海域。从"俾斯麦"号的右舷望出去，皇家海军的追踪舰在远方遥遥可辨。

预想之外的情况令分手计划夭折，在海上绕了半圈的"俾斯麦"号折回原来的航线上，在十几分钟后回到"欧根亲王"号船尾位置，继续耐心等待下一次"变天"。

皇家海军方面倒没有察觉德舰的意图，只是在作战日志上记录下了"俾斯麦"号不知何故向西航行又折返的情况，判断为是在尝试脱离追踪，而未察觉德国特遣舰队试图解散的实质。当然，英国人现在也无暇顾及"欧根亲王"号这艘僚舰，此刻，皇家海军的注意力已经完全被"俾斯麦"号吸引，正以无比坚定的意志，势必要摧毁这艘击沉了他们"舰队象征"的强敌。然而，即便有赴汤蹈火的觉悟，光凭决心与意志也休想烧熟哪怕 100 公克的肉。此时此刻，尾随于战列舰"俾斯麦"号之后的那"半艘"英国战列舰和两艘重巡洋舰对自己的力量有着正确的认识，在托维上将的主力赶到之前，他们并不敢轻举妄动。

北大西洋上，正彼此追逐，伊尔明厄斯海盆南缘的这 5 艘战舰之间，呈现出了短暂的平静。只有浪花和主机的隆隆声，双方都对自己的力量有着正确且合乎实际的认识，又都没有为此付出重大代价的觉悟。于是，德国战舰在一心逃窜，想方设法摆脱追击，而追击中的皇家海军，也只是看上去像是在"追击"而已。这就形成了短暂的僵持，追逐的双方都在试图扮演好自己的角色……在此期间，彼此的交火都是抱着各自的目的，只是为了达到其他的效果，而非意图摧毁对方。

对于吕特晏斯来说，再次和僚舰"欧根亲王"号分手的机会在大约 3 个小时之后降临。5 月，北大西洋的气候阴晴不定，特遣舰队又进入了雨区，周围海域的能见度再度骤降。

这一次，受过教训的吕特晏斯不再尝试和"欧根亲王"号一起逃离，他打算以"俾斯麦"号为饵吸引住后面这 3 条"尾巴"的注意，为僚舰争取更多的脱离时间。

18 时 14 分，"HOOD"信号再次发出。随后，殿后的"俾斯麦"号开始加速转向右舷，几分钟后又折向北航行。"俾斯麦"号的这番动作使它迅速冲出了雨区，从晦暗不明的暴雨云中杀出的德国战列舰令追击的皇家海军措手不及。跟踪舰队对此毫无准备，也因为德舰的快速机动没有充分的应敌准备时间。在彼此以超过 50 节的相对速度展开航行后，仅用了几分钟的时间，追击舰队中位置最靠前的"萨福克"号，便由露出水天线的一对桅杆，变成了一整艘船。

"我们先前都看见了'俾斯麦'号开入雷雨云中，那里能见度很低，所以这艘船就像是冲着我们拉上了'帘子'，几乎从视线中消失不见了。我用望远镜认真观测，但是雨太大，前方海域的能见度也很不好。有几分钟时间，只有当雨云中的气流发生变化暂时减弱和我们彼此一条轴线上的雨幕时，才能用望远镜辨认出一个黑影。但是大家都不担心，这一天多来的追击行动使我们对自己的雷达无比信赖……"随后前皇家上尉，二战中曾担任过重巡洋舰"萨福克"号瞭望哨，参加追击"俾斯麦"号作战的特仑顿·艾迪生，显出些许黯然，"当然……我们也失去了'胡德'。"

他继续描述当时的情形："我想这个时候舰长和舰队司令还在盘算着我们也驶入雨云低能见度区时应该采取何种对应手段，突然就看到'俾斯麦'号从雨幕中钻出来了。在我们观察哨看不清敌舰的时候，雷达操作员一定能从屏幕上看清德舰的动向。但是可能这段时间太短了，还不足以让我们有所响应……德国人一定是事先就计划好的，因为他们在进入雨区之后就来了一个大转弯将船头调向我们，然后用主炮直接轰击来不及调头的'萨福克'号。"

在 20000 码距离上，"俾斯麦"号率先发炮轰击英舰。情知不敌的"萨福克"号迅速释放烟雾转向规避。但，现在追踪"俾斯麦"号的已经不仅仅是那无力匹敌的 2 艘英国重巡洋舰。在更靠北一些的地方，于清晨的大战中受轻伤的战列舰"威尔士亲王"号，也正在作"奋力追击"状。

华克少将目前担任这临时组织（或者说被迫构成）的皇家海军追击舰队的指挥官。尽管他是舰队中海上经验最丰富的资深军官，但他此刻亦无法理解德舰这种突发的反常行为。也许是这些德国人在强大的追兵逼迫下有些歇斯底里，试图来个鱼死网破？但时间不容许他和他的参谋开上一个会来讨论这个问题，或者参考一下舰队军医官关于人在高压和异常环境下心理变化的分析。此时此刻，他需要立刻做出正确的判断，来为他的舰队甚至是皇家海军与整个不列颠争取最大的利益。

"敌舰突然转向攻击我舰！"命令和敌情通报必须同步，以使部下和友军知道他们在干什么，他们为什么那么干。只有"知道"才能令他们在服从的前提下做出属于他们的正确判断。

"'威尔士亲王'号前出接战！"这是华克对舰队中那最可靠的"半艘"战列舰发布的交战命令，"'萨福克'号向我舰靠拢，准备实施机动！"

李奇察觉到了德舰转向并朝追击舰队先导的"诺福克"号开火，尽管他和其他人一样不明白德国人的用意，但是战争中需要的是当机立断，迅速做出正确的反应，然后有可能的话再进行认真判断。因此他在察觉异常之后立即命令"威尔士亲王"号回击德舰。"威尔士亲王"号只是艉部炮塔卡住而已，所以这种以艏对敌的追击秀对它来说，还是能游刃有余的。"诺福克"和"萨福克"号都只有8寸炮，所以只有逃的份，但"威尔士亲王"号有14寸主炮，足够了。

大约18时20分，"威尔士亲王"号用它位于船艏的5门主炮还击德舰。由于距离远了一些，14英寸炮弹溅落在德舰航迹的正后方，从英国人的角度看起来，"俾斯麦"号正狂躁地冲杀了过来，以14寸炮弹激起的巨大水柱为背景……

华克少将是个老水手，丰富的海上经验使他能在最恶劣的情况下做出最"不坏"的判断。他的座舰"诺福克"号和"萨福克"号只不过是重巡洋舰，一种对最小型的战列舰都是"菜"的存在，不过他并没有打算把责任丢给"那半艘战列舰"，即使皇家海军的战术条令要求巡洋舰在面对战列舰的时候首先考虑保存自己，他却不打算作壁上观。合理的机动、有效的配合、准确的时机，以及对整个态势的把握，这些是华克在几分钟内闪过脑海的——然而在几分钟之后这些就用不着了，"俾斯麦"号转回去了！

对于吕特晏斯来说，这返身掩杀的架势只是为了掩护和僚舰分手的这个行动本身。那么，既然已经成功地迫使最有可能察觉到德军真实意图的英国巡洋舰转向退开，那么德方也应该合乎时宜地收手。唬人是件有趣的事情，可若逼得对手狗急跳墙进而弄假成真，那可就一点儿也不好玩了。何况从处境上来看，更像是逃窜之"落魄狗"的似乎是他们自己，这些英国人只是在早上受到了意料之外的有力一击，暂时显得底气不足。

达到目的的"俾斯麦"号在 18 时 24 分的时候再度转向，毫不迟疑地结束了这场惊心动魄的演出，转回到了原来的航线上。这样一来令无法揣测德军战列舰诡异行为，而在急迫中做好殊死战准备的皇家海军追击舰队司令华克等人，彻底地目瞪口呆。

但是炮击还在继续，在德舰转回到原航线上之后。也许，一直以来将大海视为自己领域的皇家海军，会对己方占据着纸面上的优势，却不敢奋力殊死一战的行为多少感到些羞愧？或者仅仅是出于人类思维上的惯性？总而言之，战斗确实还在继续，而且是以一种极其无聊的方式进行着。华克没有撤销他的迎战命令，李奇也无意罢手。在"俾斯麦"号转回向南航行以后，可以"捞得着"敌人的"威尔士亲王"号继续以前部堪用的 5 门主炮炮击遥远的敌舰。而"俾斯麦"号似乎是有什么"必要"一般，有一搭没一搭地用尾部的主炮组回击无聊的英国人。在断断续续的炮声中，大家一路南驶。

信号灯送来命令，受创减速的"俾斯麦"号将担任诱饵，"欧根亲王"号则依照原航向前进，以摆脱英国舰艇的追踪。当"俾斯麦"号再次疾转向北的时候，海面上非常平静，只有瓢泼大雨从低垂的云中落下，好似帘幕笼罩着一切。我们和旗舰（俾斯麦号）背对而行，相对速度 56 节，不出 3 分钟便拉开了 6000 码，雨幕很快掩盖住了它的身影。但是，我们很快又看到了"俾斯麦"。在主炮的强烈闪光中，橙黄色的火焰燃红了海面，也映衬出了它的身影。但棕色的烟雾立刻给这幕景象染上了一层阴郁的色泽。似乎旗舰此时还在朝北航行……当它的后主炮塔射击的时候，我们再次清晰地辨认出这艘巨舰的轮廓——修长的舰身、塔状的舰桥和烟囱——看起来仿佛一座坚不可摧的堡垒。在后桅顶端一定正飘扬着舰队司令旗，然而因为我们之间的距离急剧拉长，已经无法辨认。主桅的斜析上，战斗旗一定正迎着风雨飘扬，尽管看不清但依稀能看到一个小黑点。又是一道雨幕降下，旗舰的身影终于从"欧根亲王"号上注视着的人眼中消失，我们每个人的心中都充斥着焦虑与不安，同时默默地献上最好的祝福。

保罗·歇尔玛兰德巴赫上尉是重巡洋舰"欧根亲王"号的第二枪炮长，

他在日记里写下了这番话。这也是除"俾斯麦"号以外的德国人，最后一次见到这艘船……

这次短暂交火的实际交战距离维持在30000码以上（约28000米，这是和"威尔士亲王"号之间的大致距离，不要混淆之前和"诺福克"号相距的20000码），这几乎是彼此的极限射程。战斗中的双方都是对着一个船身位于水天线下，只露出舰桥和桅杆顶部的敌人开火。这当然不可能有战果。

不知道是为什么，林德曼突然觉得几分滑稽。此刻他正站在航海舰桥旁的走廊上，手扶着围栏，看着水柱从左舷远处与船艉后方升起。他的船，现在已经成了一只跛足的狼，随着进水的增加和燃料的不断消耗，这条跛狼的"伤口感染"也会越来越严重。尽管现在还能张牙舞爪一番……拒绝了传令兵因为"不安全"而让他进入舰桥的善意请求，有一会儿，林德曼出神地看着船艉前方远处的"欧根亲王"号，它正因为急速增加的距离和越来越大的雨幕成了一团影影绰绰的灰色。"Bon voyage"（法语：一路顺风），他轻轻地说道，这是他结识的一位法国海军军官曾经对他送出的祝福，此时此刻，他不知道为什么会选择这句。

然后，舰长转身返回了罗经舰桥，回到了他的岗位上。

在5月的北半球，北纬58度的地方，夜晚只是一个位于手表上的概念。太阳只会在午夜前后落入水天线之下，几个小时后再升起来继续照耀大地与海洋。即使在它落入海平面之下时，日冕和光芒仍然在最远端的海面上闪耀，述说着它并未沉眠的事实。

5月24日晚间，在这个对于"俾斯麦"号上的水兵而言只存在于钟表刻度上的夜间，剧烈的耀斑爆发终于结束，太阳风平息下来，强烈的大气电离效果迅速衰退，短波通讯环境开始恢复了。19时过后不久，"俾斯麦"号等来了西战斗群指挥部对上午电讯的答复，尽管没什么令他振奋的消息，但是电讯的到来却这使吕特晏斯大大地松了一口气。与世隔绝的感觉暂时消退了。

在迟到的电讯中，德国特遣舰队的直属上级海军西战斗群指挥部同意了舰队司令吕特晏斯的要求，下令开放位于德占法国大西洋沿岸的圣纳泽尔和布勒斯特两处港口，用来收容这艘受创的战舰。同时，西战斗群建议吕特晏斯在甩掉追踪舰的情况下，采取长途迂回航行的方式来耗尽皇家海军追击舰队

■ 两天来的战斗，证明了国王乔治五世级战列舰的战斗力。"威尔士亲王"号只是被拉来顶数的"半腹"战舰，劣势之下仍能和"俾斯麦"号"互有来往"，实力不容小觑。

的战斗力，使载油量有限的英国战舰被迫提前返航加油，并提议尽量不要现在就取道直航法国港口，否则有提前暴露东行意图的可能。

"与'国王乔治五世'号[①]的短暂交火没有战果。'欧根亲王'号已脱离编队前去加油。"19时14分，吕特晏斯向德国海军作战参谋部进一步通报情况。当然，尾随的"威尔士亲王"号仍然被误判为本土舰队旗舰"国王乔治五世"号。

"再次通报最新损失情况以及维修进展，"在向德国海军西战斗群指挥部进行了最新的情况通报后，吕特晏斯向林德曼下达新的命令，并且要求："立刻进行燃油存量检查！"

舰长通过舰内电话将这一命令下达给轮机舱。几分钟以内，数位分管燃料的军官分头走向左右舷的油舱组。油舱的检测口一个个地开启，他们将细长的量油杆[②]一一抽出，检查上面的油污与刻度位置，然后擦拭干净并放回原位……半个小时内，"俾斯麦"上各舱的燃油存量就转变成了纸面数据被精确计算出来，这些数字最后得到汇总，被送交到舰长林德曼的手中。而与此同时，

① 所谓"乔治五世"，准确含义为乔治第五，而不是通常概念上的乔治五世。该舰命名的原意为第五个叫作乔治的英国国王，而非某个叫作乔治的英国国王的第五世。
② 在那个时代，别说是军舰，就连汽车都没有所谓的"燃料指示器"。驾驶过老式汽车的朋友应该对车上的量油杆记忆犹新，那时要察看燃料存量只能打开引擎盖，把插在油箱里的量油杆抽出来查看油迹所处的刻度。在"俾斯麦"号这种大型战列舰上，检查燃料存量的手段也高明不到哪儿去。船内人员精确计算燃料存量的唯一手段，就是用油舱内带有刻度的指示杆来测量，然后逐舱统计。

损管和情报单位也将最新的信息送交了上来。

5月24日晚19时，德国特遣舰队（在和"欧根亲王"号解编后，这支"舰队"实际就只剩下了1艘船）司令吕特晏斯，在汇总了燃料存量、损管报告、瞭望哨和雷达单位的观测记录之后，对他们的实际处境有了个系统的了解：

首先，关于船体的损伤。24日清晨在丹麦海峡南端和皇家海军主力舰编队的交火，使"俾斯麦"号失去了舰载水上飞机（弹射器损毁，已经不可能在目前的状况下放飞搭载的Ar–196型水上飞机）。左2号锅炉舱中弹后导致的进水无法抑制，该舱已于两个小时前被迫放弃并作了封闭处置。另外，船艏部分的进水在晚18时之前已经被堵上。虽然以22节以上的高速航行时还是会发生渗漏，但现在也只能做到这一步了。到目前为止船艏部分被破坏的各舱累计进水已达1000吨以上，左舷锅炉舱位置的破损，连同防雷舱内的空间，以及被打破的油舱与水舱，合计进水至少1000吨。为了保持船体平衡，在右舷相同位置的防雷隔舱内装入了同样吨位的海水，以矫正船体向左侧倾的形态。至24日19时，"俾斯麦"号已"怀揣"了近3000吨海水。不过这不算什么，反正这艘船满载能超过50000吨，德国战列舰历来皆以浪费吨位著称——虽然装甲带设计不怎么地（本来便是在6个月内，用第一次世界大战时期公海巴伐利亚级战列舰的图纸"改进"而来），但从船头到船艉到处都是小分段的水密舱，船体内有的是空间再装一些海水。

其次，关于舰上的燃油状况只能用"堪忧"来形容。我们已知的，这艘船内部的各个油舱一共可以装载至少8000吨燃油，这个数字几乎是同期各国同类型新式战列舰的一倍（多数是35000吨规模的"条约型"战列舰），但"俾斯麦"号的续航能力也不见得有太出色的地方。德式的超高温蒸汽轮机组（最高工作压力达到惊人的58倍大气压，400摄氏度）虽然有非常不错的功率重量比，却也有着同样惊人的油耗。现在，除去在清晨海战中受损的燃料舱内流失的400吨燃油外，由于艏倾进水歪斜的缘故，船艉处各个油舱内可能会有相当数量的燃料无法抽取，估计损失有近1000吨之多。

动力系统损伤、进水，不过这些麻烦都比不上燃料的问题。尽管看似战果辉煌，但显而易见的是"俾斯麦"号已经无法继续维持在28节的高速率下作长时间航行。舰队工程师的建议客观而又冷酷，如果他们还想把船开到圣纳泽尔港的话，必须采取不超过 22 节的航速，只有这样才能在燃料消耗上足够的"经济"。然而，这在技术上明智的选择在战术上却是荒谬的。在这个，远离欧洲大陆的北大西洋深处，在前有未知的敌舰后有实力雄厚的追兵的前提下，每多浪费一分钟都意味着愚蠢。减速航行、温存燃料只能给英国人更多的时间设定更多的航线调遣更多的军舰来阻击这形单影只的"俾斯麦"号！但，现在不论是舰长林德曼还是舰队司令吕特晏斯，都别无选择。

在 20 时 56 分，西战斗群收到了发自吕特晏斯的最新情况通报："敌舰安装有新式雷达系统，我方无法摆脱其追踪。燃油将尽，必需直航圣纳泽尔。"

⇢ 不成比例的威胁 ⇠

舰队航空母舰"胜利"号是卓越级的 2 号舰，一项皇家海军的杰出设计，是第一种安装有水平装甲的航空母舰。它的飞行甲板得到了一层 90 毫米厚的水平装甲的保护，可以抵挡俯冲轰炸机的投弹打击，或者是远程炮火的轰击。为此付出的代价就是只能设计一层机库，舰载机携带量不足（只能携带 27 架），但用于对付他们的主要敌人德国舰队，足够了。

1941 年 5 月 24 日 22 时 30 分的时候，"胜利"号在 4 艘驱逐舰的掩护下全速越过中大西洋海岭，逼近了雷克雅内斯海岭最南端。

和战列舰"威尔士亲王"号一样，航空母舰"胜利"号的服役非常仓促，配属于其上的舰载航空兵尚未全数到位。将这种未完成训练的战舰投入战斗，充分体现出了皇家海军目前捉襟见肘的窘境。原本，"胜利"号的任务是护卫

■ 正在投雷的"剑鱼"式鱼雷机。

一支运兵船队前赴地中海战区，所以也无须等到舰载机部队全数就位。但战况的急转直下使这一切都乱了套。

5月22日，接到皇家海军部的紧急命令，舰队航空母舰"胜利"号从即刻起将转隶本土舰队直辖。海军部要求该舰立即从利物浦港起航，前往斯卡帕湾加入托维海军上将的本土舰队。5月23日，当"胜利"号和紧急起航的托维在苏格兰以北海域会合的时候，它的武器只有机库内的12架"剑鱼"式鱼雷机。可想而知，5月24日下午托维派遣这艘航母执行先期攻击的决定，有着多少的无奈。但是不管怎么说，在这风云变幻的5月24日将要过去的时候，这艘已经被同僚们寄予越来越多的期望的军舰，已经悄然接近了本次阻击行动的目标——本文的主角，德国战列舰"俾斯麦"号。

"胜利"号终于逼近了目标。24日22时，他们抵达了位于德国战列舰"俾斯麦"号东北220公里的阵位，中大西洋海岭的上方。航空母舰正默默地转向东北，逆风航行。顶着越来越大的西南风，"胜利"号释出甲板上早就准备就绪的"剑鱼"式鱼雷攻击机。一个攻击波次，总共9架，这是"胜利"号所能出动的极限。而它们的成败，很可能成为皇家海军成败的关键。

对船体的破损和其他损坏舾装品的维修作业，一直都没停止过。偶尔，只是会有那么一两个疲倦的水兵走上甲板，惊讶在23时这个代表"午夜"概念的时刻，水天线上仍闪耀着太阳的光辉。在北半球初夏这北纬58度的海域里，这是司空见惯的景象。对德国人而言，他们的时间过得要比英国人"快"那么一些，习惯于"夏令时"制度的他们早已在夏季来临前的某个标准时刻，将各自的钟表拨快了两个小时。这对缺乏能源的国家，是一个行之有效的节

■ 航空母舰"胜利"号。被临时"抓丁"的时候，该舰正在利物浦停泊，准备执行护送运兵船队的重要任务。不过，保护陆军的重要性显然不及消灭德国战列舰。

■ 拉开机翼、挂好鱼雷准备起飞的"剑鱼"式鱼雷机。

约照明和生活用电的好方法，只是带来了一些不便。依照格林尼治标准时间，现在是 21 时 30 分。

堵漏、排水、修缮被弹片切断的电缆、恢复艏部各舱的水密性。"俾斯麦"号伤得不算重，但是要做的工作却很多。午夜 23 时 30 分[1]，舰上的广播系统传来了最新的敌情：防空警报，可能有敌航空母舰在周围海域，防空炮组人员就位！

太阳终于沉入了水天线之下，但光辉依然透出水天线闪耀在天际，海面上还是很亮，甲板上的人可以清楚地看见东北方有几架双翼机，它们逆光的一侧在太阳的余晖中闪烁烁。半分钟内所有放空炮组便各就各位。

来袭的敌机已经飞得很近了，即便通过昏暗的天空也能辨别出这是皇家海军的舰载鱼雷机"剑鱼"式，一种自 30 年代初服役至今的老式双翼机，携带着鱼雷的时候甚至飞不出 200 公里以上的时速。在皇家海军内部，他们将这种老掉牙的飞机戏称为"网线袋"，就如同它的结构一样，一堆钢管，然后

---

① 文中所有时间，除特别提到的之外，均为德国夏令时。如需要换算格林尼治标准时间，只需要减去两小时即可。

套上白色帆布蒙皮。面对来自空中的威胁，"俾斯麦"号凭借高温引擎迅速提速至 27 节，并开始走 "Z" 字路线，准备规避即将到来得鱼雷攻击。

"剑鱼"从左舷飞来，一共 9 架，组成 3 个 3 机编队，这 3 个 3 机编队又构成了整个大编队。它们在接近到"俾斯麦"号约 7000 米的时候突然绕向船舰方向，随后英国鱼雷机散开了大编队，以 3 机编队为单位绕向左右两舷。一队向左舷飞去，另外两队冲向右舷。这是鱼雷机的标准战术，从目标舰前进方向两舷进入，同时投雷。

作为一艘 1936 年开始建造的新式战列舰，"俾斯麦"号拥有同期相对较强的防空火力。8 个双联装 105 毫米高射炮、8 座双联装 37 毫米速射炮、12 门 20 毫米机关炮构成了它的全部对空火力体系。这些对空武器看上去挺不错，但实际上却存在着致命缺陷。混用了不同型号的高射炮塔最终导致舰上的大口径高射炮射控系统完全失效，各高射炮塔只能凭借各自具备的火控装置独立射击。而所谓舰载大口径高射炮在海上防空作战中起到的主要作用，便是以防空炮组弹幕射击①来驱散敌水平轰炸机编队与鱼雷机编队，使其波次突击能力大幅下降。而此刻，各自为战的炮塔使所有射向"剑鱼"的大口径高射炮弹统统成了迎接"贵宾"的礼炮。与此同时，除了对空射击的高射炮，德舰甚至调动了 150 毫米副炮和 380 毫米主炮来进行反制射击——它们被调整到俯角朝鱼雷机飞行路线之前的水面射击，试图以炮弹激起的水柱干扰或阻止英机投雷。老朽的"网线袋"顶着德舰的炮火直冲而来，队形丝毫不见散乱。

"剑鱼"接近至 3000 米！这是小口径速射武器开始发挥效能的距离。安装在上层建筑物两侧的 37 毫米和 20 毫米炮用猛烈的射击来宣示自己的存在。但，除了 20 毫米机关炮密集而悠长的声音之外，本可大展身手的 37 毫米速射炮却炮声寥寥，火网既稀疏又不连续。当然，你能指望一种单发手动装填的 37 毫米炮在近程防空作战中发挥出多少效能呢？

不可否认，这些初次上阵的德国水兵在面对这辈子头一次空中打击的时

---

① 靠射控装置解算的数据，估算出准确的敌机航迹、高度、速度，并计算出合适的提前量。依此数据装定高射炮弹的延时引信，然后数门炮一齐开火，使炮弹在来犯敌机飞行路径的正前方同时爆炸，形成一块迎面而至的弹片"幕布"。

候，表现得还是相当勇敢。这些新手在几天时间内已经有了老兵的气魄，他们毫不畏惧地站在自己的岗位上履行职责，将生死置之度外。无奈的是他们手里拿的是一堆不知所云的破烂，如何凭这堆东西去摧毁来犯的敌机？相对德国人的勇气，更应该肯定的是那些驾驶着"剑鱼"的英国海军航空兵。就连他们自己的舰队都对这种"老到已经没牙可掉"的破烂飞机大倒胃口，现在他们却敢驾驶着这些靠钢管和蒙皮搭起来的东西，以那么微弱的编队去进攻一艘似乎已经被实战证实为"极度危险"的新锐战舰！

啊，"网线袋"们投雷了！这些勇敢到几乎疯狂的英国人将飞机操纵得如此之低，低到几乎贴着海面，飞腾的浪花偶尔能亲吻到他们的机轮！这些人冲得又是这样的近，一直抵近到不足500米！右舷第一队"剑鱼"进入投弹阵位，三机编队排成正三角形队形，不顾一切地冲来。"发射！"机长的口令刚喊出口，后座的投弹手便奋力扳下一个把手。咣当的一声响，然后驾驶员觉得座机猛的这么一轻，在敌舰射来的枪林弹雨中飞了老半天的飞行员感到如释重负，迅即调转机头开足马力返航。在长机投下鱼雷的下一刻，两侧的僚机也紧随着投下鱼雷。一个不容易被注意到的细节是，僚机的驾驶员在投弹之前很有默契地操作飞机分别向左和向右略微偏航，于是入水的三枚鱼雷呈扇面射来。狡猾，或者说是高超的技量，这种素质根本不像是配属给一艘新服役航空母舰的新手飞行员。当然，我们也可以想象出这些飞行员经过了多么严格的训练。

"剑鱼"式鱼雷攻击机，使用 18 英寸 Mk XII 型空射鱼雷（实际直径为 17.7 英寸，450 毫米），装药为 465 磅 TNT（211 千克），1500 码（1370 米）射程为 40 节速度、4000 码（3660 米）时 24 节……训练时教官的告知和课本上给出的数据，此时在许多人的脑海中扫过，就像一个考生在临时翻阅课本。有些人想到了先前对皇家海军的嘲笑，特别是关于他们的"剑鱼"式和携带的 Mk XII 型空射鱼雷，嘲笑这种过时的破烂还在号称世界第一的海军里服役。有人想起了，培训教官曾强调的内容，Mk XII 只能装 211 千克炸药，"俾斯麦"号的侧壁能抵御 500 磅雷头威力的鱼雷攻击……此时此刻，当"剑鱼"投下的 Mk XII 带着白色的尾迹蹿来时，这些记忆却不能使任何人安心。

"都在祈祷，但凡我们这些在甲板上能看得到雷迹的人……当然，与其说是在向上帝，不如说是向我们的汉森祷告"，某位水兵的回忆。这里提到的汉森，就是这艘巨舰的操舵手，一等兵汉斯·汉森，一个高个子西里西亚人。现在他正位于驾驶台的舵位上，林德曼就站在大个子舵手的身边，估算着鱼雷的轨迹下达舵令："右满舵。"

"得令，满舵右！"汉森大声回复道，然后他奋力扳动舵盘向右转。

在海面上，雷迹越来越近，令有幸目击此情景的人感受到等待死刑的可怕。终于，鱼雷逼近至"俾斯麦"号的艉舵，然后，与这艘巨舰擦身而过。"俾斯麦"号从两枚鱼雷之间的空隙中钻了过去，平安无恙。这次成功的规避给了水兵们非同寻常的激励，甲板上欢腾一片。然而，欢呼声很快就消退了，甲板上恢复了战斗时那种特有的嘈杂，因为另一组"剑鱼"已经杀到左舷。

水兵们欢呼了3次，他们的"俾斯麦"号避开了3组鱼雷攻击。当然，没有几个人注意到，最后1组从右舷飞来的鱼雷机为何只有2架，另1架飞去了哪里。就在射向右舷的第3组鱼雷掠过船舷的时候，"俾斯麦"号微微一震，在它的左舷船舯部位，升起了一道水柱。

船舱内的人并非对甲板上的战斗漠不关心，不过他们实在顾不上那里发生的事情。偶尔，有甲板上的欢呼传到船舱内，这也能多少鼓励一下甲板下工作人员的士气，但是正因为他们看不见现在发生的战斗情况，所以他们只能凭借震动、摇晃等来判断目前的处境。在这种情况下，人的感觉会特别敏锐。大约在23时40分，"俾斯麦"号微微一颤，船体各部位的警铃叮得那么响了一下。所有人的心中都闪过一个念头，"这下完蛋了！"

被鱼雷打中和被炮弹轰中的效果可有点不一样，后者除了爆炸和火光，只将损害传递到被破坏的船舱里，军舰上的绝大多数人未必能察觉被一枚炮弹击中了。但是鱼雷这种依靠化学能破坏的武器却不一样，那种明显"中雷"的感觉震慑着船上的每个人。但这艘巨舰的异常只维持了一小会儿——损管

■ "俾斯麦"号的中雷位置，刚好是它侧装甲带最厚的部位。

中心的灯光熄灭了十几秒，随后一切都恢复正常。在船体各部位的损管班发了疯似地冲出各自的待命位置，严格地依照条例中的规定从最要害部位开始检查损失情况。人人都脸色发白，至少那些新兵是这样，但是绝大多数人都能保持镇定。在船上的2000多人中，只有指挥塔里一个年轻的播音员丧失了理智，他手忙脚乱地穿上了救生衣，然后拔开阀门试图充气。于是，他的过激反应遭到了副舰长的痛斥，但是他完全被吓傻了，脸色煞白眼神呆滞所以什么也干不了，随后他被安排到临近空闲的船舱里冷静冷静。

投下这最后一枚鱼雷后，"剑鱼"全部飞走了。而那枚鱼雷造成的直接损伤，在中雷3分钟之后便已查明，送抵舰长手中。官兵中，中雷位置附近的6个人骨折，1名协助防炮组运送弹药的空勤组成员阵亡[1]，他是这次"莱茵"作战中德国海军的第一个战死者。

在这场24日结束前的袭击中，"俾斯麦"号右舷艉部中雷一枚。幸运的是，因为"剑鱼"飞得太低且太近，这枚鱼雷没能沉到足够的深度攻击没有装甲保护的船体，而是命中了主装甲带。在那里，有非常坚固的支撑结构，而厚重的装甲本身也能将爆炸产生的动能迅速传递到整个船体上。所以，这枚鱼雷只造成了那个位置船壳的轻度变形，没有更严重的直接损失。但是，为了规避攻击，"俾斯麦"号曾加速到27节，并多次做出急转弯等机动动作。对于刚刚被封堵的船艏破洞而言，这是一次严峻的考验。在高速航行和急转弯造成的巨大水压作用下，傍晚刚被封堵的船艏洞口再次破裂。又因雷击震荡与水压的联合作用，已经关闭的左2号锅炉舱外壁板破裂加剧，更多的海水涌了进来。早先的战斗导致合计3000吨的进水，经过大半天的维修使进水量被削减到不足1500吨，但是这一次战斗又让超过1000吨的海水涌进船内，一整天的工作统统白干。真是屋漏偏逢连雨夜。

在损管班郁闷不堪的同时，船上的水兵似乎欢天喜地，因为舰桥的战报说击落了5架"剑鱼"。意思就是，在这个攻击波次中英国佬的"损失"高达56%，那么不痛不痒地挨上一枚鱼雷也不算啥大不了的。如果这个战果属实当然

---

[1] 被鱼雷爆炸产生的震荡击飞，落下时撞上了硬物，因颅脑损伤死亡。

存在致命缺陷的对空火力

由于工期紧张，在装配上船艏方向的 4 座双联装 Dop.L.C/31 型高射炮塔（用来安装 105 毫米高射炮）之后，"俾斯麦"号提前离港进入波罗的海参加战备训练。之后在格丁尼亚港，训练中的"俾斯麦"号接收到了海军后勤单位送来的 4 座最新式的 Dop.L.C/37 型高射炮塔。这些新型炮塔对比原先安装上的那 4 个，在回旋和俯仰性能方面更为优异，而且操作可靠。但是目前能提供给"俾斯麦"号的新式炮塔就只有这 4 个。一方面因为工厂的产量不足，另一方面，海军部下令已经造好的 Dop.L.C/37 型炮塔优先提供给当时还在舾装中的"提尔比兹"号战列舰，以免去"俾斯麦"号需要反复拆装的麻烦。所以不得已之下，格丁尼亚的船厂只能将这批高射炮塔安装到先前一直空着的舰艉高射炮组上。

尽管 Dop.L.C/37 对比 Dop.L.C/31 型，在炮塔的回旋能力和火炮的俯仰速度方面更具优势，但是在一个系统中混用两套标准显然是不明智的，前后高射炮组具备截然不同的回旋和俯仰性能这个问题将会严重干扰集中式对空射击火控系统的有效性，在射击诸元结算中势必制造出更多的变量。这显然是不利于将来执行对空射击任务的。但这个问题一直未能解决，因为本来承诺在 5 月初送抵的另外 4 个 Dop.L.C/37 炮塔一直没能兑现。直到"俾斯麦"号从格丁尼亚港启程执行"莱茵"作战的时候，舰上的 105 毫米高射炮系统仍然在混用 Dop.L.C/37 和 Dop.L.C/31 型两种舰载高射炮塔。

这个问题几乎毁灭了 105 毫米高射炮的整个射控。在"莱茵"作战中，实际上"俾斯麦"号的所有 105 毫米大口径高射炮，都是凭借本身配备的光学瞄准和射表各自为战。

值得嘉奖，能用"俾斯麦"号这一团糟的对空火力重创来犯敌机那固然可喜可贺。遗憾的是，从"胜利"号起飞的"剑鱼"有 9 架，攻击完毕后返航的还是 9 架。损失勘查的结果只是在其中 2 架"剑鱼"的机翼上各找到了一个 20 毫米炮的弹孔，另外有 3 架飞机的机身蒙皮被 105 毫米高炮的弹片戳了几个洞。这点损失，只需要稍微补一下，飞机还能继续使用。在第二次世界大战中，德军的战果统计一向被认为客观严谨，但是为何海军在"莱茵"行动中会有如此令人大跌眼

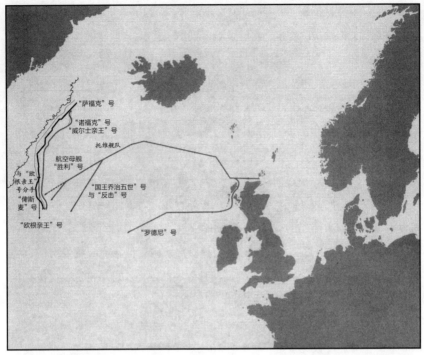

■ 5月24日夜间态势图。

镜的表现？这实在是耸人听闻。也许这只是吕特晏斯为了鼓舞士气而胡吹一番，或者是那些德国新兵当真就认为自己击落了5架"剑鱼"。总之，究竟为何现在只有鬼知道了（作战日志随舰沉没，当事人战死，确实是只有鬼才会知道）。

德国夏令时5月25日0时，格林尼治时间为5月24日22时整，北大西洋的天空终于暗淡下去。昏暗将会持续5个小时，直到北方海域夏季这不倦的骄阳再度升起，在这个时刻，黑暗分外宝贵。

→ 明与暗的交替 ←

1941年5月25日0时40分，吕特晏斯向西战斗群指挥部发报："1小时前遭到鱼雷机攻击，右舷中雷。"

在2时的时候，吕特晏斯再次发报："（我舰）中雷无疑，但无损伤。"

154

确实没有直接损失，可麻烦却实在不能算少。为了重新堵上船头的破损，林德曼同意了损管员的要求，将船速减低到 16 节。高速航行时会在船体上产生巨大的水压，既会加重船舱进水，也使堵漏工作根本无法进行。但如影随行的皇家海军，会放任德国人无所顾忌地自行其是么？"俾斯麦"号减速了，而尾随于其后的皇家海军追击舰队渐渐追了上来。

华克的舰队在半个小时之前得到了托维的通报，他们知道"胜利"号的舰载机在不久前对"俾斯麦"号发起了一次攻击，并命中一雷。这次攻击起了多大的成效目前还不得而知，但是，前方的德国战舰似乎减速了……在过去，"俾斯麦"号以 24 节速率航行，追击的英国人也保持着这个速率。现在为了重新堵上船舱的破口，德舰减速到了 16 节，这就意味着在 30 分钟以内①追击舰队将迫近至彼此的有效交战距离之内。但华克心里没有底，他不知道那艘该死的德国船到底受到了何种程度的创伤。思考再三，他决定以"威尔士亲王"号进行试探性攻击。

保持着 24 节速率的"威尔士亲王"号和减速至 16 节的"俾斯麦"号，以 8 节的相对速度彼此接近，至 1 时 10 分，英国战列舰已迫近至"俾斯麦"

■ 尾随的英舰是吕特晏斯的催命鬼，你快了不成，慢了也不成。24日夜，为了修补船舱的漏洞，"俾斯麦"号一度减速，结果爆发了战斗。

---

① 追击舰队和"俾斯麦"号之间的距离为从 25000 码到 30000 码不等。

号 16400 码（约 15000 米）处。依照华克的命令，李奇决定发起攻击。5 月 25 日 1 时 12 分，"威尔士亲王"号转向东航行，开始朝 16000 码外的"俾斯麦"号射击。

德舰的反应很激烈，吕特晏斯授权林德曼发起反击，于是在舰长林德曼的指挥下，"俾斯麦"号向左转过 40 个罗经点，以艏艉主炮组朝英国战舰齐射。两分钟内，双方各打了 2 到 3 次齐射。

但是这场战斗并未持续多久，夜幕的笼罩使双方都无法观测弹着点，这也就失去了修正误差命中目标的机会。很快，双方都不愿继续做这种毫无意义且浪费炮弹的"健身运动"，于是射击停止了。

5 月 25 日是吕特晏斯的 52 岁生日，在局势稍定之后，通过舰上的扩音器，林德曼代表舰上全体水兵祝他们的舰队司令生日快乐。那一刻是这片纷乱中难得的轻松时光，可惜转瞬即逝。

天色彻底昏暗了，在这个纬度上，午夜是短暂的，随后凌晨就将到来。黑暗中，英国追击舰队再度依赖起巡洋舰"萨福克"号上的那套宝贵的雷达系统。当"威尔士亲王"号恢复成一根露出水天线的桅杆时，一切都暂时恢复了平静。可吕特晏斯明白，当 25 日的太阳照常升起的时候，就是他和他的船走向覆灭的开始。他们已经远远地深入了大西洋腹地，进入了一个原本不属于他们的领域。在之前整整一天半的时间里，"俾斯麦"号在皇家海军的监视下向南航行。每一刻的行踪、每一次的航速与航向变换，都会被尾随的英舰报告给他们的上级。然后"俾斯麦"号的周围，会云集起他们所能调集的一切力量，皇家海军会倾尽全力摧毁他的船。若任由皇家海军集结力量，那么等待他们的命运是可想而知的。

安装在"俾斯麦"号后指挥塔上的雷达还完好无损，在暗夜里，这部设备发挥了它的作用。通过雷达探测和声呐监听，吕特晏斯知道右后方没有敌舰存在，尾随"俾斯麦"号的 3 艘英国战舰在一天多的追击中渐渐会合到了一起，在位于德国战列舰左后方 10 至 15 海里的距离上穷追不舍。这是一个值得利用的机会，虽然"Timor"告警装置仍然持续警示本舰被雷达追踪的情况。然而操作员报告了一个奇怪的现象：每隔大约 20 分钟，英舰的雷达信号必然会消失一次。在间隔了相同时间的"空白期"之后，再度恢复对德舰的雷达追踪。

■ 英舰配备的雷达系统，包含了完整的搜索、测距、火控功能。在雷达方面，德国比英国落后了不止一点半点。

　　这是个奇怪的现象，令德国特遣舰队的指挥人员困惑不已。但他们随后便明白，出现这种现象是因为英国巡洋舰开始依照反潜条例执行"Z"字航行的缘故。"俾斯麦"号同它的尾巴们已经进入了著名的"大西洋上的反潜黑窟"之中，一片对盟军商船意味着是修罗场的海域，这里有"无数"凶恶的德国U艇在肆虐。临时舰队的旗舰"诺福克"号和僚舰"萨福克"号，以及战列舰"威尔士亲王"号，都未能得到驱逐舰的护航①，所以这些英国佬非得谨慎一些不可。

---

　　① 霍兰德舰队本来有4艘驱逐舰担任警戒，可是这些驱逐舰在23日因恶劣天气脱队，直至"胡德"号沉没也未能追赶上保持高速航行状态的"胡德"号和"威尔士亲王"号。在24日中午，载油量较少的驱逐舰在维持了两天多的高速航行之后燃料耗尽，被迫返航。

　　"Z"字航行法可以大幅降低遭到无预警时敌潜艇的雷击命中率，但需要军舰在航行途中不规则地向左或向右偏航，不停改变航向。因为安装有雷达的"萨福克"号正和其他两艘僚舰航行在"俾斯麦"号的左后方。当"萨福克"走到"Z"航线的一个顶端，向东侧偏航的时候，因为与"俾斯麦"号的航向夹角增大，故德舰会暂时超出英国雷达的侦测范围。所以，当十几分钟后"萨福克"号开始向西偏航时，他们会立刻核对德舰的雷达回波信号，保持追踪。也就是说，目前的状况下，有机会在十几分钟内摆脱英舰的雷达追踪，并且不会引起他们的警觉。一个方案在吕特晏斯心中渐渐成形，一个小手段、鬼花招。但却值得一试……

　　5月25日凌晨3时6分，英舰追踪信号再度消失。抓住机会，吕特晏斯

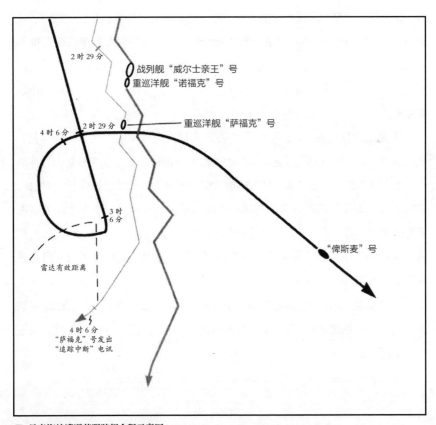

■ 丹麦海峡遭遇英跟踪舰全程示意图。

下令加速至 24 节，并开始施展脱离追踪的一系列动作。林德曼指挥"俾斯麦"号转向右舷，改为航向正西。10 分钟后又转向西北，随后是转向北面和东北方向，最后航向东南。在执行了这一连串怪异的战术动作之后，巨大的"俾斯麦"已经在海上兜了一个大圈子，通过了皇家海军追踪舰队的正后方。现在，"俾斯麦"号的航向已直指法国大西洋沿岸，不再需要掩饰意图，它将要直航圣纳泽尔。

当"俾斯麦"号消失在黑暗中的时候，"萨福克"号发觉了异常。大约在 3 时 25 分，转向西南航行的"萨福克"号没有像之前那样立刻收到来自"俾斯麦"号的雷达回波。又过了 5 分钟，证实这不是雷达系统故障所导致。显然德国人搞了鬼，他们丢失了目标。

留给英国人去判断的时间并不多，我们的"俾斯麦"只是一艘战列舰，而不是一艘"歼星舰"，不可能上天下海。他们必须立即做出相应的调整，短短的 30 分钟，这艘船也不可能开得太远。它一定还在附近！如果判断正确那么必能重新捕获这艘危险的敌舰。威克·华克少将迅速向"威尔士亲王"与"萨福克"号两艘僚舰发出信号，要求他们伴随自己的"诺福克"号一起朝西作扇面搜索。

华克已经被迷惑了，持续两天的追击和数次交战使他产生了一种错觉，在他脑海中，"俾斯麦"号这艘危险的敌舰是穷凶极恶的，它将不遗余力地破坏不列颠在大西洋上的力量，它甩掉追兵的目的是为了继续执行任务。西南方，指向北美洲海岸的航线，将会把他们带向哈利法克斯港，一个大西洋航运极重要的枢纽。那么，"俾斯麦"号的去向必然是向着西面——进一步深入到英国致命的要害中。然而他完全没有考虑到的是，此时此刻吕特晏斯一门心思只想溜之大吉。

从格林兰东海岸开始向南延伸的航线，将 4 艘船交叠于一起，在这一刻演变成了一个倒过来的"Y"字，追击与逃亡的双方沿着"Y"字的两个顶端各奔东西……

在被紧迫追踪了 31 个小时之后，"俾斯麦"号再次遁入黑暗中。

⚓ 阴影 ⚓

1941 年 5 月 25 日星期日，上午 7 时，德国特遣舰队司令吕特晏斯致电海军西战斗群司令部：

敌 1 艘战列舰、2 艘巡洋舰仍保持追踪。

两个小时之后，他再次发报：

敌舰雷达扫描半径巨大，推测为 35000 米，对我舰在大西洋上的作战极为不利。即使在丹麦海峡浓雾笼罩的情况下，天候情况非常理想时，尝试摆脱追踪仍未成功。除非我舰能以高速摆脱敌舰，否则不可能进行海上加油。24 日上午，曾于丹麦海峡南端和皇家海军截击舰队在 20800 米至 18000 米距离上发生交火，战列巡洋舰"胡德"号在开火 5 分钟后被我舰击毁。随后我舰改为射击"国王乔治五世"号，清楚地观察到该舰被多次击中后释放烟雾逃逸，并且脱离视线数个小时。该次交火本舰（主炮）弹药消耗量为 93 发。恢复追踪以后，"国王乔治五世"号只敢在最近距离上与本舰交战。之前战斗中，本舰被"国王乔治五世"号击中两次。一发命中第 13 至 14 号舱间侧装甲；另一发击中第 20 至 21 号舱间壁。本舰因此减速并进水前倾，而且无法使用船艏燃料和舱内燃油。与"欧根亲王"号分手后，本舰曾于浓雾中与英舰接战，没有伤亡。本舰雷达受到干扰，无法使用。

尽管"俾斯麦"已经成功甩掉了追踪的尾巴，但它的指挥者并不这么认为。他已经因为之前 31 个小时的追踪，对皇家海军的雷达系统产生了一种迷信……无奈的他开始自暴自弃一般向西战斗群发报，向上级详细述说他的舰队的经历，并寻求一切可能的支援。到了最后，他差不多是用电报在发送小说，毫不顾及这样可能会暴露他的船位。也许在他看来，既然认定了没法摆脱追踪，那么如何发报都不成问题吧。但他的上级不这么看。

在大西洋上，"俾斯麦"号与皇家海军上演这场追逐大戏的同时，位于巴黎的德国海军西战斗群指挥部内，参谋和情报人员正没日没夜地处理着各种各样的问题。几天以来，西战斗群指挥部的情报中心一直努力地监听着皇家海军的各个电讯，就在不久前，监听员们发现了一些有趣的情况。从 23 日位于丹麦海峡的皇家海军戒哨舰捕捉到"俾斯麦"号之后，一直到 24 日 22 时 30 分，"萨福克"号都在持续报告"俾斯麦"号与"欧根亲王"号两舰的船位讯息①，至22时30分以后所有电讯都只报告"俾斯麦"号的位置。当2时13分的时候，"萨福克"号最后一次上报"俾斯麦"号的船位，在这之后，同类电报就终止了。连续好几个小时，都没有截收到有关德舰船位的新电讯，或者是追踪到敌舰的通报，这是否意味英国追击舰队已经丢失了目标？

为此，西战斗群曾于25日8时46分的时候发报给吕特晏斯："敌方最后的追踪报

■ 安装在U艇上的Timor设备接收装置（图中支架状物品）。这种装置存在过于灵敏的问题，1943年前后还为此闹出过大麻烦。

告是'萨福克'号于2时13分发出。至本电文发出时，敌方只连续拍发三位数的战术电讯②。我方认为特遣舰队已经摆脱了追踪。"但吕特晏斯对此毫无信心，显然他对英国人"恐怖"的雷达系统已经形成了一种偏见。或者，问题出在"Timor"装置上，这种代表当时德国电子工业最高成就的雷达信号告警接收器太过敏感，常会误警（一年以后，德国潜艇将会为此吃足苦头）。也许，英国巡洋舰在转向西南前曾用雷达扫描过"俾斯麦"号所处的方位，虽然雷达反射的回波弱到不足以被英国人探测到，可敏感的"Timor"装置却将这认为是仍旧被追踪的意思。

事实上甩掉了危险的敌人，重新遁入黑暗之中，这不正是德国人一直希望的吗？然而对他们来说，这个星期日已注定不祥。因为在这一天里，他们的舰队司令绝望了。

中午时分，被沉重的心理负担弄得有些神志不清的吕特晏斯，向"俾斯麦"号上的全体水兵讲了这番话："战列舰'俾斯麦'号上的水兵们！你们已经集

---

① 奇怪的是，24日18点以后"俾斯麦"号已与"欧根亲王"号分手。
② 战术电讯，用来通报本舰（队）现在的位置。

荣耀于一身了！摧毁皇家海军引以为傲的战列巡洋舰'胡德'号，这不仅是军事上的胜利，还有着很高的心理价值。以后敌人将会竭尽全力来对付我们。因此，我在昨天中午派出了'欧根亲王'号单独行动，执行预定的通商破坏战，它已竭力避开了敌人的包围。另一方面，因为我们曾经被敌舰击中，因此已奉命前往一个法国港口。在这一路上，敌人将会集中他们的兵力与我们作战。德国人民与你们同在，而我们将战斗到炮管发红，射出最后一弹。水兵们，现在我们唯一要面对的问题是：胜利或者死亡！"

吕特晏斯是怎么会将上面这通话当作演说来宣布的，我们不得而知，但我们知道的是，听闻这番讲话后，多数水兵心里都冒出了这样的感觉："这下死定了。"在士兵的心中，只会对其中的"竭尽全力来对付我们"、"我们曾经被敌舰击中"、"在这一路上，敌人将会集中他们的兵力与我们作战"、"唯一要面对的问题是：胜利或者死亡！"等关键字产生反应。其他诸如"战斗到炮管发红"、"射出最后一弹"、"德国人民与你们同在"等等，可能只有元首听得进去（死的不是他），对于身处险境的普通士兵来说，闻之必定胆寒。

轮机士官长威廉·施密特说道："某些人员在听完这篇演讲之后，士气立刻陷入低落，这不难理解。这些人很年轻，有的还是从训练中心直接奉命上舰服役的，他们到'俾斯麦'号不过6周时间。至于我们这些士官与士官长们，则信赖舰上所存的战斗力，也相信驻守法国的德国远程轰炸机会适时赶来支援，所以我们竭尽所能唤起并维持着水兵们脆弱的士气。"

皇家海军的处境自不待言，几个小时内他们丢失了追踪一天半的目标，就在他们集结起兵力，足以毁灭它的最后一刻。现在"俾斯麦"号上的情况，也因为舰队司令的演说而变得一团糟。总之不管怎么样，到了25日，吕特晏斯已经不相信他们能够摆脱追踪。而他一份接一份地发出长篇电文，报告目前处境以及之前的战况，却又给了同样处于绝望中的皇家海军一个机会。

25日8时46分左右，位于直布罗陀、斯卡帕湾以及冰岛的电讯站先后截获到了吕特晏斯那篇长长的电文，然后通过三角测向法计算出"俾斯麦"号大致的方位。虽然不是十分精确，也不能凭这种测算得出德舰的具体位置，但这给了焦头烂额的皇家海军一个目标，至少他们知道了自己该往哪个方向追。

当天的10时30分，海军部将这一讯息转发给了本土舰队，不知为何，坐镇"国王乔治五世"号的舰队司令大人坚持要自行核算结果。但在他那设备相对简陋的旗舰海图室内，又能计算出个什么来呢？依照海军部发来的三个无线电通讯站上报的数据，托维的舰队航海长法兰克·劳伊德上校得出了他的结果。和海军部情报相悖的是他推算出的"俾斯麦"号船位处于偏北位置，在雷克雅内斯海岭以东、冰岛以南300海里处。如果这个位置正确，那么毫无疑问"俾斯麦"号是打算沿着来时的航线返回挪威。在做出上述判断后，托维立即将这一推断拍发给受其限制的北大西洋各舰。25日12时40分，"国王乔治五世"号转向东北，北大西洋上参加围剿"俾斯麦"号作战的皇家海军各舰也纷纷往北方海域航行。

英国海军部对托维的判断表示怀疑，他们不相信"俾斯麦"号会朝挪威返航。下午，海军部再度截获德舰的定位电讯，借此情报室又对这艘德国战列舰的具体位置进行测算。得出的结果与托维的结论相差甚远，结合两次测算中德舰位置的移动，海军部认定"俾斯麦"号现在正朝着法国海岸返航！

午后，海军部再次致电托维，除了发送新的推算结果外，更要求舰队司令核对他计算的数据。此时，感到越来越不对劲的托维也要求他的航海长重新计算一遍。最后，海军部的意见占了上风，显然"俾斯麦"号在长时间的高速航行之后，已经没有充足的燃料供给它原路返回挪威。托维选了一个折中的航向，东南偏东，目标指向比斯开湾。25日19时，"国王乔治五世"号转舵航向东南。此时他们已经在这场追逐战中落后了吕特晏斯150海里，晚了整整8个小时。

5月25日夜里，托维再一次感到岁月对他心神的侵蚀，这在他满心亢奋指挥舰队全力追歼敌舰的时候是很难察觉到的。他大概猜到了自己接下来的命运——如果这次追击行动彻底失败，一直瞧他不顺眼的丘吉尔首相不会放过这个机会来整他。等待他的很可能是军事法庭的审判，但托维在意的并不是这些。对他来说唯一能将他压垮的只有"职责"——如果让"俾斯麦"号进入法国港口与那里的"沙恩霍斯特"号、"格奈森瑙"号会合，那么不列颠将面临什么样的命运呢？他约翰·托维一人的荣誉和整个王国的命运相比，又算得了什么呢？他才不会在意那个英国政坛上以"选择性失忆神功"著称的首相打着什么私人小算盘呢！

⚓ 渺茫的希望 ⚓

如果不算上舰队司令那通"该死的演讲"（某位生还者所述，舰长林德曼私下的评语），那么整个 25 日舰上的水兵还算过得挺愉快。

水兵们和瞭望哨一整天都没看见皇家海军的影子，这可是自 23 日以来最令人舒心的一件事了。虽然吕特晏斯仍旧认为一直被敌舰追踪着，但在林德曼的一再坚持和一整天的太平之后，这位"老顽固"似乎也放下了心。水兵们听闻舰长和舰队司令在中午时大吵一架后不欢而散，过了一会儿吕特晏斯上将回到住舱，对陪同而来的林德曼舰长大声喊道"随你，我不管了！"然后甩上了舱门。当然，这只是传闻，有几分真实性船上没多少人能说得清。

一切平安，没有了尾随在后的英国军舰干扰，林德曼决定抓紧时间抢修他的船。有一阵子，"俾斯麦"号的航速降到了 12 节，借此机会损管队的志愿人员身着全套潜水器具爬进了船舱，进一步加固位于破口处的防水垫，同时设法摸到了船舱油舱顶部的控制盘，千辛万苦地掰开舱舱的油泵。船舱油柜内大约有 300 吨燃料被抽至其他油舱，这令"俾斯麦"号紧张的燃料供应略有好转。为了改善舰艇的处境，船上的技术人员也想出了各种法子。海军

■ 战斗任务中一般没有操练，一切正常的时候下了更的水兵们就会聚在一起扯淡。如果军舰处境凶险，那么这种"集会"有害无益。

工程师海因里希·施里特强烈建议抛掉艏锚和锚链，这样就能减轻船艏500余吨的重量，但林德曼否决了他的提议。也许在舰长心里，还考虑着如何漂漂亮亮地泊进圣纳泽尔港。若是砍掉了锚链那可怎么行？

相对技术人员和损管们的忙碌，其他单位的水兵们正处于难得的空闲中。让这些新手在这种环境下处于无所事事的状态是相当危险的，必须给他们找点事情做。副舰长李曼想到一个点子，他征集了一批空闲的水兵，要求他们利用资材库内闲置的钢管、帆布、铁皮等，为"俾斯麦"号搭一个假烟囱。施工场地就在已经沦为摆设的水上飞机弹射器处。

这还真是对了那些闲人们的胃口，很快就有一大批志愿者集中到"施工场地"上。用钢管等玩意搭一个假烟囱并不是什么难事，几个小时内他们就干完了这个活。到了下午4时，"俾斯麦"号的假烟囱已经被横放在弹射器轨道上，细心的水兵正在给它喷上和船身颜色一样的老鼠灰。副舰长李曼跑来视察了一圈，结果令他感到满意，还认真地建议道：是不是该让这根假烟囱也能冒烟？

林德曼听闻哈哈大笑，欣然接受了这个半开玩笑的建议。通过广播系统林德曼通知全舰：下更人员若要吸烟请至副舰长室报道，抽雪茄让2号烟囱冒烟！

这个广播通知令全舰上下捧腹大笑，之前积郁的悲观气氛被冲淡了不少。

整个25日，形式在逐渐好转。19时30分，西战斗群指挥部发来消息，称已协调好德国空军驻法国大西洋沿岸的各部队，随时准备起飞掩护接近中的"俾斯麦"号。西战斗指挥部给出了一组数据：轰炸机最远可至西经14度，侦察机可至15度，福克沃尔夫200型远程巡逻机能一直飞到西经25度位置，一旦进入航空兵活动范围就可致电西战斗群指挥部请求增援。同时，驻留布勒斯特港的德国海军也调集了3艘驱逐舰准备出海，水面舰艇将在"俾斯麦"号驶过西经10度线时出发接应。

维持20节速率航向东南，航线直指圣纳泽尔港。当夜色再次笼罩"俾斯麦"号的时候，希望的火苗在船上每个人的心中跳动。不再有舰载机发出的嗡嗡声，也没有如影随形的追兵，此时的海面宁静又平和。在大西洋中央，远离流冰气候变幻莫测的北方危险海域，黑夜的时间也随着纬度的降低逐渐延长，这一切都给人一种即将到家的感受，更使这些心惊胆战了60多个小时的人提前有了一种杀出重围的快感。万事俱备，等待他们的会是什么？香槟酒、鲜花、献吻的美女，还有那铁十字勋章？

26日4时30分，自罗经舰桥发出一份舰长林德曼的特别声明：

在前往圣纳泽尔的过程中，我舰现在的船位已通过了四分之三个爱尔兰岛。至今天中午之后，我们将会进入U艇的作战区域，并同时进入空军的掩护范围。12时以后，会看到前来支援的"秃鹰"式（福克沃尔夫200型）远程巡逻机。

至此，林德曼已经完全消除了前一天中午舰队司令吕特晏斯那篇"演说"带给水兵们的恶劣影响，并进一步地振作了他们的精神。

什么样的人最注重前途？那些深陷重围面临生死考验，同时又心存希望的人。对死亡的恐惧渐渐消退，他们对"回家"仍怀有最后的期望，而这种期望正随时间流逝逐渐扩大。但，前面还有很长的路要走。

26日零时到来的时候，托维终于感到了绝望。几天来，他振奋着精神指挥舰队围捕那些凶狠的敌人，也不放弃任何希望鼓舞着他的部下，在失去"胡德"号的那刻保持镇定，发誓要为霍兰德报仇。一度，他们牢牢地抓住了对手，新式雷达和坚忍不拔的海军传统差不多将德国人逼上了绝境。虽然付出了惨重代价，但"俾斯麦"号就如同最初计划的那样，逐渐陷入一只由数十艘军舰构成的"巨手"之中。本来，当这只手在25日早上捏拢的时候，将会使敌人粉身碎骨。然而，这些德国人居然从皇家海军的指缝中溜走了！

希望并未消失，至少他们还知道"俾斯麦"号的所在——在这艘战列舰消失的那个点，向西指着法国海岸的所有射线上。"我能调动的所有军舰都在朝法国海岸航行，沿途也将设置多道巡逻网。战列舰'罗德尼'号就位于这一路径上，如遭遇'俾斯麦'号，该舰的火力能确保实施有效拦截"，在给海军部的通报中，托维这样叙述道："计划中，位于爱尔兰基地的巡逻机将在午夜过后起飞，巡视我舰与法国海岸之间的水域。"

随后他看了看海图："如果德舰已越过我方巡视海域，那么我们最后的希望就是萨默维尔爵士的H舰队，他们现在正位于伊比利亚半岛以北比斯开湾南部水域，4个小时内就能进入阵位。"

做完了简要的通报后，疲倦同涨潮的海水一样向他袭来，老人终于感觉到自己的体力不支……还有失败。历来新闻报道、文学作品、街谈巷议，都喜欢把败仗前某指挥官的睡眠作为恶评的理由及丑态的表现，似乎失败者连平静的睡眠和休息都不配享有。想到这一点，托维不自觉地笑了起来，此举引来了和司令官一样忧心忡忡的参谋长的目光。

看着老部下关切的眼光，托维那因为疲倦而有几分迟钝的大脑依然感到了些许歉疚，他预见自己被首相当作替罪羊查办后，他和这些幕僚的命运。不过，现在想这些也没什么意义。"我得去睡上4个小时，凌晨5点时叫醒我。"说罢，舰队司令起身开门离去。

然而托维不知道的是，就在他拖着疲倦的身体走向海军上将舱的时候，属于他乃至整个皇家海军、不列颠王国的"最后希望"正准备起飞。

厄恩湖位于北爱尔兰的弗马纳郡境内，严格地说，这里应该分成上厄恩湖和下厄恩湖两处才对。在这幽静的河流与湖泊中，繁殖着大量的鳟鱼，是英伦垂钓者们的圣地。据说，这个地方的日落景色也很不错。简而言之，此地是个宁静又舒心的度假好去处。很遗憾，若要前面的叙述成立，必须加上"战前"字样。要是现在还有垂钓者想来这里有所收获，那么他一定会败兴而归，因为即使鱼能忍受，他也一定不能忍受飞机引擎持续的轰鸣。

来自美国的伦纳德·史密斯少尉正跟随丹尼斯·布里格特中尉登上他们的空中座驾。第209飞行中队的Z号机，1架通过租借法案运抵英国的"卡塔琳娜"式远程水上飞机。他来这里参加对英国飞行员的培训才一个月不到，说实在的，他也不明白英国佬怎会舍得拿这么一个好地方来修飞行基地。不过据此，对于这些英国人的窘境倒也有了更直观的认识。5月16日凌晨3时，机身编号为209Z的"卡塔琳娜"冲入漆黑一片的天空，向南飞去，和它一道起飞的还有数架僚机。托维在通报中叙述的"空中侦察"正在展开。

天才有些蒙蒙亮，萨默维尔爵士却没有再多睡一会儿的心情，他早早地起床来到指挥中心。

在那么多舰只的围堵下，"俾斯麦"号居然跑了，遁入了黑暗中。在前一天，托维和海军部都发来电报，说明了目前的形势。除了无线电测向数据含糊不清地显示着这艘德国战列舰正航向法国之外，对于德舰的动向他们可以说是一无所知，而且有理由相信，德国人领先了托维主力至少8个小时的航程。

■ 战列巡洋舰"声望"号，萨默维尔舰队中唯一的主力舰，也是"反击"号的姐妹舰。由于装甲太薄，不适合单独去找"俾斯麦"号的晦气。好在萨默维尔手里还有"皇家方舟"号航空母舰。

对于现在的处境，萨默维尔不知该喜还是该忧。由于和他们那人品低劣的首相结有私怨，每次他的 H 舰队不是分到一些跑龙套的差事，就是奉命朝不肯服从自己的前盟友开火这类混蛋事情①。一想到他们的首相，萨默维尔禁不住开起了小差：皇家海军中的将官有许多，能指挥一支舰队称得上"提督"的也不算少，如果说这么多性格迥异，年龄差异大的人之间有什么共通点的话，无疑就是对首相的厌恶了。萨默维尔的同僚一向反感他那冰冷的幽默感和乱开玩笑的习惯，可只要他说的笑话与丘吉尔相关，这些刻板的英国绅士就会一言不发地微笑，表现出难得的善意……当然，除了庞德上将。一想到庞德，萨默维尔甩了甩脑袋，自觉地收回思路，抛开他对个别上级的看法，现在可不是发泄私怨的时候。他转过头，开始认真查阅起海图来。正轮班工作的航海长还有航海士们，已经在一张新的海图上标绘出了已知的各种最新信息。

看着海图，萨默维尔突然发现自己变得重要起来——他和他的 H 舰队已

---

① 1940 年 5 月 29 日法国战败前夕，为了确保实力强大的法国舰队不被德国掌握，同时考虑到自身安全，丘吉尔不顾基本道义，命令皇家海军攻击不肯遵从英方指示的法国舰队。北非米尔斯克比港外，在法国舰队拒绝归附或自沉后，萨默维尔中将指挥的 H 舰队遵照丘吉尔的命令向港内法舰开火。也许英国有充分的理由执行"必要的邪恶"，但即便确实有"必要"，这也依然是"邪恶"。

经成了横越在"俾斯麦"号与法国海岸之间的一道屏障，而且可能是最有力的一道。萨默维尔按着地图上表示自己舰队船位的标记，然后将手指头向西挪动，点在了代表战列舰"罗德尼"号的符号上。

"指望不了，这艘船不够快"，他自言自语，其潜台词不言而喻。而在 H 舰队的北面，来自爱尔兰的空中侦察网也正要发挥作用。

史密斯少尉有几分不放心地看着他的英国同事，这些英国人接受训练的时间还不够长，"卡塔琳娜"的飞行性能和他们过去驾驶的"海象"式^①可有着天壤之别。飞机上一共有 4 个人，机长兼驾驶员布里格特中尉来自英国，领航员安德森军士也是英国人，还有两位美国人，史密斯和报务员哈里森，同时哈里森又是机上工程师。布里格特不怎么喜欢同机的两位美国同事，这可能和他们的处世态度有关系。在布里格特看来，这两个美国人整日一副吊儿郎当的样子，缺少军人身上应该具有的精干和细致。当然，他承认史密斯的技术堪称精湛，能把"卡塔琳娜"驾驶得转起来。美国尚未参加大战，这些美国人都是秘密抵达英国的，除了来培训合格的英国飞行员驾驶美国生产的"卡塔琳娜"之外，他们的上级肯定也想让一些骨干获得实战经验，所以来的人必是经过精挑细选的。

这片海域的天气很不厚道，云层低垂，但就是滴雨不降。大团的积雨云在 700 米至 1100 米的高空之间涌动着，气流也不太稳定。大气层在聚集能量，也许这团积雨云过不了多久便会壮大起来，演变成风暴。想看到海就非得将高度维持在 600 米至 700 米，透过一个又一个云洞来观察海面。不过不能再低了，那样视野将变得非常狭小。

26 日 10 时 15 分，编号为 207Z 的"卡塔琳娜"式钻出一个云洞，颠簸的气流搞得飞机上的人很不自在。突然，正打算发牢骚的史密斯少尉看见了一个东西，在蓝到发黑的海面上，有 1 艘灰黑色的船正在犁浪前进。史密斯合上了嘴，将刚要脱口而出的话咽回了肚子里，他端正望远镜准备认真地观察一下这个新发现。不料这个时候，云层涌了上来。

---

① 英国皇家海军配属给大型舰艇使用的大型舰载水上飞机。

"喂，伙计们，你们看到了那玩意么？"他转身询问安德森和哈里森。哈里森没有理他，也可能是根本没听见，他正戴着耳机认真地看着书。安德森的注意力显然不在那片海域，他放下望远镜疑惑地问道："什么？"

"又黑又大又粗又长……我说你们都没看见？"史密斯少尉有一搭没一搭地说着，这是布里格特中尉最讨厌他的一点。不过布里格特没有吱声，他从来不会在公事上和同僚过不去。而且这会儿他们这吊儿郎当的史密斯少尉似乎真发现了什么："那么，我说伙计，从那个云洞钻出去看看？"布里格特什么也没有说，而是直接压下了操纵杆，庞大的"卡塔琳娜"以意想不到的灵巧钻进了云层。

对德国人来说，希望和春梦一样迅速地破灭掉了，也许有些人前一刻还在想着女友和老婆，却一瞬间被拉进血淋淋的现实之中。

26 日 10 时 30 分，许多人正忙着完成自己的任务，空闲的人则三三两两在甲板上晃悠，全然没有了一天前的那种心惊胆战。天气还不错，正是他们所需要的。突然，云层中传来嗡嗡的声音，由远及近。几分钟之后，1 架飞机钻出了低垂的积云，飞临"俾斯麦"号上空。

这种转变来得太快了一点儿，以至于大多数人都愣在了当场。"左舷发现敌机！空袭警报！"片刻之后驾驶台发出了防空警报，水兵们四散奔走，各就各位。和之前一样，一分钟内舰上所有防空武器都已就位，但飞临上空的敌机已经重新钻进了云层。

布里格特中尉小心地压下操纵杆，不让飞机下降得太快。有那么十来秒，窗外雾气翻滚什么都看不到，然后，视野一下子变得开阔，他们看见了顶上灰白色的云层和下边蓝黑色的大海，这是另一种形式的"黑白"世界。在眼前的这片大海上，只能看到一条白色的航迹，以及一艘灰色的战舰。不过此刻已经没有识别的必要了，因为在对这个发现进行识别的念头还没冒出来时，猛烈的防空炮火就已经热烈招呼过来，这倒也省了许多事情。

从德舰射来的炮火迅速笼罩住这位不速之客，飞机瞬间被大大小小的爆炸声和黑烟围了起来，不时有一些小弹片"哐哐"地弹在飞机的外壳上。布里格特不动声色地拉起操纵杆，"卡塔琳娜"仰起头来，以一种对大型飞机来说很不可思议的速度迅速爬升，钻入云层。看着邻座史密斯少尉灰白着脸下意识地吐出一个"Shit！"，布里格特中尉开心了很多。这就是没有经历过战火的人和老兵之间的区别。他转过脸冲报务员说道："哈里森，愣着干嘛，快发报呀！"

"1艘战列舰，航向150度。本机位置北纬49度33分，西经21度47分。发电时间26日10时30分"，拍着电报的哈里森没有了刚才看书时的从容不迫，他和史密斯一样灰着脸，按在桌子上的左手微微颤抖。

就在布里格特盘算着这够不够获得一个优异服务勋章的时候，他的发现正重新将德国人带入噩梦中。当这架"卡塔琳娜"再次钻出云层的时候，"俾斯麦"号上的水兵正怒气冲天地操作着他们的防空武器，向这架惊扰他们美梦的怪物展开猛烈射击，而之前并没有任何人下达过开火的命令。

这架"卡塔琳娜"尾随着"俾斯麦"号飞了很久，因为船上的人一直能断断续续地听到引擎声。"卡塔琳娜"这玩意儿最大巡航距离可达6400公里，德国人完全有理由相信它会一直跟到皇家海军的水面舰艇出现为止。这会是

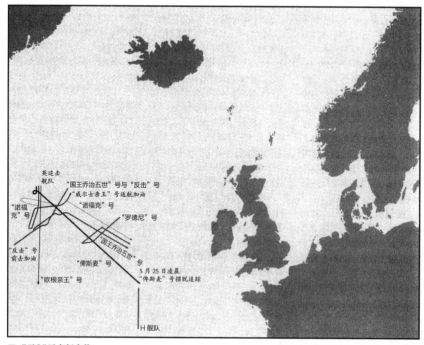

■ 5月25日夜间态势。

一个麻烦，一个很大的麻烦……驾驶台曾有人建议让1架阿拉多196式舰载水上飞机去干掉这个该死的尾巴，但是被林德曼驳回了。现在海面上正涌着大浪，这种气候下根本不可能回收飞机，等于是让机组人员去执行自杀式任务。

将近12点的时候，电讯情报组发来消息说已破译敌机的密码电讯，证实了这架侦察机正在向它的上级——第十五侦察联队发报的事实。虽然这实在没什么好惊讶的。

当德国人幻想着皇家海军还在远方的时候，另1架飞机悄悄地出现了。这是1架银白色的固定机轮双翼机，而非"卡塔琳娜"或者"海象"这种庞大的水上飞机，待它稍微飞近，就很容易辨识出这是1架"剑鱼"式。对于德国人而言，如果隔了一天半再次被敌机发现是一场噩梦的话，那么这样1架敌机的到来更是当头一棒——因为这意味着在附近海域至少有1艘皇家海军的航空母舰！

"有敌舰载机跟踪，我舰位置大约在北纬48度，西经20度。"12点的时候，吕特晏斯向西战斗群指挥部发报。显然他是希望驻法国的德国战机能前来护航，但是现在"俾斯麦"号的船位距离德国轰炸机的最大作战半径还有至少240海里，需要继续向西航行大半天时间，才能指望得到他们的空中掩护。

遮蔽双方的帷幕再次拉开，参与到这场追击战中的所有人都明白，成败已经到了最后的关头。

→ 帷幕再次拉开 ←

既喜且忧，这是托维上将于5月26日上午的心情。

一方面，从昨天晚上至今天上午，战列舰"威尔士亲王"号、战列巡洋舰"反击"号、航空母舰"胜利"号、重巡洋舰"萨福克"号先后退出了追击舰队的序列前去加油，导致追击舰队的实力被严重削弱。对此，托维本人也应负一定的责任，若非他坚持要在"国王乔治五世"号上推算"俾斯麦"号的船位，使追击舰队无故航向北面浪费了8个小时，也许早就把他们的目标再次兜住了。

当然，重新得到"俾斯麦"号的准确船位这点本身便是可喜可贺的，至少所有人都重新知道了他们该干什么、该怎么干。托维迅速走向海图，当班的助理航海士已经及时地将位置标注在了上面。1941 年 5 月 26 日 12 时整，"莱茵"作战呈现出如下态势。

皇家海军所有追击舰艇，除自发赶往参战的重巡洋舰"多塞特郡"号，其余均位于"俾斯麦"号北面。

其中位置较"俾斯麦"号更偏东的有重巡洋舰"诺福克"号、战列舰"罗德尼"号，以及皇家海军的 H 舰队。

但"诺福克"号位置过于偏北，无法立刻接近这艘德国战列舰，"罗德尼"号也存在同样的麻烦，而且该舰航速较低。

现在可依靠的力量，是自南向北开来的 H 舰队。虽然萨默维尔爵士的 H 舰队只有"声望"号一艘主力舰，该舰也不具备和"俾斯麦"号一较高下的实力，海军断然不会容许将其投入"肉包子打狗"的战斗中。但是该舰队还携有航空母舰"皇家方舟"号，载有 27 架"剑鱼"式鱼雷机……这真是一个天大的好消息。H 舰队现在完全具备立即对德舰发动空中打击的能力，追击舰队可以通过空中打击迟滞"俾斯麦"号东进的速度，为主力舰赶到争取更多的时间。

"现在看你了，"托维忍不住想到萨默维尔一直以来私底下的抱怨，苦笑起来。"偏师到底还是成了主力……"

托维盘算着萨默维尔有几成胜算，同时也在为另一个问题而发愁。

由于各艘主力舰已经出海航行数天，几天以内一直以高速航行在大洋上和德国人飙着车。目前"国王乔治五世"号和"罗德尼"号等舰燃油还勉强堪用，可随行的驱逐舰已经是强弩之末，连续数日的高速航行已经让这些船的燃料携带量降低到了危险的程度。如果不想让护航舰艇在海上抛锚，那么趁早打发他们前去加油才是正事。但越来越靠近法国海岸，皇家海军的追击舰队就越靠近繁忙的商业航线，这里是德国"狼群"肆虐的海域。在此活动的主力舰必须得到驱逐舰队的掩护，否则难免惨遭这些神出鬼没的海狼暗算——偷鸡不成，反蚀一把米的道理，托维也懂。25 日晚间，他的要求得到了海军部的回应，飞利浦·维安上校的第 4 驱逐舰中队被调出交付给托维的追击舰队。

维安上校接到命令是在 26 日的 2 时，在这以后，他的舰队便转向东偏北全速前进，准备加入托维的舰队。他们一整夜都向东北航行，预计将在 26 日午后与托维会合。但 207Z 号"卡塔琳娜"的发现改变了很多东西。

11 时，当维安上校收到了托维转发的敌情通报，知晓消失了一天半的"俾斯麦"号再次被发现的时候，他犹豫了。是服从命令继续向东偏北航行加入托维的编队，还是转向追击"俾斯麦"号？目前德舰的船位差不多在第 4 驱逐舰队的正南方，距离不超过 100 海里。如果德舰维持现在的速率航行，维安指挥舰队全速前进朝东南拦截的话，最快今天午夜时分便能赶上去。在白天，他没有信心在这艘危险的德国战列舰炮火下干出点什么名堂来，但要是夜袭，他就可以借助黑暗的掩护发动一次雷击。即便无法击伤德舰，至少也可以降低其向东航行的速度。他的第 4 驱逐舰队由"哥萨克"号、"毛利"号、"祖鲁"号、"锡克"号、"闪电"号 5 艘舰队驱逐舰构成，都是奋战至今的老兵。特别是"闪电"号，它是隶属于流亡伦敦的波兰流亡政府的武装力量，由流亡的波兰海军操作。毫无疑问，这些亡国的波兰人非常乐意让德国海军归还德国欠他们的诸多"债务"中的第一笔。

当然，维安也非常清楚，海军部给他的命令是加入托维舰队，他若自行其是，就是抗命的行为。如果因为他擅自改变行动遭受什么损失，等待他的必将是严惩不贷！但现在已经不需要再多考虑，此刻，维安上校已经被克罗内尔的克拉多克灵魂附体，他不是一个人在战斗！

第 4 驱逐舰队转向东南全速前进，以一支追击舰队的身份进入拦截"俾斯麦"号的航线上，而不再是以追击舰队护航舰的姿态参加作战。

在 26 日 10 时 30 分的时候，207Z 号"卡塔琳娜"发出的"1 艘战列舰，航向 150 度"的电报，同样被 H 舰队的电信组在第一时间截收到了。这个原本隐秘的情报，以一种纪律无法约束的速度极快地传遍了全舰队。能从跑龙套的升格成主力，所有人都欢欣鼓舞。特别是在 25 日凌晨丢失"俾斯麦"号的踪迹之后，H 舰队的多数人员打一开始就相信，这艘德国战列舰将会航向布勒斯特而不是重走北方航线回挪威。而舰队指挥部在这以后的航行计划，也是依照这一推测来制定的。

此刻，萨默维尔中将手叉着胸站在舰桥上凝视着远处的海面，看起来十分精悍。不过下属们觉得这老头子有些作秀的味道，可 H 舰队这次行动又没有随军记者同行，真是怪事。只有老人自己明白，这个机会得来不易！他并不想得到什么，这一把年纪也没什么好争的了。他就赌一口气！即使与首相不和，他也要为不列颠而战。

"加速至 26 节，舰队转向 105 度航行，'谢菲尔德'号出列，近距离监视敌舰！"

在北纬 49 度 60 分、19 度 31 分海域，向着正北航行的 H 舰队在萨默维尔中将的指挥下猛然转过了 105 个罗经点折向东南。对于德国海军的"莱茵"作战和皇家海军的阻击行动，这都是一个巨大的转折。德国人的梦魇将要来临。

↠ 致命的打击 ↞

不论是托维还是萨默维尔，都未曾考虑过使用战列巡洋舰"声望"号来拦截"俾斯麦"号，被寄托着重大（同时也是最后）希望的是航空母舰"皇家方舟"号。对上级的这种寄托，"皇家方舟"的舰长瑞本·蒙蒂上校充满信心，他信任手下的这些小伙子，这群经验丰富的飞行员，他们在地中海有过出色的表现。当然，这次要对付的是德国海军，和意大利舰队多少有些区别。

"这次是对付德国海军，他们同意大利的舰队不一样！"某个途径飞行员休息室的军官听到有人这么说。另一个人的回答引发了一片哄笑："当然有区别，区别就是德国海军连舰队都没有！"

军官满意地走开了。他们是老兵，皇家海军中作战经验最丰富的舰载机飞行员团体。"胜利"号上的新手们已经够德国人喝一壶了，更何况这些人！一架又一架"剑鱼"被升降机从机库里提到了甲板上，整备人员正麻利地打开、组合它的折叠式机翼。一些之前用作空中侦察的"剑鱼"式，被拆下安装在中间座舱内的油箱，迅速撤销远程侦察模式的临时改装，使其回到了舰载鱼雷攻击机的姿态。他们快速给战机挂上鱼雷，全副武装准备披挂上阵。

第一个攻击波次由 15 架"剑鱼"组成，为此蒙蒂的航空军官特意挑选了手下经验最丰富的飞行员。14 时 50 分，第一攻击波出动！

轻巡洋舰"谢菲尔德"号正航行在"俾斯麦"号的西北处，天气渐渐转坏，海面上风浪越来越大，不过现在这点风浪还不足以撼动这艘吨位和"重"巡洋舰不相上下的"轻"巡洋舰。它诞生于美日超级轻巡洋舰竞赛时期，是某种变态思想和逻辑的混合体，在不足万吨的船体上，安装了 4 个三联装合计 12 门 6 英寸舰炮。发现"俾斯麦"号的那架"卡塔琳娜"已经飞走了，估计是燃料将尽，现在是它的僚机在执行跟踪任务，无线电呼号变了。依照目前的速度和位置，舰长拉肯正盘算着"俾斯麦"号也许会在 2 个小时内进入"谢菲尔德"号的视野。然而船上的人不知道，一场小小的误会即将发生。

蒙蒂上校不知道"谢菲尔德"号已经单独前去跟踪"俾斯麦"号，从中午到第一波舰载机攻击波次出动，他有太多的事情要忙，也不曾留心到舰队的序列里会少掉一艘船。总之，当那些经验丰富的小伙子们起飞的时候，他们未被告知航线上将会有一艘自己人的船。所以，当"谢菲尔德"号黑色的身影出现在水天线上，他们立刻变得异常兴奋。航线正确，航向也没有问题，虽然比航空官给的预计飞行时间短了许多，但谁又会仔细去想这是怎么回事？

求战心切的领队一晃机翼便冲了下去，随后的飞行员也依次跟进，就像和以前炸意大利军舰一样，按着已经重复无数次的套路，"剑鱼"群绕向"德舰"的两舷前方，准备展开攻击。

对于"谢菲尔德"号上的官兵而言，1941 年 5 月 26 日 15 时 50 分是个令人哭笑不得的时刻。当"剑鱼"出现在天际的时候，舰上的人一点儿也不稀奇，他们事先得到了舰队指挥部的通知，将有攻击机群飞过上空。即便是没有通知，在离岸 500 海里的大西洋外海上飞行的单引擎飞机，除了皇家海军的舰载机

■ 轻巡洋舰"谢菲尔德"号，隶属H舰队，接到了抵近监视"俾斯麦"号的任务。

还会是什么？可之后的事情使他们一瞬间变得信心全无，这些他们认为是"剑鱼"式的双翼机居然散了开来，抄向船头两侧意图发起攻击！

皇家海军的舰载机在使用皇家海军的标准战术，准备攻击一艘皇家海军的军舰。短暂的怀疑之后，这被定性为一次"友好射击"事件。舰长紧张地指挥着巡洋舰急速回旋，准备规避鱼雷，甲板上军官在大喊"防空组不要射击！是自己人！"一时间，船上乱得一塌糊涂。

"剑鱼"进入攻击位置后，就和演练的情形一样，迅速投下鱼雷。当然飞行员也很奇怪，为什么这艘船不朝他们开火？这是需要等到他们投下鱼雷之后，才能有时间利用兴奋的大脑来思考的问题。而且，很可能在开动脑筋思考之前，另一个问题也占用了他们不少的脑细胞——那就是为何鱼雷一入水就炸？

北大西洋正波涛汹涌，那些刚入水的鱼雷在第一个大浪拍上来的时候，轰然爆炸了，这把不少飞行员弄得非常郁闷。当然，他们很快就会认出攻击的目标居然是舰队中的"谢菲尔德"号，这无疑令他们变得更加郁闷。位于最后一个攻击组的 3 架飞机及时认出了这是友舰，没有投下鱼雷，而之前丢下的 12 枚鱼雷中，有 8 枚入水后便被大浪冲击引爆，"谢菲尔德"号躲过了其他 4 枚。H 舰队对"俾斯麦"号的第一轮攻击就此落空，真是迎头一瓢冷水。但对于以后的行动来说，这次误击也并非全无意义，至少提前发现了鱼雷的磁引信在大浪中触水即炸的缺陷。

"剑鱼"机群重新收拢编队，悻悻地在被误击的巡洋舰上空转了一圈，然后返航。长机发出信号："敬了您 1 条鳟鱼，非常抱歉。"在返航之前，他们看见舰上的水兵向他们挥舞着扁帽。机群回到"皇家方舟"号已经是 17 点了。飞行员不服气，于是找到了航空官，航空官也不愿就此终止今天的行动，结果找到了舰长，舰长当然更不会甘心，所以找上了舰队司令。最后，萨默维尔中将丢来了这样一句话：

"我什么时候下令终止今天的攻击行动了？！"

于是这堆心有不甘的人一哄而散，回到了各自的岗位，加油装弹，调试引擎，重复之前的工作，飞行员则抓紧时间休息恢复体力。

托维并不知道这一波攻击中发生的细节，他只是从萨默维尔发来的简单叙述中知道了这一次行动已告失败。这对他来说是个极坏消息，因为距离天黑已经没剩下多少时间，他不认为"皇家方舟"号的舰载机能在日落之前再发动一次袭击。如果他们不能在 27 日黎明之前阻止"俾斯麦"号继续向东航行，那么当明天日出的时候，这艘已经成为德国功勋舰的大型战列舰，将会进入驻法国的德国空军远程轰炸机的作战半径以内。这对皇家海军而言也就意味着失败。

从斯卡帕湾起航已经 4 天了，在这 4 天中的大半时间里，"国王乔治五世"号的主机一直在高速运转着，2000 余海里的旅程，使它的燃料存量越发捉襟见肘。随着时间一分一秒地过去，如果今天午夜之前不能取得决定性进展的话，本土舰队旗舰"国王乔治五世"号将被迫返航。托维站起了身，看了看窗外正在大浪中航行的"罗德尼"号。这艘船的情况也好不到哪里去……

舰桥里的人看见舰队司令拧着眉毛，开始神经质地来回踱着步。他们不知道如何才能安慰他，或者，托维根本不需要安慰。希望、失望、希望，再到失望，在短短 3 天内，托维和整个皇家海军乃至全英国经历了两次这样的大起大落。而他们的结局，就是注定在失去了"胡德"之后无功而返么？

萨默维尔收到托维的致电是在 26 日 18 时 20 分。电文中，这位老同僚平淡地叙述道如果午夜之前无法取得进展，他的"国王乔治五世"号就必须返航加油，同时他还转达了"罗德尼"号舰长的决心——若是需要，将在没有护卫舰掩护的情况下独立追击。萨默维尔心情沉重，他们就像是一群走钢丝的人，脚下维系着生命的钢丝越来越窄、越绷越紧……但人人都在坚持、再坚持……直到钢丝绷断！他走到窗前，看着航行在舰队左前方的"皇家方舟"号，这艘造型利落的平顶船在大浪中微微颠簸。

外海的风浪越来越大，护航的驱逐舰正随着海浪时起时落，即便是在庞大的"声望"号上，也能感到大海的无情和强大。萨默维尔捏紧了左手，任由托维的译电稿被紧紧揉成一团。

第二个攻击波次出击的时间被延迟了，调换鱼雷磁引信所耗费的时间比预想的要长不少，所有人都心急如焚。19 时 15 分，晚了差不多 45 分钟，终于一切准备妥当。

低云笼罩，昏黑不明，海面上大风正裹挟着浪花，一片波涛汹涌的景象……

"你们还打算飞么？"航空官好心地指着天空问道。

"管他呢"，领队提姆·科德少校只是稍微愣了一下："小伙子们，准备起飞。我们去打折德国人的狗腿！"

他们借着白昼最后一缕光明起飞，如果顺利，将会在天空的光辉中进行投弹。最后，于黑暗中返航和着舰。从未经历过舰载机飞行的人不会明白这其中的危险，从未尝试过夜间降落甲板的飞行员不会明白自己的技术有多棒，同他们相比马戏团走钢丝的简直像是儿戏。更何况是在大浪滔天的情况下，进行夜间降落——他们是在玩命。

但就是在这种环境下，"剑鱼"中队二度起飞。

"谢菲尔德"号接近它的目标是在当天下午5点40分。忍受着大风和海浪，还有时好时坏的能见度，从东南方的水天线上辨识出了"俾斯麦"的黑影。舰队指挥部电告他们，第二攻击波次将在19时左右抵达，要求进行引导。但，现在都快20时了，预计中的"剑鱼"还未出现。

终于，海面浪花翻滚发出的噪音也未能掩盖住飞机引擎的"嗡嗡"声。20时整，"剑鱼"中队出现了。"谢菲尔德"号立刻按原定计划自报身份，并发出信号指示敌舰的位置。不知怎么的，这在飞行员们看来似乎有急切地表

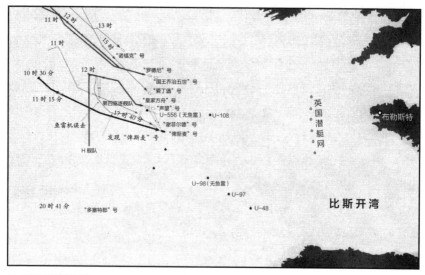

■ 5月26日夜间态势。

明自己是友舰的味道……

依着"谢菲尔德"号的指示，机群继续向东南飞行，一直飞了 15 分钟，海面上什么都没有。方位有误！好在第二攻击波发起的距离已经比上一次近了不少，飞机上还有足够的存油。这一次，机群折向东飞。5 分钟后，"谢菲尔德"号上的水兵听到了隆隆的炮声。他们知道，这一次是指对了。

人是会麻木的，对"俾斯麦"号上的德国人来说，噩梦笼罩的感觉并未维持太久。或者说，他们几天以来吐啊吐啊，已经慢慢地习惯了英国尾巴。从中午开始，发现舰载机着实让他们大吃一惊，但是等了大半天一直到快天黑，都未有舰载机"临幸"，给他们送上几条新鲜的"鳗鲡"。这一度让吕特晏斯和林德曼大惑不解。难道皇家海军打算在 26 日放过他们？傍晚，西面出现一艘船，瞭望哨辨认出是英国的轻巡洋舰。这是自甩掉"萨福克"号、"诺福克"号与"威尔士亲王"号差不多 40 个小时之后，再一次被一艘英国水面舰艇盯上。然而，天快黑了，这种威胁不算什么。反正明天一早，身处险境的人就将颠倒位置。

希望在"俾斯麦"号上重新萌芽。被英国人再次追踪又如何？反正天一黑就再也没有什么可以真正威胁到"俾斯麦"号了，明天一大早就会有德国空军强大的轰炸机部队赶来护驾，皇家海军的追踪舰艇如果不及时识相地退开，那么就得做好前来送死的觉悟。船员们谣传本土舰队主力还在 100 海里以外转悠，除非他们能跑 40 节，否则别想在明天天亮前赶来。

圣纳泽尔港、鲜花、美女，还有勋章，这些似乎都已经不远了？此时，天空中传来了隆隆的飞机引擎声。沉重的轰鸣声压过了浪花的噪音，这是一个机群……

驾驶台传来命令："防空警报，各炮组各就各位！"

借着天黑前最后的亮光，一队双翼机从低垂的云层中蹿了出来。它们比两天前的那些舰载机更老练，机动及盘旋动作没有半分的多余和迟疑。由于"俾斯麦"所处的位置云层特别低，这些舰载鱼雷机没有固执地遵守编队袭击的惯例，而是分散开来从多个方向进入投雷。

"'俾斯麦'号再度成为一座喷发中的火山，"第三枪炮长雷希贝格男爵在他的回忆录中这样写道："在防空高射炮局促和短暂的'轰轰'声中，夹杂着副炮和主炮低沉但悠长的轰鸣。海面上划过鱼雷的白色尾迹，当主炮和副炮朝鱼雷航迹之前的海面进行射击时，仿佛在海面上拉起了一条水帘。由于所操作的指挥仪视野有限加上满天的浓烟，因此我只能看到整个战斗的一小部分。"

林德曼为了规避这恐怖的"鳗鲡之吻"^①，使出浑身解数下达舵令并迅速发布车令改变航速，希望能扰乱英国飞行员的判断。从舵角指示器里，表示舵位的指针一刻不停地快速转动，航速指示器里的指针也在急速变幻。轮机控制室内驾驶台传来的命令正被全神贯注的操作员快速地贯彻着。

"全速进车！"

"全车疾停！"

"全速倒车！"

"进车！"

"左舷微速！"

"两舷齐速！"

"全车疾停！"

车令被一个又一个地报出，然后迅速执行。甲板上，水兵们感到庞大的"俾斯麦"号时快时慢，迅速左右倾斜做出疾转动作。攻击时间并不长，总共才持续了不到 15 分钟，但对很多人来说，却久得像一个世纪一样。

混乱中，在两个方向同时有飞机投下鱼雷，一枚鱼雷撞上了左舷船舯，这是无法避免的。和上一次中雷的情况类似，这枚鱼雷没有造成太明显的损害。但是，敏锐的人感觉到中雷之后航速在急剧降低。甲板上的人也许不知道，右侧轮机因为这一击而停车了！

之后的规避更为凶险，失去一轴动力的"俾斯麦"号航速明显降低，而且因右侧轮机停车，左侧尚有动力的机组和旋转的螺旋桨在保持高航速的情况下，产生了巨大的右转力矩。为了补偿这个偏转力矩，林德曼下令保持偏左舵位。偏航暂时被控制住了，但是操舰能力下降显著，船变得异常迟钝。

---

① 德国方面喜欢把鱼雷戏称为"鳗鲡"（鳗鱼），英国人更习惯称其为"鳟鱼"，于是文中有了这两种不同的绰号。

20 时 31 分，历经了几分钟的惊险，空袭即将结束。大多数英国鱼雷机都已经投雷返航。但是，从左舷方向又飞来一组敌机，这可能是这场"漫长"空袭中的最后一波袭击。

这 2 架飞机从正横向飞来，快速通过之后在右舷位置右转脱离。它们飞得太快也太低，疾速掠过"俾斯麦"号的上空，几乎没有炮组能及时反应过来朝他们开火。当这 2 架飞机掠过"俾斯麦"号的头顶，在远处右转的时候，左舷船艉处传来了剧烈的爆炸声。

帆缆士官长赫尔佐格把一切看得很真切，他当时正位于左舷第 3 座 37 毫米速射炮炮组上，他们的炮组是唯一一个反应过来朝这组"剑鱼"开火的防空单位。

"它们从左舷正横位置冲来，掠过我们头顶的时候迅即转向右舷，在即将扫过我们头顶的时候，我看到有黑乎乎的东西从它们的机腹下投掷入水，不用说那就是鱼雷了。鱼雷入水位置太近了，我猜应该不足 20 米。在鱼雷入水的时候，本舰刚好进行着左回旋动作规避转向，我想驾驶台一定是看到了这组敌机，打算规避它们的攻击。"

可是，太近了，根本躲不掉！一枚鱼雷射偏了，擦着船艉而过，而另一枚鱼雷却拖着白色的航迹撞上船艉。赫尔佐格只能眼睁睁地看着这一切，看着爆炸的水柱升起来。

在艉部火控中心，雷希贝格男爵同样感受到了来自船艉的爆炸，他条件反射般朝舵角指示器张望。左 12 度……还是左 12 度？一直是左 12 度！天哪，它不动了！

一击之下，天地为之变色，对于所有幸存者来说，这是一幕灰色的记忆。不再有任何色彩。

↦ 最后一夜 ↤

英国舰载机正在远去，船上又沸沸扬扬地传言说击落了数架敌机。但是，和上一次一样，"皇家方舟"号的舰载机全数返航。当然，在大浪汹涌的夜间

■ 绘画作品，表现致命的一击。

降落到母舰甲板是一件惊心动魄的事情，在这里就无须详述了，因为这是另外一个故事。

起先"剑鱼"远去的时候，"俾斯麦"号甲板上的水兵们还在欢呼，他们又一次"打退"了敌人的攻击。然而过不了多久，即使最迟钝的人也察觉到了异样。

两枚鱼雷总共导致了：左侧螺旋桨传动轴舱进水、左侧船舯部结构轻度变形、中央涡轮机舱地板变形、右侧轮机暂时关闭、船艉大面积破损海水淹没附近船舱、舵机舱被淹没等损失。但，其他所有的损害，或者说"俾斯麦"号从起航至今所有的损伤累计在一起，都抵不上舵机舱被淹没的后果严重。由于船艉中雷后形成的巨大破口，海水迅速淹没了邻近区域，所有人员被迫撤离。而撤离之前，船舵被打在了左12度的位置上，这意味着"俾斯麦"号已经不可能再有效地进行航行操纵。在这种处境下，这个结果就代表着毁灭。

轮机官格哈德·伦纳克上尉和他的副手赫曼·杰斯中尉对此束手无策，在一个多小时里，他们使出了各种办法，甚至考虑派遣蛙人从船体破损处外侧进入舵机舱，最后，残存的理智让他们接受了现实。因为即使潜水员顶着大浪从外部破口处进入船艉被淹没区域，他也没有被涌入船内随着海浪起落的海水甩到某种硬物上撞死，最后通过走廊顺利进入舵机舱，然而舵机是否完好又如何能确保？就算舵机完好，又怎么让它在失去电力并被淹没之后重新启动？对于舵的现状，已经无可挽回。

曾经有舰上工程师建议，干脆委派蛙人潜水之后用炸药炸毁两个失效的船舵，改用拖拽式临时舵来操舰①。舵机长、轮机长以及舰长林德曼聚在一起商议了一下，最后否决了这个提议。目前的海况显然不适合派水鬼下海去，那是送死。另外也无法保证爆炸不会殃及螺旋桨的车叶，甚至于整个螺旋桨和传动轴。如果连螺旋桨车叶也被毁，那"俾斯麦"号恐怕就彻彻底底完蛋了，它会沦为一个无力挣扎的死靶。而且，拖拽式的临时舵在这种海况下效果不佳。

临近午夜的时候，林德曼开始尝试最后的办法，他试图通过维持左右螺旋桨不同的转速来改变航向，使其回归到正确的位置上。有半个多小时，他站在驾驶台上不断发出车令，考验着轮机舱操作站内人员的反应速度和服从力。但是，每次千辛万苦将航向调整回东南之后，维持着左 12 度的船舵总会在大风和海浪的作用下产生力矩，最后将船头调向西北方。一切都完了。

午夜将至，船舵被摧毁的消息已经传遍了德舰上下，所有人都明白这对他们来说意味着什么，一位水兵这样对他的同伴说道"我的妻子即将成为寡妇，尽管此刻她还不知道。"

雷希贝格在他的回忆录《一个生还者的亲历》中这样写道：

一个没有月亮、阴暗的漫漫长夜。这次远航的结尾成了一次真正的受难之旅——我们完全束手无策，任由敌人前来摧毁我们的优势兵力。时间分秒流逝，我们十分渴望找到摆脱困境的办法，可越来越肯定的是已经没有任何希望了。午夜过后，有消息传来，抢修船舵的作业已经停顿，于是我们陷入了真正的绝望。

死刑已经宣判，现在是等待刽子手来给这艘前不久创造过辉煌战绩的军舰一个痛快的了断。并不是所有人都知道自己和这艘军舰的处境，巨大的战列舰上不同的部分被分割在不同的区域，执行着各自的任务。也不是全部人都有机会到处走动，不过一艘船再大也就这么点地方，消息还是会很快传遍全舰。

损管中心对目前的状况了如指掌，他们在第一时间得到放弃抢修的消息。

---

① 在船艉拖拽一组缆绳，拴住一块悬浮在艉流中的木板，使其垂直竖立在船体的纵向轴线上。在船前进的时候，利用缆绳调整木板和船体的夹角，就能起到同舵一样的效果。

致命之伤

战列舰"俾斯麦"号在这次打击中受到了各种各样的损坏，绝非"舵被卡住导致无法操舰"那么简单。在此，笔者认为有必要详细叙述一下在1941年5月26日日落之前，"皇家方舟"号舰载机对"俾斯麦"号的那次空袭中，两枚命中鱼雷所造成的损失。

第一雷：左舷船舯。

命中左舷舯部的鱼雷没有造成太大的结构性损伤，但是这枚鱼雷在命中"俾斯麦"号之前下沉到了合适的深度，或者说投放鱼雷的舰载机在足够远又不算太远的距离上释放了鱼雷。所以"俾斯麦"号实际的中雷位置是下面的防雷舱，没有像先前"胜利"号舰载机发射的那枚一样命中船舯主装甲带。

鱼雷爆发时产生的部分能量使舱壁垮塌，另一些则被传导至船体上，造成了异常剧烈的震荡，以及轻微的结构变形和船壳水密结构破裂。震荡虽未造成轮机等要害设备位移，但使右舷的轮机安全闸闭合，机组在失去蒸汽供给之后停车。左舷船舱整体后移，积压了中央轮机舱，该舱部分区域地板拱起约50厘米。左侧螺旋桨传动轴舱外壁水密性遭到破坏，海水涌入这个区域。

在空袭结束后不久，轮机舱控制站重置了右机组安全闸，这个主机再度开启。至于左侧螺旋桨传动轴舱的破损并不严重，很快漏洞便被堵住，并抽干了积水。

第二雷：左侧船艉靠近舵机舱位置。

鱼雷在距离船体不足50米的位置入水（生还者的证言有待考证），在因重力造成的短暂下沉之后，反跳至水面。随后，鱼雷引擎的启动使它迅速向前运动直至撞击船体爆炸。由于没有足够的距离，鱼雷几乎贴着水面击中"俾斯麦"号的船艉。

这个部位只有相当脆弱的装甲（仅80毫米），而且缺乏强力的支撑结构，无法阻挡分散爆炸产生的破坏。也因为没有设计专门用来吸收鱼雷、水雷爆炸破坏的隔舱结构，所以鱼雷爆炸造成的损坏异常严重。船体被炸出一个相当大的洞，并破坏了周围几个舱的水密结构，舵机舱也包括在内。

鱼雷造成了以下非直接破坏。船艉包括舵机舱以及其后备设备在内的数个船舱被淹，致使舱内水兵被迫离开岗位避难，为了避免进水的增加，不得已关闭了通向这一区域的所有水密门。随后，后测深管壁破裂，海水漫延至主甲板，一直穿过各个受损区域及已经失去密封效果的电缆填料管向邻近的船舱扩散。虽然舵机并未在爆炸中遭到直接破坏，但是舵机舱和后备设备被淹没的事实给这艘船判了死刑。舵维持在中雷时的左12度位置上无法改变，这让采用临时舵操舰变得非常困难，因为现有的舵角会造成一个强大的左转力矩。

维修工作根本没法进行。首先，船艉破损区域外侧的窟窿太大，海况又非常不佳，志愿人员曾数次冒险放置防水阀阻挡进水，结果都被浪冲走。其次，用来抽取这一区域进水的抽水泵也被淹了，根本不能抽水。由蛙人潜入该地启动舵机调整舵角的方法也行不通，被淹船舱内的海水随着海浪时起时落，蛙人肯定会在船舱内被海水的压力冲击得到处乱甩，委派蛙人执行这个任务就是送死，甚至不需要用"差不多等于"的前缀。

对后有庞大追兵的"俾斯麦"号而言，这处损伤是致命的。

总结：

名曰防雷舱，但实际上这里只是起到在没有装甲板与大量结构支撑的前提下，使用合理的船舱结构来削弱鱼雷对船体结构的破坏，以及避免进水造成不可收拾的结果。换句话说，就是合理牺牲一些可以牺牲的区域和储备浮力。但德国的情况和当时西方其他传统海军国家不同，由于《凡尔赛和约》的限制，德国海军无法全面开展技术换代工作，对于新式战列舰防鱼雷结构的设计便是其中一例。不同于潜艇或者弹射器等设备的设计，这需要大量水中爆破数据，甚至需动用废弃战列舰的船体来进行实验。当时的德国海军并不具备这些条件，故德国海军的新式战列舰虽然也采用了和其他国家类似的"防鱼雷隔舱"措施，但是其设计来源于第一次世界大战的经验，以及技术上的推测和对其他国家同类方案的模拟，而不是实际有效的设计和研究。总之，俾斯麦级的防雷隔舱效果很差。

至于船艉的损害，这是任何设计都无法避免的。除非在图纸作业初期就计划使用类似大和级战列舰的双舵构造，否则在这种打击之下没有任何挽回的余地。以基督徒的观点我们可以认为，是上帝要"俾斯麦"号毁灭。

186

舱内陷入了沉寂，只听得到时大时小的引擎声，舰长还在转他的螺旋桨。

不知道过了多久，损害控制军官（损管队的头儿）雅莱上尉打破了可怕的沉寂，他说："趁现在还有时间，让我们再一次想想祖国吧！"

"是啊，尤其是妻子儿女。"泵浦长萨格纳上尉给了这位爱国者一个白眼。

随后，寂静再次笼罩这里。

尾随"俾斯麦"号的"谢菲尔德"号猫了上来。这艘英国巡洋舰在"剑鱼"袭来的时候就试图接近窥探，但是那会儿它遭到了德舰的猛烈炮击。在两次成功的跨射之后，英国巡洋舰疾速退走了。近失弹的弹片造成了一些轻微损害，并没有什么更大麻烦。领教了厉害的"谢菲尔德"号在之后的时间里都同这艘危险的德国战列舰保持着相当的距离，远远地观察动静。

21 时 30 分左右，托维收到"俾斯麦"号"出了状况"的消息，甚至早于发起攻击的鱼雷机领队科德上校的报告。"谢菲尔德"号察觉"俾斯麦"号已经转向西北航行。这不是规避鱼雷的暂时转向，还包括一系列令人费解的"战术机动"。

当科德少校"判断未击中"的报告送来时，正没好气地托维说道："我担心拉肯已经加入了'互惠'俱乐部①。"

这个时候，托维就像一个已经被判了死刑的人，不敢也不会相信突然而至的特赦令。他补了一句："真是太有才了！"

随后又有消息传来。1 架尾随德舰的侦察机（"皇家方舟"的舰载机）报告说，"俾斯麦"号正在朝北航行。几分钟以后，拉肯的确认报告送抵，坚持德舰正在朝北或者西北航行。某个参谋注意到，舰队司令皱着的眉头松了开来。

一个很简单的逻辑判断，假设"俾斯麦"号完好无损，那么这艘船的人员除非集体发疯，不然不会如此出格地朝着追兵到来的方向航行。其必定是遭到了什么损伤，可能是舵机或者舵被毁，导致无法控制航向，否则没有别

---

① 双关语，Reciprocal Club（互惠俱乐部）是英国很常见的一种民间组织。在特定范围内，具有共同兴趣或者需要的人互相提供便利。英语中 Reciprocal 也有"倒数"的意思。这显然是嘲笑拉肯舰长分不清船头和船尾。

的解释能说通。双方相对航速达到了40节，这就意味着托维可以在夜里接近"俾斯麦"号，最快在午夜过后第3个小时接近这艘德国战舰，发动一场夜袭。很好，很强大！

23时30分，"皇家方舟"号的攻击机群返回了母舰。汇总了所有人的描述，科德少校从僚机飞行员口中得知确实有一枚鱼雷命中了"俾斯麦"号的船舯。他据实上报这个消息。此时，如获至宝的托维正指挥着"国王乔治五世"号和"罗德尼"号两艘战列舰向南杀去，科德的报告令他糊涂了好久——如果是鱼雷击中了船舯，那倒也说明了德舰并非丝毫未损，可是，为何会因为船舯中弹而转向朝追击它的敌舰队航行？不过，现在他也顾不得这么多了，当务之急是抓住这个可遇而不可求的机会，立刻兜住这艘该死的战舰。

在托维驱舰杀向东南的时候，"俾斯麦"号正面临新的考验，维安上校的驱逐舰队逼近了这艘德舰。最先出现在德国人视野里的是波兰海军驱逐舰"闪电"号，很快他们又发现了另外两艘。暗夜里，也分不清到底有多少驱逐舰在周围晃荡。至于这些玩意的身份，并不需要怀疑，反正不会是德国海军的。这些小东西就像一群豺狗围着一只跛足的巨兽，等待时机冲上去撕咬。

26日23时30分英国驱逐舰的攻击开始了。以单舰从不同方向接近"俾斯麦"号，发射鱼雷之后迅速转开。这种做法有一定的危险性，射失的鱼雷的鱼雷会继续航行很久，直至推进器动力耗尽沉入海里，有误伤友军的可能。不过今天以来皇家海军的运气已经一背再背，现在算是背到头啦！维安的舰队东一枪西一炮的袭扰持续到了27日1点，没有任何损伤，当然也不会有任何战果。因为这会儿"俾斯麦"号根本无法保持直线航行，航速也当然不会是英国人所知道的20节，依照上述推断装定射击数据的鱼雷若能命中才叫有鬼。维安有些失望，虽然从大局和皇家海军的传统出发，他在这种情况下自作主张的行为上级不会找他麻烦，但若能有点"交代"什么的当然最好不过。然而，他不知道的是，连夜的袭扰已经把德国人搞得晕头转向。甩掉追踪遁走一天半后又被盯上，这一坎坷的命运令德舰上的人员神经紧绷，舵机失效的残酷现实更使他们心力交瘁。生还者记得当时舰上炮手头扎防汗巾，口含柠檬提神，叼着烟斗或者香烟继续开炮的惨象。

27 日 1 点过后，这些英国佬又玩起了新花样，他们的驱逐舰开始一颗又一颗地发射照明弹。这些发出亮光的"小降落伞"开始还离得很远，但是每隔10 分钟发射一次，一次比一次近。最后，有一颗甚至落到了"俾斯麦"号的船艏，在那里烧了起来，将舰影赤裸裸地暴露在了英国人的眼皮子底下。虽然维安这么做另有原因，但是德国人看来，这简直就是戏弄人，仿佛在黑夜里朝着一个瘸着腿跑不快的逃犯不断打手电，将他的位置照出来——看你往哪儿跑！毕竟，德国产出了马索赫（Masoch）这样的人才（准确地说此人乃奥地利人，可谁要德国当初吞并了奥地利呢？），而英国又是以"英国病"（这里不是指足球流氓或经济不景气）出名的。

皇家海军的"照明式羞辱法"在 3 点停止，可能英国人也累了。虽然皇家海军只是被夜幕遮挡而看不见，并不等于就此不存在了，但这已经谢天谢地，饱受折磨的德国人终于能喘上一口气休息一会儿了。至于其他的，天亮后再说吧！

从前文我们就已经知道吕特晏斯大人以爱发电报著称，这和他几个月前在"柏林"行动中的表现截然不同，让人怀疑他是不是被什么长舌妇灵魂附体。20 时 45 分至 21 时 40 分，连续 5 封电报发给西战斗群指挥部，从"我舰遭到舰载机攻击"开始，至"我舰已不堪操纵，将战至最后一弹"结束。

以这几份电报为开端，西战斗群和整个德国海军部就像炸开了锅，之后双方的电讯非常热闹，交换着各式各样的信息，询问各类情况。至于西战斗群则许下各种诺言表示要给予全面的援助，从"天亮后将会有 81 架容克斯轰炸机起飞摧毁英国舰队"，到"将会派遣 U 艇支援"，最后甚至通过外交部动员到了西班牙海军，准备出动巡洋舰去"接应"。对于这些，笔者完全没有了叙述的兴趣。反正船上的情景就像垂死的人设法抓住任何一样漂浮的东西——从水母到烂木头都行。

在好不容易平息了英舰的骚扰后，舰上人员被上级各式各样的许诺包围着，忽喜忽忧，惶惶而不可终日。相对于这些空洞的承诺，更接近现实的是托维的战舰正在逐渐接近这艘丧失操舰能力的巨舰，分秒不停。

最后，所有人都闹累了。吕特晏斯也一头扎进了自己的"海军上将住舱"内，不再露面。

→▪ 旅途的终点 ▪←

航向 110 度，航速 19 节，"国王乔治五世"号和"罗德尼"号这两个已经被连日追击行动搞得灰头土脸的难兄难弟，保持着 1100 米的间距，几乎是"手拉着手"登上这出大戏最后一幕的舞台。

战列舰"罗德尼"号建于海军假日时代，是一艘老舰，只是比其他的船稍微"新"一点儿。这艘船设计航速最高 22 节，试航时曾达到 23 节，但是它已经有好几年没有跑出过这个速度了。几天以来，这艘船一直保持在力所能及的最高速度上（20 或者 21 节）航行着。剧烈的震动松脱了船上一些早已生锈的铆钉，一个油槽裂了开来，在海面上拖出一条油迹，宛如一个昏昏沉沉正在淌口水的老者。

托维好歹没有在天亮前驱舰杀来。虽然一直没有得到德舰最准确的船位，但是从不断发来的报告中，他明白这次德国佬是怎么也跑不掉了。那么，他完全不用冒着削弱己方优势的危险和这艘敌舰展开野战。他决定，等到天亮才动手。

黎明，这部史诗剧即将迎来最终篇，天空中的光辉由弱变强。海上的日出永远迷人，只是德国人再也没有了欣赏的心情。在这艘德舰遭到宰割之前，德国人经历了最后一次失望——和潜艇会合取走日志的计划没有成功，左转右转的"俾斯麦"号对任何一艘潜艇来说都是致命的，徘徊在周围的英国轻型舰艇也不会作壁上观。弹射器并未像先前报告说的那样被修复，所以舰上的水上飞机无法起飞，这些成了累赘的摆设很快会被当作易燃品推入海中丢弃。现在能做的就是洗干净脖子等着挨宰，运气好还能捞点什么当垫背……

8 时 43 分，东南方向的水天线上，"俾斯麦"号消瘦的侧影露了出来。它位于 25000 米距离外，正被一团雨云笼罩着，以大约 10 节的航速晃晃悠悠地朝着西北前进。在周围，皇家海军追击舰队里的"大家伙"们差不多已经到齐了。"诺福克"号、"谢菲尔德"号，还有突然出现的"多塞特郡"号——他的舰长依据自己的判断离开护航船队，日夜兼程赶来支援。

对"俾斯麦"号上的德国人来说，当代表着皇家海军主力舰的粗大三角桅在东北方水天线上缓缓升起之时，就意味着死刑前漫长的折磨宣告结束。

疲倦不堪的人们，只期待着能像样地打一场，然后光荣的沉没，尽到自己的义务。至于生死，不是他们所能决定的。双方的指挥官似乎都未给这场既定的战斗致过辞，留存于历史案卷中的只有以沉默寡言著称的"罗德尼"号舰长戴林普斯·汉弥尔顿上校对舰上成员发表的"二秒演说"：

"开始战斗，祝好运！"

如同我们知道的那样，"俾斯麦"号虽然无法操纵，但是舰上火炮完好无损。死到临头的人也会盼望奇迹出现，对这些目睹过"胡德"号大爆炸的人尤其如此。有一些人开始幻想能再现 25 日上午的景象，枪炮长施奈德少校指挥炮组几炮敲掉"罗德尼"号，然后消灭其他英舰……

然而这幕戏已经不会再遵照德国人的意志来上演，或者说尽管整场战役看似凶险万分，但都未真正脱离过皇家海军的掌控，不是吗？

第一炮在 8 时 47 分由战列舰"罗德尼"号打响。

装备有 16 英寸主炮的"罗德尼"号在 21400 米距离上以"A"、"B"炮塔首先开火。一分钟后"国王乔治五世"号的 14 英寸主炮也开始炮击。皇家海军的攻击正式开始，这些炮弹噼里啪啦地溅落在"俾斯麦"号的四周，水柱洗礼着这艘必死无疑的战舰。

"俾斯麦"号的船艏对着两艘英国战列舰，丧失了操舰能力使转向非常困难。于是，在调整螺旋桨侧舷对敌之前，施奈德先指挥前部主炮组向"罗德尼"号还击，这些炮弹落在距离英舰很远的地方。在第一轮齐射结束后，林德曼下令使用螺旋桨增减速的方式尽可能以侧舷对准敌舰，以便发扬全舷火力作殊死一战。

早就赶来的英国重巡洋舰也不甘寂寞，在 8 时 54 分，乘着德舰全力向英国战列舰还击的机会，处于"炮火就位"状态的重巡洋舰"诺福克"号在距离德舰约 15000 米位置利用尾炮组向"俾斯麦"号开火。它的 8 英寸炮打得很快，就像丹麦海峡时的"欧根亲王"号，反正这场追击已到此为止，不需要再节约炮弹。

要打中这艘船似乎很简单，实际上却不容易，因为此刻的"俾斯麦"号甚至无力保持直线航行。8 时 59 分，皇家海军终于首开纪录，一发来自于"罗德尼"号的 16 英寸炮弹落在了"俾斯麦"号的船头部位。不过这一发炮弹并没有造成太大的破坏。在这分钟还未结束的时候，一枚 8 英寸炮弹也命中"俾斯麦"号，随即爆炸。

在这段时间内，来自"诺福克"号的一发 8 英寸炮弹直击了前桅楼，破坏了顶部的前火控中心。之后的几分钟内，一发 16 英寸炮弹又击中了前主炮群的 B 炮塔，击打在炮塔正上部 180 毫米厚的装甲板位置，蹿入、然后爆炸。炮塔内的人员全被这发炮弹送上了天堂（也许有些是要下地狱），设备也遭受严重的破坏。另一发 16 寸炮弹轰在了 A、B 两个炮塔的结合部，于是连 A 炮塔也遭到破坏，暂时丧失了战斗力。

英国水兵们观测到这个炮塔的两门主炮炮口向上抬起到 30 度最大仰角，并且慢慢转至左舷方向，然后突然就不动了。而 A 炮塔则在原位置上，炮管慢慢降到最低角——活像一个伸直手臂挣扎着的吊死鬼。开战不过 15 分钟，"俾斯麦"号便已经丧失了一半的主炮。

"国王乔治五世"号在之前的射击中测距出了一点儿小问题，导致一直未能有所斩获，直至 9 时 10 分。在这一分钟内的两轮齐射（该舰已转入"效力射"状态）中，它两次命中德舰。其中一发炮弹将左舷 62 号副炮塔的顶盖和侧后的围壁一起夯飞，炮塔内存放的药包被"噗噗"地引燃。由于炮塔内的幸存者马上报告了这一事态，察觉到有发生殉爆的危险后，损管军官们及时下令向 62 号副炮弹药库里注水，避免更严重的事态发生。

在右舷位置，虽然躲过了英国战列舰的猛轰，但是却遭到了巡洋舰的炮火洗礼。使用爆破弹射击的"诺福克"号在 1 分钟内打了 4 个齐射，而且又准又狠，其中的一发炮弹在 9 时至 9 时 2 分之间落在了前桅楼顶部的前火控上，几个小时前获得骑士十字勋章（吕特晏斯觉察到抢修军舰无望后依照其权限授予，相当于提前颁发的荣誉）的第一枪炮长施奈德少校当场毙命。

同一时间内，命中"俾斯麦"号的炮火还引燃了一个 105 毫米高射炮弹药库，炮弹"噼里啪啦"爆炸的景象活像是丹麦海峡时"胡德"号的翻版。据推测，这应该是来自"罗德尼"号的一发 16 英寸炮弹。

第三枪炮长雷希贝格上尉从射控电话里接到要求他指挥舰上主炮射击的命令，命令发布者为副舰长卡纳迪中尉。在射控电话里接到指挥权之后，他开始了可以算得上是"最后奋战"的炮击。这也是整次战斗中，他所接到的唯一命令。这一事件的具体时间没有明确的记载，推测应在9时10分左右。

由于和"国王乔治五世"号的距离已经接近至11000米，所以德舰的炮火非常准确。才过了3分钟，在9时13分，C炮塔和D炮塔进行的第4次齐射便成功地夹中了这艘英国战列舰。

"3发近了1发远了，我们则被夹在中间。舰桥里的气氛有些紧张，我们都担心下一轮齐射会被命中。我不由自主地缩了缩身子，躲到了一块防弹板后面"，"国王乔治五世"号上的休·根齐少校回忆当时的情景。不过，"俾斯麦"号击中敌舰的机会似乎自"胡德"沉没之后就再也不会有了。

"我的指挥仪突然猛地震了一下，我和两名中士的头几乎同时磕到了各自手中的仪器上。怎么回事？当我疑虑着凑近指挥仪的目镜准备继续执行任务时却什么都瞧不见，眼睛里只有一片蓝色。"雷希贝格上尉在回忆录中这样叙述他的"功亏一篑"。显然，是有一发炮弹掠过了后射控中心的上方，命中了指挥仪的一部分。没有发生爆炸，却将这个射控的关键设备从底座上扯掉了。雷希贝格上尉看到的蓝色，正是指挥仪剩余部分的光学镜片上的镀膜。他没怎么抱怨，因为没什么可以抱怨的——如果这发炮弹低那么一点儿，恐怕他和整个后射控中心的人就统统没命了，也不会有什么抱怨的机会。前后指挥仪都毁了，枪炮长（活着的）全体失业，上尉抓起电话，所幸这个还是通的。他迅速通知船艉的C炮塔和D炮塔指挥仪全毁的消息，并命令他们各自作战。

在后指挥仪被一发不明炮弹送下海的同时，一颗16寸炮弹敲打在了前舰桥上，裹挟着弹片和气浪的钢雨使这里死伤惨重。这只是开始，很快会有更多的炮弹命中这里，直至"俾斯麦"号的上层建筑物被彻底扫光。

随着前后指挥仪的报废，"俾斯麦"号主炮的有序射击停止了。9时17分，已经航行到德舰靠南位置的"罗德尼"号借着这机会转了180度，折向北航行，再次拉近和德舰的距离。转向完毕过后，"罗德尼"号在10000米的距离上向德国人敬上了"鳗鲡"6条。不过这些鱼雷都未命中。

一个麻烦困扰着"国王乔治五世"号。在船艉的四连装炮塔卡住了，就和姐妹舰"威尔士亲王"号遇到的情况类似。故障花了30分钟才被排除，在这段时间里这个炮塔一炮未发。舰长气急败坏，一边诅咒维克斯公司生产这么个故障百出的产品，一边敦促技术人员尽快维修。

皇家海军只是被小问题困扰，德国人的处境却几近绝望。舰部主炮组织失去了统一的指挥，只能展开断断续续的射击，其精度也完全不值得期待。比较令人惊讶的是，被认为已经损毁的 A 炮塔居然在 9 时 27 分再次开火，但这只是回光返照而已，它招来了英舰更猛烈的炮火。时至 9 时 31 分，"俾斯麦"号的全部主炮均告沉寂，再未有过动静。

并非只有炮塔、舰桥与甲板上的目标遭到英舰猛烈的火力，甲板下的动力装置也多次受到攻击。9 时 30 分，已经驶得很近的"罗德尼"号调低了炮口，炮弹穿透侧装甲和水平装甲，接连击中"俾斯麦"号的锅炉舱等要害部位。左侧的轮机舱也被穿入船体的炮弹命中，很快宣告停车。到目前为止，真正意义上的战斗已经结束，剩下的只是单方面的屠杀。

大约在 9 时 40 分，雷希贝格从射控电话里得到最后一个消息，他听出这是第二枪炮长阿布雷希的声音。

"前射控站被浓烟遮蔽，所有人员正在疏散"，没等到雷希贝格开口询问他就匆匆挂上了电话。之后，感到浑身不踏实的雷希贝格将所有线路都拨了一遍，只有舰上的损害管制中心还有人。

"现在是谁在指挥军舰？在哪里指挥？有没有新的命令？"

得到的回答匆忙又有限，这个不知道姓名的船员说，现在是副舰长接手指挥权，而损管中心的雅莱上尉（之前表现出强烈爱国心的那位）已经放弃了岗位。他是这里最后的一个人，也即将疏散避难。随后，电话被咔嚓一声挂上，此后再也拨不通任何一个地方。

临近 9 时 50 分的时候，"俾斯麦"号已经完全成了一艘废船，正燃烧着熊熊大火的上层建筑物和东倒西歪造型古怪的主炮，仿佛述说着这艘风光一时的战舰即将覆灭的凄惨结局。然而英国人还在射击，不是他们喜欢无意义的杀戮，更不是因为他们要发泄心里的怨气，尽管已经残破不堪，全部火炮都已经停止，但是战旗还在"俾斯麦"号的桅杆上飘扬。这不是德国水兵的悍勇，而是这艘船已经完全失去了指挥，甚至没有几个人知道该干什么，当然更不会有人想到去降旗。最后两枚 14 英寸炮弹替德国人解决了这个难题，随着又一次爆炸，悬挂着战旗的后桅轰然倒下。

舰上的食堂一度成为临时避难所，这里涌入了上百人，其中大多带着各种各样的伤。在 10 点的时候，一枚 14 英寸炮弹打中这里，导致百多人罹难。这是迄今为止造成最严重伤亡的一炮。

由于德舰已经完全丧失了反抗能力，皇家海军的炮火在 10 时以后开始逐渐平息。10 时 14 分，半个多小时以来一直抵近射击的"罗德尼"号停火。当雷希贝格和同行的几个人走上甲板的时候，他们看到了骇人的一幕——近在咫尺的"罗德尼"号（位于 2500 米外）正将它 9 门 16 英寸主炮阴森森地指向处于半毁状态的"俾斯麦"号，不过这艘英国战列舰没有继续射击。又过了 7 分钟，远在万米之外的"国王乔治五世"号也停止了炮击。

本次战役的目的已经达到，现在留给托维的只有一个问题，如何结束这场战斗。换句话说，尽快了结这艘容易打烂却不容易打沉的德国战列舰。

由于燃料不足的缘故，轰炸到这个时候，差不多也该收手了。托维下达了主力舰撤离战场的命令。同时发布了如下指令：还携有鱼雷的舰艇，击沉"俾斯麦"号。

此时，位于战场上的舰艇中只有"多塞特郡"号一艘还带有鱼雷。它在 9 时 40 分的时候才加入战斗。除了"多塞特郡"号以外，维安的第 4 驱逐舰队

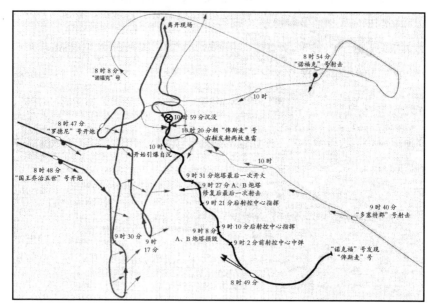

■ 5月27日上午决战过程。

的舰艇还有一些鱼雷，但这些小船一直在交战区域外兜圈子，没有参加战斗。

10时25分，立功心切的"多塞特郡"号驶近"俾斯麦"号，朝它的右舷射出了两枚鱼雷。英国人看到了鱼雷命中船体所激起的水柱，但是"俾斯麦"号并未如希望的那样立即倾覆。等得不耐烦的英舰绕到了左舷，在10时36分射出了第三枚鱼雷，这一次终于如愿以偿。

"俾斯麦"号翻沉了，1941年5月27日10时39分，它沉没在北纬48度10分，西经16度12分的位置，永眠于4000多米深的海底。我们在文章末尾多次提到，并在这时候留下宝贵回忆录的第三枪炮长雷希贝格男爵，差不多只是跨了一步便进入海里。当然，雷希贝格是他那个位置聚集的一群人中军衔最高的一位，因此他指挥了跳海逃生人员对即将沉没的战舰，以及已经死去的战友致以最后的敬礼。

在这艘巨舰生命中的最终时刻，笔者发现和之前追击、逃亡中大片的空白相比，有太多的文字资料可以阅读和叙述。许许多多之前不曾被提到的人，将会在这时展示出他们的性格、他们的生命、他们的存在。尽管其中的绝大多数人没有活下来，但是他们在最后一幕中流传下的故事，证明了他们曾经真实的存在过。如果要叙述他们每个人在当时的经历，那恐怕得花费和前文同样的篇幅才能实现。然而，就目前的情况来说这是不允许的。

请允许我用一个故事来代表这死去的2000多人，尽管这是一个传说中的故事，未经证实也无法再去证实。

当庞大的"俾斯麦"号渐渐倾覆的时候，在先期跳入水里的人中，有一小群正游向船艄。

偶然的一次回头，他们看到了传闻已经阵亡的舰长林德曼上校，他正站在船艄A炮塔前的地方，身边只有一名传令兵跟随。随着船身倾斜的加剧，这两个人都被迫朝船艄方向走去，爬一个逐渐增大的斜面。林德曼的样子像是在催促他的同伴赶快逃生，但是水兵不愿意离去，坚持要跟随他的舰长。对此，林德曼显得有些无奈。最后他们爬到了船艄旗杆的位置，随着船体向左倾覆，林德曼顺势走上了右侧船舷——现在这里正指向天空，"俾斯麦"号的残骸差不多已经横躺在水面上。林德曼在那里停了下来，战直身子，将手高举至帽檐。

一位 13 岁便立志成为海军的人，终于和他的军舰一起，同大海融为一体。一名幸存的轮机上士在他的日记中写道：

我一直以为这种事情只能在书里读到，未曾想我竟然亲眼看见。

至于吕特晏斯，船沉没的时候，没有人看到或者想到他。

➜ 尾声 ←

1941 年 5 月 27 日 13 时 32 分，西战斗群指挥部致电德国特遣舰队司令官吕特晏斯：

路透社报道"俾斯麦"号已沉没，请立即报告现状！

大海早已无声地回答，然而不是每个人都能听得懂。

随"俾斯麦"号出海的一共有 2200 人，在它沉没后英国人捞起了其中 110 人。随后，由于潜艇警报皇家海军迅速撤离了现场，此时海面上还漂浮着上千人。此后，潜艇 U-74 号和一艘德国气象船，又捞起了 5 个人。西战斗群经过七拐八弯邀请来协助的西班牙海军，直到 30 日才姗姗来迟。但是，他们只捞到 2 具尸体。

尽管一些莫名其妙的人一直指控皇家海军蓄意置"俾斯麦"号的多数逃生者于不顾，以虚假的潜艇警报撤离战区。然而被救起的生还者证实了他们在英国军舰上得到的待遇和英国水兵一样，没有任何证据能够指控皇家海军歧视或者敌视那些德国战俘。

人们在战争中会看到许多幻觉——当他们在高度紧张的时候，时常能看到他们认为的，或者他们想看到的东西。也许，一个奇特的漂浮物、一堆泡沫都会被当作潜艇的痕迹，而引起发现者的高度警觉。在海上，舰长必须对自己的舰艇和舰上的人员负责，许多时候他们别无选择。而事实上，那里确实出现过 U 艇的踪迹，救起了 3 名幸存者的 U-74，就在试图接近交战海域的时候，被英国驱逐舰赶入水中。

丘吉尔于 27 日 11 时通知下院有关追击"俾斯麦"号的最后战况。他对台下的诸多议员说：

"今天天亮以后，'俾斯麦'号已经丧失了机动能力、孤立无援，并受到我方战列舰的猛烈攻击。目前我还不知道炮击的结果，不过暂时看来它还未被击沉，所以现在将用鱼雷给予它致命打击。这一行动此刻正在进行，很快便会得到结果，不会拖得太久。对于德国而言'俾斯麦'号的重要性就如同我们和已经损失的'胡德'号一样，它可以说是世界上最强大、最新的战列舰。"

■ 正在水中挣扎的德国水兵，英国人接到了潜艇警讯，大多数人都没有被捞起来。

就在这个胖子还没来得及坐稳的时候，有人递来一张纸片。看后，他再度站了起来对议员们宣布：

"最新消息，'俾斯麦'号已经沉了。"

在他的回忆录里，描述当时听众们反应的时候，记载道："他们似乎感到非常的满意。"

至于希特勒，他的陆军副官格哈德·恩格尔几周后在日记中记载道："元首偶尔谈起'俾斯麦'号的事情，他只是表示'俾斯麦'的命运对他自己不构成任何影响。"

"雷霆－瑟布鲁斯"行动：落幕

1942年年初，法国的圣纳泽尔港，正成为德国海军的主要据点，帝国舰队精锐的荟萃之地。1941年3月，结束了为期2个月的"柏林"行动，"沙恩霍斯特"号、"格奈森瑙"号两舰驶入港内。2个月后自"莱茵"行动铩羽而归的"欧根亲王"号，也成了码头常客之一。一时之间，被英伦三岛隔绝在大西洋上的圣纳泽尔，竟然云集了德国半数大型水面舰艇。

尽管"俾斯麦"号战列舰已经于上一年损失在了大西洋上。但在1942年年初，随着战列舰"提尔比兹"号逐渐形成战斗力，德国舰队正攀上其在整大战中实力的巅峰。

德国海军即将再度行动，完成大半年前吕特晏斯上将与"俾斯麦"号战列舰未尽之事业？答案是否定的……

自从战列舰"俾斯麦"号于大西洋上折戟之后，希特勒已经下达了严令，不允许德国的大型水面舰艇再度冒险出航。德国大型水面舰艇游猎于大西洋的时代落下帷幕。海军司令雷德尔在战前厘定的"巡洋战争"战略，事实上也已名存实亡。然而，驻屯法国的3艘宝贵的重型舰艇，其去留问题终究还是海军的头等要务。

1942年年初，随着苏德战争进入相持阶段，英美等盟友对苏援助的全面启动，一个决定德国水面舰队最终命运的时刻即将到来。

■ 战列舰"提尔比兹"号，大半年前战沉于大西洋的"俾斯麦"号的姊妹舰舰，目前已经训练完毕，形成战斗力。

■ 正在接受检阅的"欧根亲王"号。该舰自"莱茵"作战以后驶入圣纳泽尔港停泊，是德国海军在本地的"常驻户口"之一。

⚓ 空前的冒险 ⚓

1月12日，纳粹德国海军司令雷德尔元帅、空军参谋长耶修尼克上将和战斗机部队司令加兰德中将等人奉召来到"狼穴"——希特勒在东普鲁士的官邸，举行秘密军事会议。毫无疑问，本次会议的中心议题，就是关于德国海军"沙恩霍斯特"号战列巡洋舰、"格奈森瑙"号战列巡洋舰和"欧根亲王"号重巡洋舰3艘大型水面舰艇的去向。

自1941年5月，德国重型水面舰艇的远洋破袭战告一段落以来，基于各种原因驻屯在法国圣纳泽尔港的3艘重型舰逐渐成了战争双方关注的焦点之一。

对于英国人来说，3舰此时已经成为海军乃至举国上下的眼中钉、肉中刺。

■ 布勒斯特港外的灯塔，为该地著名地标，被驻留期间的德国水兵戏称为"不会消失之塔"。因为自入港以后，他们就再未驶出过灯塔的视野范围之外。

■ 停泊在码头上、被伪装网覆盖的"沙恩霍斯特"号。只有这般严密的伪装，才能让它少吃几颗英国炸弹。

■ 燃烧的斯大林格勒，苏联正经受着德国战争机器的猛烈冲击，同盟国必须要竭力维持北方航线，为这个盟友输血。

从丘吉尔起，几乎每一个忠于不列颠的人都一心要将其置之死地而后快。

为此，英国海军不仅在直布罗陀和斯卡帕湾分别部署了H舰队和本土舰队，从南北两面进行严密封堵，而且不断派出飞机轰炸布勒斯特港，并多次小有斩获。上述举措结合希特勒对德国海军下达的严令，最终都使得这3艘大型军舰困守布勒斯特港，难以施展身手。

而希特勒召开的此次军事会议，恰是围绕着如何使这三艘军舰摆脱困境，最终物尽其用。

自1941年年末日本偷袭珍珠港，迫使美国参战以来，同盟国正逐渐加强对苏联的援助，以求能够将德军主力牢牢拖在浩瀚的俄罗斯土地上。对此，德军在苏联战场上发现越来越多的英美武器，就充分说明了盟军援助的事实。根据德国大本营从各方汇集的情报以及推测，同盟国的援助物资，是通过一条跨越北极圈的航线运至苏联境内的。越早切断该航线，就将越有利于德军在苏德战场上的攻势。更何况，此时希特勒那著名的"直觉"，又开始预感到同盟国正在积极准备进攻北欧的挪威。那么，德国方面就很有必要增强其部署在挪威的军事力量。

经过一番商讨，德国统帅部高层决定将这几艘被套在法国港口无所事事的主力军舰先调回本土，再派往挪威。

要从法国把船弄回来，就要面临一个非常现实的问题——英国的封锁。众所周知，从布勒斯特到德国本土主要有两条航线，一条是经爱尔兰绕过英国的北航线，另一条则是直接穿越英吉利海峡的东航线。西航线航行距离较远，全程都在北大西洋、北海及北冰洋之间。海域宽阔、海况复杂，有较好的隐蔽性。但同时，该地也远在德国空军部队支援距离之外。尽管条件复杂，气候恶劣，但自英国本土出发的飞机与军舰，均能在该区域内不受其他阻碍地对德舰进行拦截。相反，东航线航行距离就很短，而且全程都在驻法国的德国空军作战飞机的作战半径内，可以得到德国空军强有力的空中掩护。然而东航线的缺点也非常的明显，航线必须是要穿越英国人的禁忌——英吉利海峡。在战时，这条不算长也不算宽的海峡中，被双方布设了大片的水雷区。此外，多佛尔沿岸还密布着英方的大口径岸炮，可以有效封锁海峡。针对可能出现的问题，英国海军还在沿海峡的港湾中驻有大量的轻型雷击舰艇。更为要命的是，英国海军强大的本土舰队就部署在苏格兰的斯卡帕湾。一旦英方察觉德舰的行动，英国海军完全有时间点齐他们所有的主力截住英吉利海峡东口，对驶出海峡已成疲兵的德国舰队来个迎头痛击……

在多数人看来，这两条航线都是极其凶险的。而元帅和将军们，则直接开始讨论如何从北航线将3艘主力舰"偷渡"回波罗的海。并开始就其中的细节和配合争论不休。此时希特勒却吐出惊人之语，他指着英吉利海峡："就走东航线！"

这句话惊呆了在场的所有人！众所周知，自1667年6月19日荷兰舰队夜袭泰晤士河口以来，就再未有人能够于战时在英吉利海峡一线折腾出什么花样。所以，人类的理智也本能地不将这条路线视为选项。面对一众面面相觑的部下，希特勒环视一圈后硬邦邦地丢出了他放出上述豪言的理由："幸运从来都是只眷顾冒险者的！"

元首的话不能轻易地违背，况且如此疯狂的路线选择如果造成什么不好的结果，锅也提前由希特勒本人给背了。所以在领袖"放炮"之后，前面还争论不休的德国海空军将领们反而如释重负，开始遵照希特勒的意见分析和推演走东航线的整个计划。

以德国人特有的认真和细致，初步讨论很快就有了一个大致的框架。

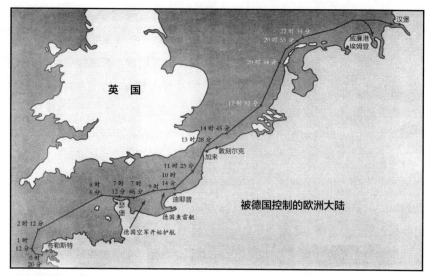

■ "瑟布鲁斯"行动。

作战计划分为两部分。海军负责在英吉利海峡密布的水雷区里清扫出一条航道，以及应对在整个突破过程中可能出现的防空作战和海上作战，还有最重要的战役欺骗。有关海军的作战代号是"瑟布鲁斯"，瑟布鲁斯是希腊神话中地狱的看门狗，一条长着三个头，有龙尾巴的凶猛恶犬，后来是由大力士赫尔克里斯将它制服，并从地狱带回了米克涅。上述典故预示着，赫尔克里斯制服瑟布鲁斯，就是完成了一项被认为不可能完成的任务。而该代号中的潜台词不言而喻。相对于海军的头疼不已，空军的任务就相对简单得多——其负责全程为舰队提供空中掩护，并在必要的时候出动轰炸机攻击前来拦截的英国水面舰艇。空军的作战代号为"雷霆"。综上所述，整个突破英吉利海峡的作战代号就合称为"雷霆－瑟布鲁斯"行动。

⇥ 于混乱中起航 ⇤

狼穴会议结束后，德国海空军参谋部门对作战计划进行了深入研究与细化，部队方面逐渐意识到，希特勒在会议上看似疯狂的决定实际上还颇具战术价值。一直以来，正是因为英军在英吉利海峡设防严密，便使英方同样产生了将该航线忽略的倾向。基于上述思维，德军只要采取严格的保密措施和伪装欺骗，达成行动的隐蔽性和突然性，加之东航线全程较短，完全能够在英军做出有效反应前，让舰队从他们的鼻子底下溜过。

由于深知此次行动成功的关键在于保密和欺骗，因此德方在这两方面狠下了一番功夫。

在整个行动计划的拟制与准备阶段，直至行动正式开始前的最后一分钟，知道整个计划详情的，也只有极少数高级将领。此外，海军参谋部有一个特别小组，还为行动虚构了多个欺骗性质的作战计划，作为蒙骗同盟国情报计划机关的烟雾。

行动总指挥是德国海军优秀的水面舰艇指挥官奥托·西里阿科斯海军中将，他在战役伪装方面也是煞费苦心。首先，其通过各种渠道，散布这3艘军舰将开赴南大西洋地区的"内部消息"；其次，他的参谋部甚至还在巴黎大张旗鼓地采购大批热带军服和遮阳墨镜，并故意委托维希法国的海军部门，准备生产和购买热带地区使用的火炮润滑油，进一步加强舰队即将南下热带地区作战的假象。

除了严格的保密和精心设计的伪装外，德国海空军还进行了非常认真细致的准备工作。在气象方面，英吉利海峡是世界上著名的风浪海区，因此气象条件对此次行动影响极大，德军专门请求潜艇部队司令邓尼茨从数量有限的作战潜艇中，抽派出3艘潜艇对海峡的天气、水文和潮汐进行缜密侦察。再结合其他途径得到的天气、水文和潮汐资料，由资深的技术专家统计分析，最后确定行动的最佳日期为2月11日至13日。这三天中，迷信的德军考虑到2月13日是星期五，正是西方传统里最倒霉的日子——黑色星期五。所以德军决定2月11日晚开始行动，12日白天通过海峡，避开这个不吉利的日子。

从1942年1月中旬起，德国海军总共出动第一、第二、第四、第五和第十二扫雷支队，以及第二、第三和第四摩托扫雷艇支队。共约80艘扫雷舰艇对英吉利海峡和北海南部海域进行了近1个月的大规模扫雷作业，共清扫出98枚锚雷和21枚磁性水雷，为舰队开辟出1条安全航道。在此次扫雷行动中德军损失驱逐舰和扫雷艇各1艘。

■ 正在配合空军部队进行海空协同训练的海军舰艇。居然还举行跨兵种联合军事演习，可见德军各部各军种对此次行动的重视。完善的组织和周密的安排，也为最后的胜利打下了扎实的基础。

而德军的其他各项准备工作也在有条不紊地进行着，1月底到2月初，德军计划参加行动的战斗机部队和3艘军舰进行了为期8天的联合演习，以加强相互之间的协同。根据联合演习中暴露出的问题，德国空军决定在行动时派通讯业务能力过硬的依贝尔上校担任海空联络组长，就在舰队旗舰"沙恩霍斯特"号上工作，以保证海空军之间的联络畅通无阻。另外，还在每艘军舰上都加装了对空、对岸电台，以确实保海空、海岸联系万无一失。

德国空军计划投入 JG2 和 JG26 两支战斗机联队，共 180 架 Me-109 和 Fw-190 战斗机。另有 60 架 Me-109 和 30 架 Me-110 战斗机为预备队，保证舰队上空每时每刻都有至少一个战斗机大队进行掩护。

此外，根据安排，整个航行区域划分为三个区域，由各战斗机大队分区承包。在各个机场配备了足够数量的地勤人员和设备，以便飞机能在着陆后半小时内完成加油加弹重新起飞。各机场与指挥部之间采用多线路通讯网联系，并额外加配了一部带高速密码机的长波电台，确保通讯畅通。此外由空军通讯情报室主任沃尔夫·马蒂尼少将积极准备的软杀伤手段，在舰队行动时对英国设在海峡沿岸的雷达站进行电子干扰，为舰队撑开一把电子保护伞。

从 2 月 11 日下午开始，德军在布勒斯特港区实行戒严，淡水、食品、燃料和弹药被运上军舰，同时在码头上大批卡车开足马力发动的噪音中，3 艘军舰开始试行。戒严确实起到了保密作用，一位在港区的抵抗运动战士亲眼看到了 3 艘军舰升火起锚，但是却无法回家将情报传递出去。

黄昏时分，西里阿科斯向设在各地的海空军指挥部发出密码电报："一切准备就绪！"同时，在布勒斯特最豪华的饭店内，德国海军邀请当地社会名

■ 赶来进行空中掩护的Fw-190，隶属第26战斗机联队。

■ "格奈森瑙"号战列舰驻留布勒斯特期间两次被英国飞机炸伤，又两次被修复。反复来回于码头和修船厂的经历使该舰舰员非常之不爽，官兵们热切希望回到国内。

流的盛大宴会正在举行，这也是精心安排的伪装措施之一。

　　20时30分，3艘军舰准时起锚，以"沙恩霍斯特"号为首，"格奈森瑙"号居中，"欧根亲王"号断后的次序出港。由于长期没有出海，"欧根亲王"号的锚链升到一半就被卡死，舰长布林克曼上校担心错过行动的时间，迫不及待地下令砍断锚链。当时天黑雾浓，能见度很低，"沙恩霍斯特"号出港后

■ 工人们正在为"欧根亲王"号加装四联装20毫米高射炮。"俾斯麦"号的沉没使德国海军开始意识到对空防御的重要性。

■ 驻英国南部空军基地的"惠灵顿"机群，当时4发的"兰开斯特"尚未大量服役，双发的"惠灵顿"是重型轰炸机部队的主力，亦是布勒斯特港的常客。此外，后面提到的配备雷达系统和对海探照灯、用于执行空中封锁任务的巡逻机，也是源自"惠灵顿"的改装型。

不久就迷失了方向，舰长霍夫曼上校只好靠听友舰的发动机声音来航行。

舰队刚刚驶出港区，16架英军惠灵顿式轰炸机就隆隆飞来。3舰赶紧调头返回港内，并打开探照灯组织高射炮对空射击，英国飞机的轰炸纯粹是例行公事，没有一弹命中。等到英机消失在沉沉夜色中，3艘军舰才再次起航，但此时已是22时45分。

经过这一番折腾，比预定计划延迟了两个多小时，所以驶出布勒斯特港后3舰都以31节的最高航速前进，以尽量追回延迟的时间。在这3艘大军舰的两边，由 6 艘驱逐舰、3 艘护航驱逐舰和 14 艘鱼雷艇担负警戒。德军的战斗机也按时赶到，提供空中掩护，所有军舰和飞机都保持着严格的无线电静默。由于鱼雷艇吨位小，携带燃料也少，所以不断有新的鱼雷艇赶来换班。但是一切都忙而不乱，井然有序。

黎明前，德军按计划开始对英军雷达站实施高强度电子干扰，英军沿海雷达站的屏幕上白茫茫的一片。但是英军压根没想到是德军的电子干扰，还以为是天气恶劣所造成的设备暂时失灵。

2 月 12 日早晨 8 时 50 分，经过大半夜的持续高速航行，一路又顺风顺水，德军舰队竟然把出海时耽误的两个多小时全都补了回来。按照原计划准时驶过科汤坦半岛的阿格角，而英军对此还蒙在鼓里一无所知。

↦ 一连串的阴差阳错 ↤

其实，英军一直很关注被困在布勒斯特的 3 艘德军主力军舰，毕竟这是德国海军最具威力的大型水面舰艇。而且，德方的烟幕弹与即将南下南大西洋的佯动，也确实吓到了英国海军。毕竟南大西洋也密布着关乎英国命运的航线，这三个瘟神跑到哪里都是灾。故英方专门制定了代号"套锤"的监视拦截计划。其中包括专门潜伏在港外监听水声的潜艇监视哨，定期在港外航道上巡逻的配备了雷达系统的空中监视哨，以及专门派驻圣纳泽尔，有独立的无线电设备，可随时汇报德舰动向的谍报人员。

由于英吉利海峡在德国空军的作战范围内，为了避免遭到不必要的损失，英国海军大型水面舰艇都部署在苏格兰北部，在海峡南部只有驱逐舰、鱼雷艇等小型舰艇。所以要想挫败德军突围的企图，关键在于及时发现德军舰队的行动。在 1 月下旬，英国就根据空中侦察和法国抵抗运动的报告，了解到 3 艘德舰已在进行出海准备，出海是早晚的事情。英国人并不笨，没有被德军的伪装与欺骗所蒙蔽，估计到了德军会强行通过英吉利海峡，并且相当准确地推测出德军的行动日期是在 2 月 10 日至 15 日之间！但英国人还是对自己的实力相当自信，认为德国海军绝不会在白天通过海峡，最多是白天驶出布勒斯特港，利用无月光的高潮时刻①，在夜间通过多佛尔海峡。根据这一判断，英军在 2 月初就开始采取一些措施，如在德军舰队可能突围的韦桑岛至布伦航线上临时增设了 1000 余枚水雷；每天专门派遣 1 艘潜艇在布勒斯特港外海域坐底，进行监视；定时派出飞机在韦桑岛、布勒斯特、勒阿弗尔直至布伦一带建立三道空中封锁线，进行空中侦察巡逻；驻本土的部分飞行中队停止了日常训练，转场到东南部机场，随时准备出动拦截②。

既然有如此严密的监视措施，那么德军舰队的行动怎么会一直没被发现？一方面自然要归咎于英军的麻痹轻敌，另一方面德军舰队推迟起航倒是因祸得福！——当德军舰队 22 时 45 分第二次起航时，于布勒斯特港外监视的英军潜艇已经在 45 分钟前返航了。因为在英军制定的监视计划里，根据这 3 艘军舰的航速推算出如果德军军舰在 21 时 30 分前不出港，那么就不可能在夜间通过多佛尔海峡，所以只要求潜艇监视到 21 时 30 分就可以返航了。显然，这一差错造成了现在的结果——如果德军舰队根据计划准时驶入港外巷道，就必然会被"海狼"号潜艇发现。那么整个"雷霆－瑟布鲁斯"行动就将胎死腹中。

另外，英军空中封锁线更是破绽百出，第一封锁线的 2 架飞机，1 架在德军舰队起航前就返航了，另 1 架飞机从舰队上空飞过，由于当晚云厚雾重，飞行员肉眼没能发现德军舰队，而飞机上装备的雷达竟在此关键时刻失灵（早期的机载雷达性能确实很不稳定），因此也没能发现德军舰队！第二封锁线的飞机则是因为雷达故障，干脆中断了巡逻返航。第三封锁线的飞机因为天气恶劣而取消了。

就这样，直到 12 日 10 时 14 分，德军舰队接近多佛尔海峡时，还没被发现。但在 8 分钟以后，3 架巡逻的英军鱼雷机终于发现了德军舰队。大惊失色的英国飞行员立即发电报告：德军 3 艘战列舰和 20 艘其他军舰正在高速逼近多佛尔海峡！

随着英国飞机的出现，德舰队旗舰"沙恩霍斯特"号桅杆上高高升起了

---

① 无月光可以避免遭到英军飞机的空袭，高潮时刻则可减少水雷的威胁。
② 这些飞行中队大多是由新飞行员组成的，战斗力并不强。

蓝白相间的防空警戒旗，在指挥舰桥上穿着防水皮夹克胸前别着潜艇部队徽章的西里阿科斯海军中将①，一口喝干了杯子里的热咖啡，对着舰桥里的"沙恩霍斯特"号舰长霍夫曼上校和一众参谋人员说："先生们，我们的好运到头了！准备战斗！"

防空警报刺破长空，整支舰队进入最高戒备。同时，西里阿科斯下令向海空军各指挥部通报被英机发现的情况，希望能唤来尽可能多的己方战机掩护住舰队的上空。一时间，德军部署在法国大西洋沿岸机场的大批战斗机迅速进入高度战备状态，飞行员披挂整齐全部进入坐舱，发动引擎，随时准备升空作战。

但是，出乎西里阿科斯的意料，英军指挥部接到飞机报告，在德军不可能白天通过多佛尔海峡的思维定式下，竟然认为飞行员看花了眼，一开始根本就没有当回事。与此同时，还有另1架英军侦察机也同样发现了德军舰队，但是飞行员起飞前被下达了严格执行无线电静默的命令，所以他未敢打破命令发电报警，而是最后等回到了基地才向上级报告。当然，到了那会儿，黄花菜都已经凉了。

↦ 皇家海军的仓促反击 ↤

驶入多佛尔海峡后，由于海峡水浅，德军只好放慢速度。11时25分，舰队驶抵海峡最狭窄处。此时天公作美，下起了蒙蒙细雨，厚云低垂，能见度很低。而德军的电子干扰也达到最高潮！不但沿海各地面干扰站开足马力施放干扰，多架带有干扰设备的轰炸机也飞临海峡上空实施强电子干扰，使英军沿海雷达站彻底瘫痪。而英方由于未能及时查明圣纳泽尔方面的动向，也就对德国人今天的亢奋无从琢磨。最初，英方判断这将是一场大规模空袭的前奏，而未意识到德国佬"意在沛公"。

---

① 此人曾担任潜艇艇长，所以喜欢在军服上别潜艇部队徽章，以示不忘本。

　　一直到德军舰队驶抵勒图盖时，这群明火执仗而来的德国军舰，终于被英军岸炮部队以肉眼发现。

　　面对突然而至的德舰队，英军岸炮群仓促开火。由于天气不佳，炮群连续 33 次齐射，居然无一命中，只能眼睁睁看着德舰没有任何损失的驶出岸炮射程。

　　直到岸炮打响，英国人才终于回过味来——敢情这帮德国佬玩大发，大白天明火执仗闯英吉利海峡来了！

　　是可忍孰不可忍。为了消灭敌人，更为了帝国对近海水道的绝对控制权，英军必须采取一切措施实施拦截。但由于事先毫无准备和计划，英方的拦截行动零散而且仓促。

　　最先赶来拦截的是从多佛尔出动的 5 艘鱼雷艇，以及拉姆斯盖特出动的 3 艘鱼雷艇。这些摩托鱼雷艇以 35 节的高速直扑德军舰队，冒着德军担负海上掩护的驱逐舰的凶猛炮火，勇敢地冲到距离战列舰炮 800 米处发射鱼雷，但是没有取得任何战果，反倒有 3 艘鱼雷艇被击伤。接着是从曼斯顿机场紧急起飞的英军第 825 中队 6 架"剑鱼"式鱼雷机，领队长机是曾经参加过攻击德军"俾斯麦"号战列舰的埃斯蒙德少校，他深知战况紧急，所以没等护航战斗机起飞就匆匆率队投入攻击。然而毫无悬念的是，这些时速仅 225 公里的帆布蒙皮没有装甲防护的老式飞机，在德舰密集对空火力和德军战斗机的联合打击下损失惨重。甚至有架德军战斗机连炮弹都不愿浪费，猛地将机身压在单薄的"剑鱼"机尾上，将其彻底压垮！英军飞机还没等接近德舰就有 4 架被击落，其中就有埃斯蒙德少校，最后只有 2 架投下了鱼雷，也被德舰轻易规避过去，而这 2 架飞机也没逃脱被击落的厄运。在第一波空隙中，6 架"剑鱼"折损了 4 架，总计 18 名机组成员中有 13 人阵亡。在埃斯蒙德少校牺牲后，因他在此次战斗中的英勇表现，其被追授英国最高荣誉维多利亚十字勋章。

　　尽管德军舰队成功击退了英军接连两次的海空攻击，但是处境并不容乐观。舰队正航行在英吉利海峡最狭窄处，西侧是英军的大口径岸炮，东侧又是密集的水雷区，而西北方英军星罗棋布的大小军港里大批舰艇也随时可能出海拦截，天上英军的飞机更是不惜一切代价一波波涌来。危险依旧笼罩在舰队上空。

■ "大青花鱼"式是"剑鱼"式的后继机型，原本用来取代"剑鱼"式，但除了改用封闭式机舱以外，性能并未显著提升，于是更多地用来执行侦察和巡逻任务，直至后来的"梭鱼"式入役。

■ "剑鱼"式舰载鱼雷机是二战中前期英国海军航空兵的主力攻击机。虽然陈旧落后，但却两次缔造了辉煌的战绩。

　　英军接下来从康沃尔、朴次茅斯、曼斯顿、诺福克等机场倾巢出动，竭尽全力进行攻击，力求在海峡里击沉这 3 艘德舰。但是英军上到指挥员下到飞行员，根本没有想到德舰会在大白天闯入英吉利海峡。既没有预先计划，又没有应急方案，所有的筹备都是仓促之作。甚至有的飞机连鱼雷都没有准备！英军先后出动 550 架次轰炸机、360 架次战斗机，其中只有 39 架轰炸机找到目标实施了攻击，投下 10 余吨炸弹。却仅仅炸沉德军 V1302 号巡逻艇，击伤 2 艘鱼雷艇，而攻击的主要目标 3 艘主力舰毫发无损。反观德军，早有周密计划和充分准备，海空联络通畅。战斗机在军舰联络组的准确引导下，能及时占据有利阵位，与军舰的高射火力形成有效的舰空协同作战，给予英机沉重打击。在激战中，英军损失飞机49架，德军仅损失飞机17架。

激烈的海空战后，德军舰队顺利通过了多佛尔海峡！驶到了海峡外宽阔的荷兰海域，最可怕的危险已经过去了，德国舰队的航速恢复到27节，胜利似乎已在招手！

当德军舰队强行突破多佛尔海峡的消息传开时，英国海军能够来得及拦截的水面舰艇就只有在多佛尔海峡北口约110公里哈里奇港内的6艘驱逐舰，而且这6艘驱逐舰全是舰龄超过20年的老舰，一般情况下只是为运输船进行护航，对付德军的潜艇和鱼雷艇之类的小型舰艇，现在要拦截德军主力战列舰，简直是以卵击石！但是驱逐舰大队大队长皮兹上校毫不畏惧，立即率领驱逐舰出海。

在这支驱逐舰小部队身上，总算体现了几分英国海军的传统精神，他们不顾水雷密布，不顾风大浪急，终于在12日15时10分，迎头拦住德军舰队。德舰上的瞭望员从望远镜里看到逼近的英国驱逐舰，不禁大为吃惊！令他们吃惊不是英国海军终于来了，而是堂堂的大英帝国海军，派来对阵的居然是

■ 开足马力冲刺的老爷舰"伍斯特"号，这艘四烟囱平甲板的驱逐舰适合担任运输、巡逻、扫雷、反潜、护航等任务，唯独不适合投入对舰攻击。皮兹上校胆敢搭乘这种玩意儿朝德国人的大型主力舰发起突击，说明此人的神经一定不止四英寸粗。

■ 炮口高昂、做好了战斗准备的"格奈森瑙"号，重巡洋舰"欧根亲王"号位于其后。然而，英国佬呢？

那么几艘老掉牙的驱逐舰！

皮兹上校面对绝对优势之敌，勇敢地组织了攻击——驱逐舰向德舰直冲过去，兵分两路，3 艘攻击"格奈森瑙"号，另外 3 艘攻击"欧根亲王"号，抢占有利阵位准备发射鱼雷。德军"格奈森瑙"号和几艘驱逐舰迅速转向，以舷侧对准英军驱逐舰来袭方向，猛烈开火。"格奈森瑙"号 283 毫米主炮的巨大炮弹准确落在英军"伍斯特"号上，甲板被炸开了一个大缺口，舰桥被炸飞了一大块，轮机舱中弹起火。拖着滚滚浓烟撤离战场的"伍斯特"号后来艰难地返回了哈里奇港。接着"格奈森瑙"号又转调炮口轰击其他 2 艘英舰，由于德舰火力实在太猛，英舰只好释放烟雾退出战斗。

攻击"欧根亲王"号的 3 艘英舰也在德舰猛烈炮火拦截下无功而返，英国海军最后的努力依然毫无收获。

心有不甘的英军不断派出飞机前来攻击，但是天色渐黑，加上德军战斗机和军舰高炮共同组织起的密集防空火力网，英军只得空手而回。不过英军飞机在最后一刻还是布下了暗箭，在德军舰队的航线前方又空投布设了大量水雷。18 时许，英军持续了整整 6 小时的拦截与攻击终于无奈地落下了帷幕。

➼ 一切的终点 ↢

12日下午，德军舰队终于突破了英国海空军的层层堵截，3艘主力军舰毫发无损地驶出英吉利海峡。西里阿科斯心情大为轻松，斟上一杯咖啡。然而他还没来得及端起杯子，一声巨大的爆炸动摇了全舰，30000吨的"沙恩霍斯特"号竟然有瞬间蹦出了水面，然后再重重拍回海中。震撼之下，舰桥里的灯光全部熄灭，主机停车。触雷了！德国人的好运终于到头了。

挨了水雷的位置在船艉处。损管人员经过检查，发现螺旋桨和军舰底部的装甲被炸坏了，需要较长时间进行修理。无奈之下，西里阿科斯只好将Z-29号驱逐舰改为临时旗舰。留下瘫痪了的"沙恩霍斯特"号，在几艘鱼雷艇的护卫下蹒跚而行。

西里阿科斯改换旗舰的先例一开，似乎就收不了场了。

十几分钟后，Z-29号上的一发高射炮弹竟然平白无故地爆炸了。炸伤了几个水兵不说，四下横飞的弹片又不偏不倚崩坏了船上的输油管道，使驱逐舰的航速迅速下降。而这时，主机也来凑热闹，居然由快到慢，直到最后彻底停车罢工。虽然"赫尔曼·舍恩曼"号驱逐舰就在旁边，但是风大浪高，根本无法靠帮。觉得自己快要吐血的西里阿科斯，只好乘坐Z-29的小艇追赶"赫尔曼·舍恩曼"号。当西里阿科斯好不容易爬上"赫尔曼·舍恩曼"号，登上舰桥准备继续指挥的时候，修复损伤的"沙恩霍斯特"号却高速从后面赶了上来！

见到这戏剧性的一幕，估计西里阿科斯是笑不出来的。不过无论如何，能让整个行动继续运作下去，都是一件好事。

天黑以后，德军舰队终于驶出了最后的关隘——弗里西斯群岛之间狭窄海域，德国本土已经在望了！西里阿科斯感觉到胜利已经触手可及，但是德军舰队的结局注定命运多舛，英机最后的努力总算有了收获。

入夜时刻的19时55分，漆黑的夜空中闪过一道黄白相间的亮光，紧接着就是一声惊天的巨响，"格奈森瑙"号步了"沙恩霍斯特"号的后尘，舰尾触雷被炸开一条大裂口。损管人员奋力抢修，很快将其修补好了，但是航速却快不起来了。而"沙恩霍斯特"号不久之后再度触雷。损管人员苦战3个

■ 在基尔港入坞修理的"沙恩霍斯特"号。这艘船挨了两颗水雷，除了彻底的大修之外，还需要进行必要的设备维护和更新。

■ 1943年年初，修缮一新的"沙恩霍斯特"号驶往挪威，和驻留于此地的"提尔比兹"号会合（右）。在这里，它将迎来自己的最终命运……

小时才使军舰能勉强以 12 节的航速缓缓前行。

午夜时刻，历经磨难的德军舰队驶入了德国海域，西里阿科斯心里的石头总算落了地。

13 日黎明，"格奈森瑙"号和"沙恩霍斯特"号就近驶入德国基尔港，修复触雷所造成的损伤。而福星高照全程没掉一块油皮的"欧根亲王"号，则继续北上直接前往挪威。西里阿科斯向柏林的海军总部发出报捷电："我以舰队司令的名义向您报告，'瑟布鲁斯'行动胜利完成！"

德国海军自然少不了一番庆祝与欢腾，而在伦敦特拉法尔加广场西侧的英国海军部大楼内，却被前所未有的奇耻大辱所笼罩。德军的这一行动在英国国内引起了轩然大波，朝野上下纷纷指责英国海军的无能，因为自第三次英荷战争被入侵泰晤士河以来，数百年间还没有哪国的舰队能够如此赤裸裸地挑战大英帝国的制海权！

从战略上而言，这一使英国海军蒙受巨大耻辱的行动，却是一次糟糕透顶的行动。因为德国海军硕果仅存的大型水面舰艇离开了大西洋这一主要战场,在天寒地冻的挪威海,即使尽显神威,对整个战争的影响和作用也大为降低。更为重要的是,这场大获成功的行动,也意味着"巡洋战争"时代的完全终结。

自此以后,德国大型水面舰艇完全退出了大西洋舞台。在战争剩余的时间里,将不能再对整个局势的走向产生实质的影响。雷德尔元帅基于德国海军之力所能及,为其拟定的"巡洋战争"战略,自"胡德"号的沉没而迈向巅峰,因"俾斯麦"号的损失迅速衰败。至此,终于彻彻底底的沉沦海中。

德国"沙恩霍斯特"号、"格奈森瑙"号战列巡洋舰、"欧根亲王"号重巡洋舰的最后命运

"瑟布鲁斯"行动后,"沙恩霍斯特"号在德国基尔军港的船坞里整整进行了9个月的修理,才修复了触雷造成的损伤。1943年3月北上挪威的阿尔塔峡湾,与德国著名的战列舰"提尔比兹"号毗邻锚泊。1943年12月,在挪威北角附近海域,被英国海军"约克公爵"号战列舰、"诺福克"号重巡洋舰、"贝尔法斯特"号、"谢菲尔德"号、"牙买加"号轻巡洋舰、"索马斯"号、"野人"号、"蝎子"号、"无比"号、"步枪手"号、"凑巧"号、"泼妇"号驱逐舰组成的舰队击沉。

"格奈森瑙"号在德国基尔军港的船坞修理时,不断遭到盟军飞机的空袭,老伤未愈又添新伤,一直没能彻底修复。直至被一弹引爆船艏弹药库,惨遭"斩首"厄运,最终被德方所放弃。

在战争后期,该舰的3个主炮塔被卸下,运至城市外围建筑特殊堡垒。1945年3月28日,其废弃的船体在波兰的格丁尼亚自沉。

而3艘主力舰中,"欧根亲王"号名声最大,在战争中多次历险均未遭来厄运。甚至船艉都曾被打断,终究留存到了战后。因此,该舰也赢得了"不死之船"的美名。

战争结束时,"欧根亲王"号向盟国投降,并于1946年7月25日被美国海军用作比基尼岛原子弹试验的靶舰,同年12月22日因伤重沉没。

大卫·霍布斯
（David Hobbes）著

The British Pacific Fleet: The Royal Navy's Most Powerful Strike Force

英国太平洋舰队

○ 在英国皇家海军服役 33 年、舰队空军博物馆馆长笔下真实、细腻的英国太平洋舰队。
○ 作者大卫·霍布斯在英国皇家海军服役了 33 年，并担任舰队空军博物馆馆长，后来成为一名海军航空记者和作家。

　　1944 年 8 月，英国太平洋舰队尚不存在，而 6 个月后，它强大到能对日本发动空袭。二战结束前，它成为皇家海军历史上不容忽视的力量，并作为专业化的队伍与美国海军一同作战。一个在反法西斯战争后接近枯竭的国家，竟能够实现这般的壮举，其创造力、外交手腕和坚持精神都发挥了重要作用。本书描述了英国太平洋舰队的诞生、扩张以及对战后世界的影响。

布鲁斯·泰勒
（Bruce Taylor）著

The Battlecruiser HMS Hood: An Illustrated Biography, 1916–1941

英国皇家海军战列巡洋舰"胡德"号图传：1916—1941

○ 250 幅历史照片，20 幅巨幅 3D 结构绘图，另附巨幅双面海报。
○ 详实操作及结构资料，从外到内剖析"胡德"全貌。它是舰船历史的丰碑，但既有辉煌，亦有不堪。深度揭示舰上生活和舰员状况，还原真实历史。

　　这本大开本图册讲述了所有关于"胡德"号的故事——从搭建龙骨到被"俾斯麦"号摧毁，为读者提供进一步探索和欣赏她的机会，并以数据形式勾勒出船舶外部和内部的形象。推荐给海战爱好者、模型爱好者和历史学研究者。

保罗·S. 达尔
（Paul S. Dull）著

A Battle History of the Imperial Japanese Navy, 1941-1945

日本帝国海军战史：1941—1945 年

○ 一部由真军人——美退役海军军官保罗·达尔写就的太平洋战争史。
○ 资料来源日本官修战史和微缩胶卷档案，更加客观准确地还原战争经过。

　　本书从 1941 年 12 月日本联合舰队偷袭珍珠港开始，以时间顺序详细记叙了太平洋战争中的历次重大海战，如珊瑚海海战、中途岛海战、瓜岛战役等。本书的写作基于美日双方的一手资料，如日本官修战史《战史丛书》，以及美国海军历史部收集的日本海军档案缩微胶卷，辅以各参战海军编制表图、海战示意图进行深入解读，既有完整的战事进程脉络和重大战役再现，也反映出各参战海军的胜败兴衰、战术变化，以及不同将领各自的战争思想和指挥艺术。

H.P. 威尔莫特
（H.P.Willmott）著

The Battle of Leyte Gulf: The Last Fleet Action

莱特湾海战：史上最大规模海战，最后的巨舰对决

○ 原英国桑赫斯特军事学院主任讲师 H.P. 威尔莫特扛鼎之作。
○ 荣获美国军事历史学会 2006 年度"杰出图书"奖。
○ 复盘巨舰大炮的绝唱、航母对决的终曲、日本帝国海军的垂死一搏。

　　为了叙事方便，以往关于莱特湾海战的著作，通常将萨马岛海战和恩加诺角海战这两场发生在同一个白天的战斗，作为两个相对独立的事件分开叙述，这不利于总览莱特湾海战的全局。本书摒弃了这种"取巧"的叙事线索，以时间顺序来回顾发生在 1944 年 10 月 25 日的战斗，揭示了莱特湾海战各个分战场之间牵一发而动全身的紧密联系，提供了一种前所未见的全局视角。
　　除了具有宏大的格局之外，本书还不遗余力地从个人视角出发挖掘起战争的新知。作者对美日双方主要参战将领的性格特点、行为动机和心理活动进行了细致的分析和刻画。刚愎自用、骄傲自大的哈尔西，言过其实、热衷炒作的麦克阿瑟，生无可恋、从容赴死的西村祥治，谨小慎微、畏首畏尾的栗田健男，一个个生动鲜活的形象跃然纸上、呼之欲出，为这段已经定格成档案资料的历史平添了不少烟火气。

约翰·B.伦德斯特罗姆
（John B.Lundstrom）著

Black Shoe Carrier Admiral:Frank Jack Fletcher At Coral Sea, Midway & Guadalcanal

航母舰队司令：弗兰克·杰克·弗莱彻、美国海军与太平洋战争

○ 战争史三十年潜心力作，争议人物弗莱彻的平反书。

○ 还原太平洋战场"珊瑚海"、"中途岛"、"瓜达尔卡纳尔岛"三次大规模海战全过程，梳理太平洋战争前期美国海军领导层的内幕。

○ 作者约翰·B.伦德斯特罗姆自 1967 年起在密尔沃基公共博物馆担任历史名誉馆长。

　　本书是美国太平洋战争史研究专家约翰·B.伦德斯特罗姆经三十年潜心研究后的力作，为读者细致而生动地展现出太平洋战争前期战场的腥风血雨，且以大量翔实的资料和精到的分析为弗莱彻这个在美国饱受争议的历史人物平了反。同时细致梳理了太平洋战争前期美国海军高层的内幕，三次大规模海战的全过程，一些知名将帅的功过得失，以及美国海军在二战中的航母运用。

马丁·米德尔布鲁克
（Martin Middlebrook）著

Argentine Fight for the Falklands

马岛战争：阿根廷为福克兰群岛而战

○ 从阿根廷军队的视角，生动记录了被誉为"现代各国海军发展启示录"的马岛战争全程。

○ 作者马丁·米德尔布鲁克是少数几位获准采访曾参与马岛行动的阿根廷人员的英国历史学家。

○ 对阿根廷军队的作战组织方式、指挥层所制订的作战规划和反击行动提出了全新的见解。

　　本书从阿根廷视角出发，介绍了阿根廷从作出占领马岛的决策到战败的一系列有趣又惊险的事件。其内容集中在福克兰地区的重要军事活动，比如"贝尔格拉诺将军"号巡洋舰被英国核潜艇"征服者"号击沉、阿根廷"超军旗"攻击机击沉英舰"谢菲尔德"号。一方是满怀热情希望"收复"马岛的阿根廷军，另一方是军事实力和作战经验处于碾压优势的英国军队，运气对双方都起了作用，但这场博弈毫无悬念地以阿根廷的惨败落下了帷幕。

尼克拉斯·泽特林
（Niklas Zetterling）著

Bismarck: The Final Days of Germany's Greatest Battleship

德国战列舰"俾斯麦"号覆灭记

○ 以新鲜的视角审视二战德国强大战列舰的诞生与毁灭……非常好的读物。——《战略学刊》

○ 战列舰"俾斯麦"号的沉没是二战中富有戏剧性的事件之一……这是一份详细的记述。——战争博物馆

　　本书从二战期间德国海军的巡洋作战入手，讲述了德国海军战略，"俾斯麦"号的建造、服役、训练、出征过程，并详细描述了"俾斯麦"号躲避英国海军搜索，在丹麦海峡击沉"胡德"号，多次遭受英国海军追击和袭击，在外海被击沉的经过。

朱利安·S.科贝
（Julian S.Corbett）著

Maritime Operations in the Russo - Japanese War, 1904-1905

日俄海战 1904—1905（共两卷）

○战略学家科贝特参考多方提供的丰富资料，对参战舰队进行了全新的审视，并着重研究了海上作战涉及的联合作战问题。

○ 以时间为主轴，深刻分析了战争各环节的相互作用，内容翔实。

○ 译者根据本书参考的主要原始资料《极密·明治三十七八年海战史》以及现代的俄方资料，补齐了本书再版时未能纳入的地图和态势图。

　　朱利安·S.科贝特爵士，20 世纪初伟大的海军历史学家之一，他的作品被海军历史学界奉为经典。然而，在他的著作中，有一本却从来没有面世的机会，这就是《日俄海战 1904—1905》，因为其中包含了来自日本官方报告的机密信息。学习科贝特海权理论，不仅能让我们了解强大海权国家的战略思维，还能辨清海权理论的基本主题，使中国的海权理论研究有可借鉴的学术基础。虽然英国的海上霸权已经被美国取而代之，但美国海军从很多方面继承和发展了科贝特的海权思想。如果我们检视一下今天的美国海军和海军战略，就可以看到科贝特的理论依然具有生命力，仍是分析美国海权的有用工具和方法。

米凯莱·科森蒂诺
（Michele Cosentino）、
鲁杰洛·斯坦格里尼
（Ruggero Stanglini）著

British and German Battlecruisers: Their Development and Operations

英国和德国战列巡洋舰：技术发展与作战运用

○ 全景展示战列巡洋舰技术发展黄金时期的两面旗帜——英国战列巡洋舰和德国战列巡洋舰，在发展、设计、建造、维护、实战等方面的细节。
○ 对战列巡洋舰这种独特类型的舰种进行整体的分析、评估与描述。

本书是一本关于英国和德国战列巡洋舰的"全景式"著作，它囊括了历史、政治、战略、经济、工业生产以及技术与实战使用等多个角度和层面，并将之整合，对战列巡洋舰这种独特类型的舰种进行整体的分析、评估与描述，明晰其发展脉络、技术特点与作战使用情况，既面面俱到又详略有度。同时附以俄国、日本、美国、法国和奥匈帝国等国的战列巡洋舰的发展情况，展示了战列巡洋舰这一舰种的发展情况与其重要性。

除了翔实的文字内容以外，书中还有附有大量相关资料照片，以及英德两国海军所有级别战列巡洋舰的大比例侧视与俯视图与为数不少的海战示意图等。

诺曼·弗里德曼 著
（Norman Friedman）
A. D. 贝克三世 绘图
（A. D.BAKER Ⅲ）

British Destroyers: From Earliest Days to the Second World War

英国驱逐舰：从起步到第二次世界大战

○ 海军战略家诺曼·弗里德曼与海军插画家 A.D. 贝克三世联合打造。
○ 解读早期驱逐舰的开山之作，追寻英国驱逐舰的壮丽航程。
○ 200 余张高清历史照片、近百幅舰艇线图，动人细节纤毫毕现。

诺曼·弗里德曼的《英国驱逐舰：从起步到第二次世界大战》把早期水面作战舰艇的发展讲得清晰透彻，尽管头绪繁多、事件纷繁复杂，作者还是能深入浅出、言简意赅，不仅深得专业人士的青睐，就是普通的爱好者也能比较轻松地领会。本书不仅可读性强，而且深具启发性，它有助于了解水面舰艇是如何演进成现在这个样子的，也让我们更深刻地理解了为战而生的舰艇应该如何设计。总之，这本书值得认真研读。

大卫·K. 布朗
（David K.Brown）著

Warship Design and Development

英国皇家海军战舰设计发展史（共五卷）

○ 英国皇家海军建造兵团的副总建造师大卫·K. 布朗所著，囊括了大量原始资料及矢量设计图。
○ 大卫·K. 布朗是一位杰出的海军舰船建造师，发表了大量军舰设计方面的文章，为英国皇家海军舰艇的设计、发展倾注了毕生心血。

这套《英国皇家海军战舰设计发展史》有五卷，分别是《铁甲舰之前，战舰设计与演变，1815—1860 年》《从"勇士"级到"无畏"级，战舰设计与演变，1860—1905 年》《大舰队，战舰设计与演变，1906—1922 年》《从"纳尔逊"级到"前卫"级，战舰设计与演变，1923—1945 年》《重建皇家海军，战舰设计，1945 年后》。该系列从 1815 年的风帆战舰说起，囊括了皇家海军历史上有代表性的舰船设计，并附有大量数据图表和设计图纸，是研究舰船发展史不可错过的经典。

亚瑟·雅各布·马德尔
（Arthur J. Marder）、
巴里·高夫
（Barry Gough）著

From the Dreadnought to Scapa Flow

英国皇家海军：从无畏舰到斯卡帕湾（共五卷）

○ 现在已没有人如此优雅地书写历史，这非常令人遗憾，因为是马德尔在记录人类文明方面的天赋使他有能力完成如此宏大的主题。——巴里·高夫
○ 他书写的海军史具有独特的魅力。他具有把握资源的能力，又兼以简洁地运用文字的天赋……他已无需赞美，也无需苛求。——A. J. P. 泰勒

这套《英国皇家海军：从无畏舰到斯卡帕湾》有五卷，分别是《通往战争之路，1904—1914》《战争年代，战争爆发到日德兰海战，1914—1916》《日德兰及其之后，1916.5—12》《1917，危机的一年》《胜利与胜利之后：1918—1919》。它们从费希尔及其主导的海军改制入手，介绍了 1904 年至 1919 年费舍尔时代英国海军建设、改革、作战的历史，及其相关的政治、经济和国际背景。

大卫·霍布斯
（David Hobbes）著

The British Carrier Strike Fleet: After 1945

决不，决不，决不放弃：英国航母折腾史：1945 年以后

○ 英国舰队航空兵博物馆馆长代表作，入选华盛顿陆军 & 海军俱乐部月度书单。
○ 有设计细节、有技术数据、有作战经历，讲述战后英国航母"屡败屡战"的发展之路。
○ 揭开英国海军的"黑历史"，爆料人仰马翻的部门大乱斗和槽点满满的决策大犯浑。

英国海军中校大卫·霍布斯写了一本超过 600 页的大部头作品，其中包含了重要的技术细节、作战行动和参考资料，这是现代海军领域的杰作。霍布斯推翻了 1945 年以来很多关于航母的神话，他没给出所有问题的答案，一些内容还会引起巨大的争议，但本书提出了一系列的专业观点，并且论述得有理有据。此外，本书还是海军专业人员和国防采购人士的必修书。

查尔斯·A. 洛克伍德
（Charles A. Lockwood）著

Sink 'em All: Submarine Warfare in the Pacific

击沉一切：太平洋舰队潜艇部队司令对日作战回忆录

○ 太平洋舰队潜艇部队司令亲笔书写太平洋潜艇战中这支"沉默的舰队"经历的种种惊心动魄。
○ 作为部队指挥官，他了解艇长和艇员，也掌握着丰富的原始资料，记叙充满了亲切感和真实感。
○ 他用生动的文字将我们带入了狭窄的起居室和控制室，并将艰苦冲突中的主要角色展现在读者面前。

本书完整且详尽地描述了太平洋战争和潜艇战的故事。从"独狼战术"到与水面舰队的大规模联合行动，这支"沉默的舰队"战绩斐然。作者洛克伍德在书中讲述了很多潜艇指挥官在执行运输补给、人员搜救、侦察敌占岛屿、秘密渗透等任务过程中的真人真事，这些故事来自海上巡逻期间，或是艇长们自己的起居室。大量生动的细节为书中的文字加上了真实的注脚，字里行间流露出的人性和善意也令人畅快、愉悦。除此之外，作者还详细描述了当时新一代潜艇的缺陷、在作战中遭受的挫折及鱼雷的改进过程。

约翰·基根
（John Keegan）著

Battle At Sea: From Man-Of-War To Submarine

海战论：影响战争方式的战略经典

○ 跟随史学巨匠令人眼花缭乱的驾驭技巧，直面战争核心。
○ 特拉法加、日德兰、中途岛、大西洋……海上战争如何层层进化。

当代军事史学家约翰·基根作品。从海盗劫掠到海陆空立体协同作战，约翰·基根除了将海战的由来娓娓道出外，还集中描写了四场关键的海上冲突：特拉法加、日德兰、中途岛和大西洋之战。他带我们进入这些战斗的核心，并且梳理了从木质战舰的海上对决到潜艇的水下角逐期间长达数个世纪的战争历史。不过，作者在文中没有谈及太过具体的战争细节，而是将更多的精力放在了讲述指挥官的抉择、时时的判断、战争思维，以及战术、部署和新武器带来的改变等问题上，强调了它们为战争演变带来的影响，呈现出一个层次丰富的海洋战争世界。

布鲁斯·泰勒
（Bruce Taylor）主编

The World of the Battleship: The Lives and Careers of Twenty-One Capital Ships from the World's Navies, 1880-1990

战舰世界：世界海军强国主力舰图解百科：1880—1990

○ 一部解读战列舰文化的全景式百科作品，其维度和深度前所未见
○ 524 张珍贵历史照片，呈现震撼的战舰世界

《战舰世界：世界海军强国主力舰图解百科：1880—1990》有别于其他"图鉴式"的简单介绍，内容不仅涉及战舰所属国的地理、政治、金融、外交、文化等诸多话题，还对战舰所属国的海军实力做出了精彩评析，并且记录了与战舰生死与共的特殊社会群体——战列舰官兵和他们的生活。书中各章由 23 位经过挑选的供稿人分别撰写，他们都与相应战舰有着非凡"缘分"，他们的叙述也让本书的内容更丰富、真实。